古典文獻研究輯刊

初 編

潘美月・杜潔祥 主編

第 24 冊

陸心源及其《皕宋樓藏書志》 史部宋刊本研究（上）

林淑玲 著

國家圖書館出版品預行編目資料

陸心源及其《皕宋樓藏書志》史部宋刊本研究（上）／林淑玲著
— 初版 — 台北縣永和市：花木蘭文化工作坊，2005〔民 94〕

目 7 + 191 面；19×26 公分（古典文獻研究輯刊 初編：第 24 冊）
ISBN：986-7128-16-8（精裝）

1.（清）陸心源－學術思想－目錄學 2.皕宋樓

3. 私家藏書－中國

029.77   94020428

ISBN 986-7128-16-8

9 789867 128164

古典文獻研究輯刊
初　編　第二四冊   ISBN：986-7128-16-8

陸心源及其《皕宋樓藏書志》史部宋刊本研究（上）

作　　者　林淑玲
主　　編　潘美月　杜潔祥
企劃出版　北京大學文化資源研究中心
出　　版　花木蘭文化工作坊
發 行 所　花木蘭文化工作坊
發 行 人　高小娟
聯絡地址　台北縣永和市中正路五九五號七樓之三
　　　　　電話：02-2923-1455／傳真：02-2923-1452
電子信箱　sut81518@ms59.hinet.net
初　　版　2005 年 12 月
定　　價　初編 40 冊（精裝）新台幣 62,000 元

陸心源及其《皕宋樓藏書志》史部宋刊本研究（上）

林淑玲　著

作者簡介

臺灣省臺南縣人。

學歷：輔仁大學歷史系、中國文化大學史學研究所碩士班、博士班

經歷：曾任中國文化大學講師，現服務於臺北市立教育大學圖書館及社會科教育學系兼任助理教授

著作：《研究論文與報告撰寫手冊》（2001年）、《快樂讀書人－臺北市立師範學院圖書館利用指引》（2002年）、《電子資源與教學研究》（2003年）

提　要

　　陸心源（1834～1894）係清末四大藏書家之一，藏書豐富完整，內容涵蓋經、史、子、集，以蒐藏宋元舊槧著稱，曾築「守先閣」、「十萬卷樓」、「皕宋樓」庋藏萬卷古籍。論其藏書與著作成就，晚清藏書家無出其右者。去世後，長子陸樹藩於1907年將藏書四萬三千二百八十冊售予日本岩崎氏之「靜嘉堂文庫」，學者為此震撼無已，「皕宋樓事件」亦成了中國藏書史上不可磨滅的記憶，此後私家藏書樓即將散佚之大批藏書，均在學者奔走之下，陸續收藏於公立圖書館，促使文化資產得以受到重視與珍藏。本書旨在探討陸心源藏書精華所在，並以《皕宋樓藏書志》為主，探討其史部宋刊本價值，觀其藏書與著作精華，以明其在學術上之成就，內文撰述重點涵蓋「陸心源之生平與重要事蹟」、「陸心源之藏書」、「陸心源之著述」、「《皕宋樓藏書志》史部宋版本之探討」、「陸心源之學術成就」等。綜論陸心源一生，處於我國藏書樓鼎盛時期，窮其畢生之力蒐購、專研古籍，不僅為文化資產奉獻心力，亦積極參與社會慈善工作，其藏書雖已流布域外，然其對學術、文化、社會之貢獻，實具深遠之意義。

目

錄

圖、表、書影目次

一、圖 次

二、表　次

三、書影次

劉　序

　　十月四日我到臺北市立教育大學應用語言文學研究所上課時，該校圖書館館長林淑玲來看我，她告訴我，她的博士論文〈陸心源及其《皕宋樓藏書志》史部宋刊本研究〉將由出版社印行，囑我寫序。

　　淑玲是個好學、上進的青年學者。她畢業於輔仁大學歷史系，卻能先後考取考試院舉辦的博物館及圖書館類科的普通文官和高等文官考試。在臺灣，文官考試的錄取率很低，通常不到百分之一，尤其是參加高等文官考試者，不少是優秀的博士，可見淑玲的勤奮上進。

　　通過了文官考試後，她就進入臺北市立師範學院圖書館工作。同時利用空暇，繼續考進中國文化大學史學研究所圖書文物組進修，此後獲得了碩士和博士學位。

　　民國八十七年，當時我在臺北市立師範學院任教，並擔任應用語言文學研究所所長，淑玲則擔任圖書館閱覽組主任。一天，她來見我，希望我能擔任她的博士論文指導教授，一方面我們是同事，一方面我深知她的好學精神，於是欣然答應。

　　淑玲在撰寫論文的過程中，所遭遇最大的困難是：皕宋樓的書，大部分都流落到日本的靜嘉堂文庫。為了親睹這些流落異域的善本書，特地遠赴日本靜嘉堂文庫，親眼看看先賢舊藏，並從事研究。同時，為了充實論文內容，她也親自到大陸探訪陸心源故居。從這些不辭辛勞遠赴海外搜集資料的精神，就可了解她的認真了。

　　這篇論文，有很多可供學者參考取資的地方。書中也附了不少圖表和書影。附錄的〈陸心源故居紀行〉和〈日本靜嘉堂文庫訪問記略〉兩篇文章，一則可當遊記閱讀，一則也是很有價值的圖書文獻。

劉兆祐

民國九十四年（2005）十月十二日
於臺北陽明山中國文化大學中國文學系

徐　序

　　大約在 2002 年，在 google 網上見到林淑玲博士所發表的《陸心源「皕宋樓」宋元版藏書來源初探》，作爲陸心源之後裔，對此頗感興趣，通過在臺北的親屬與林博士取得了聯繫。蒙賜她的博士論文〈陸心源及其《皕宋樓藏書志》史部宋刊本研究〉的抽印本，觀後感觸頗深。

　　陸心源及皕宋樓作爲晚清四大藏書家（樓）而言，是中國藏書鏈中重要的一環，陸不僅收藏宋元版等書，而且將其藏書消化整理後，加上自己的研究和觀點，寫成《潛園總集》並刊印，在《潛園總集》中較著名之一的就是《皕宋樓藏書志》（續志）；與此同時，陸還選其中精者另刻《十萬卷樓叢書》與《湖州叢書》等留於後人，且將其守先閣藏書供湖群學人使用，且供膳宿。陸雖作爲一個有多方面知識的學者和收藏家，但是這一百餘年來，雖然將他作爲藏書家的描述文獻不少，但頗簡略。而對於他藏書及其它學術上的研究較深入進行分析的較少，除：余嘉錫、潘美月、嚴佐之等先生的專著進行過獨特的分析外，其他見之較少。這篇論文（即是書）雖是「對《皕宋樓藏書志》史部宋刊本的研究」。但卻涉及陸氏的生平、學術思想、收藏和著述的成就等，可以講是對陸心源的一個較全面的介紹；同時對陸心源著《皕宋樓藏書志》中史部宋刊本更做了充分的分析，除對《皕志》原藏史部宋刊書之作者，藏書來源、冊數、刻者、印章等說明外，更可貴之處在於將現存該書宋刊本之其他藏處亦有所介紹，從而爲廣大讀者閱讀宋刊本提供了較多資訊和方便。並在其「案語」中對「皕」書及「靜」藏作了清晰說明。

　　林淑玲博士師從臺灣目錄學方面的著名學者劉兆祐教授，她爲寫此論文除精讀陸心源諸著作外，更難能可貴的是爲探討問題還專程赴浙江杭州和湖州拜訪陸心源故居；同時亦專訪日本靜嘉堂文庫查閱皕宋樓舊藏，這種兢業精神十分令人敬佩。

　　在此論文中林博士還對一些問題提出自己獨特的看法和觀點。例如：陸心源入《清史稿》事的原因。（注：陸經呈報並經朱批允入〈文苑傳〉中，但在現《清史》文苑中卻無出現）；陸樹藩售書日本之眞因；師、友、朋的分析；藏書的分析，均有獨到之處，而且爲分析，收集資料之豐是十分驚人和令人值得學習之處。

　　現知，該論文經修改補充後將作爲書籍出版，這將使廣大讀者能對陸心源及其藏書內容有一更充分的瞭解，亦能彌補由於藏書售日後國人無法輕易閱讀宋版

書而提供其他國內閱讀之途。相信此書必會引起國內外廣大目錄學者、圖書館界，收藏（包括藏書）界、國學界和史學界學者的關心、喜愛和歡迎；亦為一般喜愛讀書的讀者提供了一本好書；但願此書能為廣大讀者所接受和愛好。

陸心源長房長玄外孫　徐楨基

2005 年 11 月 15 日

書於江蘇蘇州木瀆

自　序

　　作者從事圖書館專業工作凡二十載，因緣際會，在浩瀚典籍叢林中，發現清代陸心源所著《皕宋樓藏書志》一書，當時對書名選用「皕」字產生了濃厚興趣與好奇，斯故選定「藏書家」與「目錄」作為研究主題，復蒙恩師劉兆祐博士指導，引領作者進入「文獻學」殿堂，劉師不僅是作者研究「文獻學」之啓蒙，亦是國內當今此一領域之翹楚，能受教其門下，豈非人生之至幸耶。

　　在中華文化發展歷史洪流過程中，藏書於民間，亦是相當重要的一個重要環節，有鑒於此，作者於選擇撰寫本文之前，充分研讀前人對陸心源之研究，專心收集並閱覽陸心源之相關著作，深入蘇、杭，及日本等民間藏書寶庫，如陸心源故居與日本靜嘉堂文庫等，始發現這些研究及著作，大體而言，多著墨於中、日民間藏書史上的「皕宋樓事件」，似乎尚未深入分析藏書品質及藏書對著作影響等全面性研究，其實，陸心源事實上有別於其他眾多藏書家，其不僅是醉心藏書，同時且用心著述，二者有同等成就，其原因是運用豐富藏書資源發展傑出之著作，例如其所撰《宋史翼》四十卷，成為研究宋史的重要參考典籍，《儀顧堂題跋》彰顯其題跋文的特出，從大量的著作裡，可窺知其思想的精華與學術成就。此外，撰文過程中，因閱讀晚清著名經學家俞樾的《春在堂尺牘》、《春在堂隨筆》以及陸心源輯《晚清五十名家書札》，瞭解俞樾罷官後徙居蘇州，講學於紫陽書院，晚年又主講於杭州詁經精舍，生活極為清苦，曾致函陸心源，借資付印著作，深深感佩清貧寒士在逆境中堅定不移的著述意志及陸心源慷慨解囊之美德，亦感受到一位傑出的學問家或藏書家，不僅要有文化理想與興趣，還要有活絡的人脈、豐碩的家產，方能成其大。衡視古之學者得書維艱，聚書亦難，守書更不易，當近代圖書館由政府設置之風氣尚未普及時，私人藏書家乃是文化典藏的主力，其耗費龐大的物力與精神，實難以估計，確實令人敬佩，對於文化資產之保存，更具有不可磨滅之功。

　　本文撰寫過程中，曾先後將部份研究成果發表於《臺北市立師範學院學報》及《國立中央圖書館臺灣分館館刊》，並授權全文公開，因而遠在大陸江蘇省陸心源之玄外孫徐楨基先生（資深的資訊工作者），在網路上發現作者拙文，乃透過在臺親戚陸鈁先生轉來書函，從此互通魚雁，搭成文化與研究橋樑，承徐先生先後

惠贈《潛園遺事》、《湖州文史》等書，以及陸心源遺照、「皕宋樓」外景圖片等珍貴資料，對研究之幫助與啓發貢獻良多。

歷經兩年有奇之時光，投入研究心血，其過程中之點點滴滴汗馬辛勞，變成生活中難以忘懷記憶。慶幸一路走來，有師友相伴，方能在學海無涯中，懷抱信心和勇氣，勉力支撐，感謝昔日戴師國輝、賴師澤涵之鼓勵，好友陳麗鳳陪同赴日訪問靜嘉堂文庫、書法家傅仲德先生從旁協助研讀陸心源及晚清名家手稿，解讀並考證疑難書蹟、顧力仁先生提供古籍版本參考資料，以及宋師旭軒、胡師楚生、林師慶彰、王師吉林提供寶貴意見，均讓本文更臻於成熟。此外，好友許碧勳、張金年、謝雅惠、陳淑卿、李國蓉、傅明儀、王德容、Nida、黃旭鈞、陳明終、翁榮銅、朱慶忠等眞誠鼓勵、外子孔維勤教授相伴探訪陸心源故居、兄弟姊妹之溫情關懷，以及此期間被疏於照顧之兒女垂暉、垂甯，讓我無後顧之憂，全力以赴完成研究，值此付梓前夕，對以上諸公好友家庭，致上由衷感謝，並將此成果告慰雙親在天之靈，斯爲序。

2005.11.20 於臺北市立教育大學

第一章　緒　論

第一節　研究緣起

　　中國是一個歷史悠久的文明古國，歷代留存之典籍是文明古國最具體的遺產，當早期圖書館尚未普設時，私家藏書活動形成了我國文化的特質之一。藏書家辛勤蒐集、整理、保存古籍，歷經書厄不知凡幾，尤以天下紛擾之際，藏書家護持古物文獻，輾轉收藏，豐碩之古籍方得以流傳千古，私家藏書之功誠不可沒，厥功至偉。

　　清代承明之餘緒，學術重考據之學，私家藏書達另一高潮，產生眾多藏書家與藏書樓，更由於這些藏書家大都擁有深厚學術修養，兼備目錄、版本、校勘等方面之專業知識，因而不但保存大量善本書籍，也對後世學術文化具有莫大的貢獻。

　　清季陸心源與聊城楊氏海源閣、常熟瞿氏鐵琴銅劍樓、杭州丁氏八千卷樓並稱清末藏書四大家，其中皕宋樓藏書因蒐藏宋元舊槧而名重一時，陸氏不僅蒐藏古籍且勤於研究，著述甚豐，在中國藏書史上具承先啟後之地位。其收藏之「皕宋樓藏書」十五萬卷，於去世後十三年，因清政府忽略文化資產，私人又無力收藏，長子陸樹藩以日金十一萬八千元將所有的書售予日本岩崎氏，於是陸心源數十年所收集富甲江南的藏書全數盡歸「靜嘉堂文庫」，一時震驚國人，篤學者曾為此慨歎不已，董康在〈皕宋樓藏書源流考題識〉中謂：

> 陸氏藏書志所收，俱江浙諸名家舊本，古芬未墜，異域言歸，反不如臺城之炬、絳雲之爐，魂魄猶長守故都也〔註1〕。

〔註1〕（清）陸心源編，《皕宋樓藏書志》（臺北：廣文書局，民國56）董康：〈皕宋樓藏書

清末日本漢學之收藏以隋唐典籍爲多，四部之中，又以經部之收集最爲完整，子部亦多善本，惟缺乏史部與集部〔註2〕，自皕宋樓藏書四萬餘卷全數歸屬「靜嘉堂文庫」後，其古籍內涵大爲豐富，成爲今日世界典藏漢學之重鎮。

我國古籍流布域外自古有之，尤以流布日本爲首，清代學者撰有相關文獻，如黃遵憲《日本國志》、楊守敬《日本訪書志》、董康《書舶庸譚》、傅增湘《藏園群書經眼錄》等，都曾記錄日本保存的若干漢籍，中國學術界始知日本的內閣文庫、東洋文庫、靜嘉堂文庫等爲漢學之藏書重鎮。

筆者有感於陸心源畢生苦心蒐藏古籍，並欲探究「皕宋樓事件」之影響及陸心源藏書之精華，了解其在學術上之成就，乃爲本文撰寫之動機。

第二節　研究方法與研究範圍

本文之撰述主要是依據歷史文獻資料，以陸心源藏書志、金石、方志等著作爲經，並以當時論及陸心源藏書、著作之各種文獻爲緯，另蒐集後人相關論著及評述，探討陸心源之生平、仕履、交遊、藏書、著作及評價等；由於陸心源係清末時人，距今不甚久遠，又其藏書現存日本靜嘉堂文庫，故以實地訪查方式前往陸心源故居浙江省湖州月河街、浙江省圖書館孤山古籍館（浙江西湖傍）、浙江圖書館分館嘉業堂（浙江湖州南潯）、日本東京靜嘉堂文庫等。在陸心源湖州故居目睹其典藏古籍之藏書樓並收集相關資料，深感遺憾的是浙江圖書館曾保存陸心源遺照及潛園遺址舊照，於民國二十六年因對日抗戰爆發而毀於兵燹，至今已無法尋得；另本文探討皕宋樓史部藏書時，部分宋版書因缺乏直接史料，幸得日本靜嘉堂文庫之協助，得以調閱微捲或資料原件參考。故本文之撰述，除確實掌握基本資料與相關研究成果外，期以實物印證文獻，試圖正確評論陸心源藏書之價值。

隨著科技之進步，利用網際網路搜尋國內外相關書目，已是學術研究不可或缺的工具，尤其諸多史料已經電子化，可以在電腦上直接存取各種電子資料庫，利用文獻傳輸功能取得資料全文，因此本文資料之搜尋仰賴電子資料甚多，如四庫全書電子全文、臺灣地區善本書聯合目錄、中國大陸出版圖書聯合目錄、全國圖書書目系統、中華民國期刊論文索引系統、中國期刊網（大陸地區）、中研院漢籍文獻電子

源流考題識〉，頁15。
〔註2〕　（日）島田翰撰，〈皕宋樓藏書源流考並購獲始末〉（袁詠秋、曾季光主編，《中國歷代國家藏書機構及名家藏讀敘傳選》，北京大學出版社，1997.12），頁358。

資料庫、中華博碩士論文系統等，均提供相當多的參考資源，如需進一步取得他館文獻，則充分利用圖書館界之「館際合作」功能，取得研究資料，協助本文之撰寫。

此外，因陸心源藏書與著作極爲豐富，實非短時間可以全方位研究完竣，故在藏書部份以皕宋樓史部藏書宋版爲研究範圍，統計、分析、歸納、評論陸心源皕宋樓史部藏書之藏書來源、內容、版本，研析其史部宋版書的價值。期望經由研究、學習過程中，對陸心源藏書、治學態度作一番了解，以明其在近代中國學術史上之成就、影響與功過。

圖一：陸心源自刻像、遺照〔註3〕

　　　　　　　　　　　　　　　存齋四十五歲小像

　　　　　　　　　　　　遺照係陸心源玄孫徐楨基先生提供

〔註 3〕「存齋四十五歲小像」係藏書章，取自靜嘉堂文庫編《靜嘉堂文庫宋元版圖錄》（東京：汲古書院，平成四年）；遺照係陸心源玄孫徐楨基先生提供；陸心源筆蹟則取自《潛園總集》中之《歲時廣紀》（清光緒歸安陸氏刊本，臺灣大學圖書館藏）。

圖二：陸心源古籍刊刻題跋筆蹟

雖然荊楚歲時之記善矣惜乎失之拘也泰唐
歲時之所記多矣惜乎未之備也今南潁陳君
覓徹經傳以至野史異書凡有涉於節序者萃
為巨帙殆靡一遺仰以稽諸天時俯以驗之人
事題其篇端日歲事廣記求予文而序之予惟
陳君嘗編博聞三錄盛行於世況此書該而不
冗雅而不俚自當與華傳於無窮云
宣教郎特差知無為軍巢縣事兼理武民兵軍
正總轄屯戍兵馬借緋新安朱鑑撰

重刊足本歲時廣記序
歲時廣記四十二卷題廣寒仙裔陳
元覬編前有宣教郎特差知無為
軍巢縣事兼理武民兵軍正總轄
屯戍兵馬借緋朱鑑序文林郎新和
劂局監門劉純序讀書敏求記所著

（1）

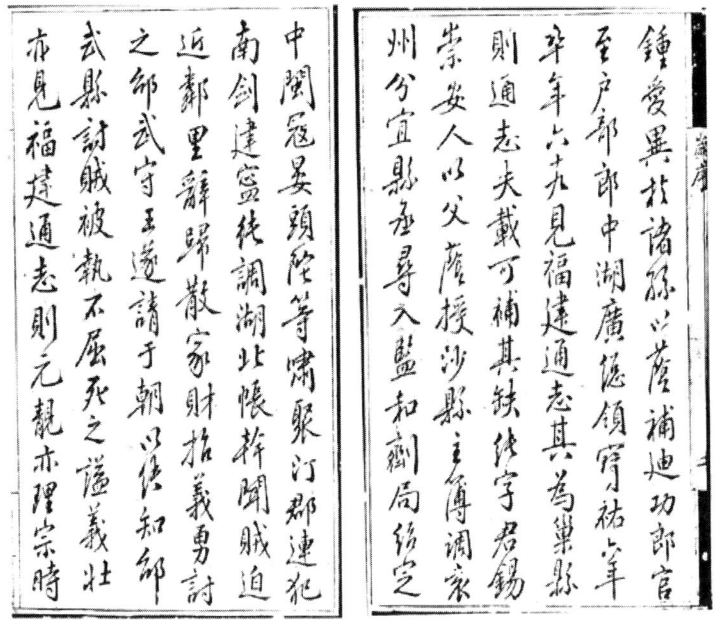

鍾愛異扵諸孫以薦補迪功郎官
至戶部部中湖廣總領審祐宰
辛年六九見福建通志其為巢縣
則通志夫戴可補其軼佚字君錫
崇安人以父蔭授沙縣主簿調家
州分宜縣丞尋入監和劂局緒之

中闈寇晏頭陷等嘯聚汀郡連犯
南劍建寧疑祕調湖北帳幹開賊迫
近郭里辭歸散家財招義勇討
之郡武守王逡請于朝以俱知郡
武縣討賊被執不屈死之謚義壯
市見福建通志則元覬亦理宗時

（2）

（3）

右頁：

錄祗前四卷
四庫著錄本同此從天一閣藏抄本
傳錄尚是全書惜缺第六卷年廣
寶先生姓陳氏不知其名福建崇
安人陳希夷弟子後尸解墓在建
陽縣三村里水東源崇安有仙章

左頁：

峯白塔仙洞皆以廣寒得名子遜緒
聖四年進士官至侍郎嘗構亭于
葬所名曰望考侑朱子嘗居甘施
故學者又稱曰考亭朱子元靚蓋
遜之裔也朱鑑字子明朱子長子
鑑之子少穎敏讀書一目教行朱子

（4）

右頁：

人也所著尚有博聞錄事林廣記
廣記余有永樂刋本博聞錄見
絳雲樓書目今不傳惟見于此
書所引而已
諸授業祿大夫三亮頂戴前分巡廣東
高廣兵備道陸心源敘 〔印〕

左頁：

第二章　陸心源之生平與重要事蹟

第一節　陸心源之家世

一、家世概況

　　陸心源（西元 1834～1894 年），字剛父，號存齋，晚年歸里築潛園，因而自稱「潛園老人」，浙江歸安人（今吳興），生於清道光十四年（1834），卒於光緒二十年（1894），享年六十一歲，是清末著名的學者與藏書家，一生服膺顧炎武之學，嗜藏宋元舊槧，致力校勘古籍，潛心著述，是其一生的寫照。

　　陸氏專長考訂事物，故有關陸氏之郡望，陸心源曾自考吳興陸氏源流係唐代名臣陸贄之後裔〔註1〕，根據〈吳興陸氏族譜序〉〔註2〕及陸心源之後代徐楨基先生考其始祖應為春秋時之陸通，陸通係齊宣王田氏之幼子，名通，字季達，封於平原般現陸鄉為侯，遂以此地為陸終故地，故以陸為姓，通改名為陸通，子孫在此繁衍，陸贄於唐德宗時為相，是陸氏引以為傲的先祖〔註3〕。

　　陸心源祖父陸映奎，父親陸銘新，陸心源有一弟陸性源，堂兄弟二十三人，由於陸心源及陸學源為官稍高，其先祖因而於同治十三年（1874）陸續受到誥封，如陸景熙（以曾孫陸心源封榮錄大夫三品銜署福建鹽法道）、陸映奎（以孫陸心源封資政大夫廣東南紹連道晉封三品銜署福建鹽法道）、陸昌陛（以出嗣孫陸心源馳封資政

　　〔註 1〕陸心源撰，《儀顧堂集》（臺北：臺聯國風出版社，民國 59 年 3 月初版），頁 86～87。
　　〔註 2〕程敏改，《篁墩程先生集》（明正德丁卯二年〔1507〕徽州知府何歆刊本，國立臺灣大學圖書館藏），卷三五。
　　〔註 3〕徐楨基著，《潛園遺事》（上海：上海三聯書店，1996 年 6 月第一版），頁 133。

大夫南紹連道）、陸銘新（以子陸心源封資政大夫廣東南紹連道晉封榮錄大夫福建鹽法道）、陸銘琛（以姪陸心源馳封中憲大夫廣東南紹連道）〔註4〕。又因陸心源捐書國子監，其子陸樹藩及陸樹屏獲得國子監學正銜，亦使陸心源受封為奉直大夫。

陸心源育有四子三女（共生子八人，其中四子早歿，故為四子），即陸樹翰、陸樹屏（出嗣陸性源）、陸樹藩、陸樹曾、陸樹生、陸樹穀、陸樹聲、陸樹彰。

陸心源之長子陸樹藩，係光緒十五（1889）年舉人，因陸心源捐書國子監，特賞國子監學正銜，欽加侍讀銜，賞戴藍翎內閣中書本衙門撰文，慶典撰文、方略館校對官、會典館校對官、戶部郎中山西司行走，特賞二品銜，分發江蘇任候補道，並駐蘇商部議員總辦江蘇商務局、刷印官紙局、江南軍械局並任江蘇實業學堂監督、鐵路學堂監督，光緒三十三年（1907）奏調東三省差委，未就任，是年五月卸任，赴滬閑居，後在蘇州辦孤兒院，於民國十五年去世，享年五十九。著有《吳興詩存》、《皕宋樓藏書三志》、《穰梨館過眼三錄》、《忠愛堂文集詩集》、《印花稅章程》〔註5〕。

陸心源次子陸樹屏，出嗣陸心源之弟陸性源，因捐書國子監特賞國子監學正銜，光緒十七年（1891）舉人，賞戴花翎，內閣中書分部郎中，升用同知，直隸州遇缺即選知縣，因為遇缺在家候補，光緒二十五（1899）年去滬經營錢莊，乘船至滬，在黃浦江失足落水而亡，享年二十九歲〔註6〕。

三子陸樹聲，邑庠生，三品銜，江蘇候補知府，淮北六岸督銷總辦，獲四等嘉禾章，後去滬從商，陸心源藏書載舶東去前，每書均印其藏書印記，1933年卒，享年五十二歲〔註7〕。

四子陸樹彰，國學生，獲得四品銜候選主事，始終未任職，1924年分得遺產後在滬生活，1943年去世〔註8〕。

陸心源子孫多在上海發展事業，經營絲廠、錢莊，光緒三十年（1904）左右，由於日本發明人造絲，大量湧向東南亞，江浙絲廠受到影響，絲品之行銷欠佳，絲廠被迫停工，錢莊連帶受到波及，陸樹藩在經濟上的打擊甚大，應是皕宋樓藏書售予日本原因之一。陸心源之第三代後世子孫陸增鏞、陸增棋在海外發展，以毛紡業為主且成就極大，1973年在香港成立「亞非紡織集團」，並在毛里求斯國設廠，奮

〔註4〕陸心源修、丁寶書等纂，《歸安縣志》（臺北：成文出版社，民國59年），卷三十，頁293。

〔註5〕徐楨基著，《潛園遺事》（上海：上海三聯書店，1996年6月第一版），頁142～143。

〔註6〕同上，頁143。

〔註7〕同上。

〔註8〕同上。

鬥十餘年，其針織毛衫成為世界第三大出口國，1988 年獲得英國表彰，至今已成跨國集團，是世界最大針織集團之一。此外，不忘為家鄉奉獻心力，先後於 1990 年捐助湖州師範學校及建立湖州富天絲綢服裝有限公司，1991 年捐助湖州師範建圖書館，1994 年再建體育館及藝術館，1997 年設立興湖教育獎勵基金，獎勵有突出貢獻之教師與學生，此其難能可貴之處〔註 9〕。

　　茲根據陸心源所編〈月河陸氏支譜的前十世世系圖〉及陸氏後代世系表摘錄如下：〔註 10〕

表一：陸氏家族世系簡表

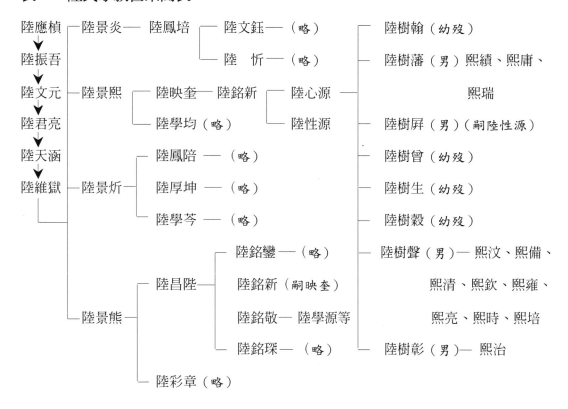

　　陸心源籍隸浙江歸安（今浙江吳興縣），居住湖州月河街，「潛園」是藏書地之一，此園位於城東蓮花庄北，係陸氏歸隱家鄉後，在城東蓮花庄北購得明萬曆御史朱鳳祥之廢園（書帶草堂），拓修闢為小園，疏泉疊石，雜蒔花木，水木明瑟，極具

〔註 9〕陳達〈四十年共磨一劍：香港實業家陸氏兄弟的創業史和愛國情〉，《海內與海外》（1999 年 12 月），頁 34～37。
〔註 10〕徐楨基著，《潛園遺事》（上海：上海三聯書店，1996 年 6 月第一版），頁 137。

優雅之景緻，署曰潛園，自號潛園老人。潛園之清新雅緻，具有江南園林特色，據童寯著《江南園林志》描述潛園云：

> 吳興潛園：在東門內，清末陸心源構，有荷池、山石、亭、橋、樓、閣，但少曲折之致〔註11〕。

如今潛園風華不再，湖州市政府曾於1986年因修復趙孟頫之蓮花庄時，也同時整修潛園，成為市民及遊客觀光之地。距離「潛園」約百尺之「皕宋樓」，是陸心源主要藏書處，中共文化大革命時皕宋樓已部份破壞，現址為浙江省湖州市月河街四至六號，已被列為文化保護區，佔地約一百坪，外圍有高約一丈白色古典花邊圍牆環繞，前後各開一小扇門，牆內則為昔日藏書樓，起伏的樓閣建築別具一格，黑色瓦礫，白色牆壁，泰半已破舊殘缺，樓層間的樓梯寬約二尺半，萬卷古籍珍藏在內，日本漢學家島田翰曾造訪該地，即其所稱：

> 就月河街居，分樓上構書室為皕宋樓、十萬卷樓，皕宋樓儲宋元舊槧，十萬卷樓收明後秘刻、名人手校手鈔，及近儒著述。……皕宋、十萬，雖分為二，實分一室為二，樓云閣云，皆假名誇人之具，有十室斯可付十名也。而樹藩贈予以《皕宋樓藏書志》稿本，其書尚作《守先閣藏書志》，乃知皕宋、十萬，皆係心源四十五以後所名也，……〔註12〕。

可見皕宋樓與十萬卷樓是共用一室，且是陸心源四十五歲以後才命名的；前庭院西南有楊峴親手所題之「千甓亭」依壁而築，千甓亭刻石依然矗立在小荷塘畔、遺留的刻石鑲在右廂房門牆等，賭物思古之幽情，遙念喜好藏書的皕宋樓主人以及皕宋樓昔日的風采，讓人感懷不已。

二、生平傳略

陸心源自幼資質聰穎，讀書能一目十行，異於一般孩童，五歲入私塾求學，嗜愛讀書；十三歲通九經，尤精鄭、許之學。二十歲，入縣學；十四歲補廩膳生額，與同郡姚宗誠、戴望、施補華、俞剛、王宗義、凌霞等，經常以古學相切磋，時有七子之稱；並受知於萬青藜（同治時為順天府尹）、吳式芬（道光進士，好金石書畫）、張錫庚等；先輩如徐有壬、朱緒曾等皆器重之，引為忘年之交。陸氏精研鄭、許詁訓之學，喜讀管、商經濟之書，在清代諸儒中，最服膺顧炎武，故命其室「儀

〔註11〕童寯著，《江南園林志》（臺北：文海出版社，民國72，沈雲龍主編，《近代中國史料叢刊續編》第76輯），頁39。

〔註12〕陸心源著，（《皕宋樓藏書志‧續志》，臺北：廣文書局，民國56），島田翰，〈皕宋樓藏書志源流考〉，頁8。

顧堂」，仰慕心切，於此可見〔註13〕。咸豐五年（1855）參加鄉試未中，咸豐九年（1859），因舉行恩科，陸心源中舉人，時年二十五歲，次年進京會試，因途中經過清江（在今江蘇省淮陰縣城北），遭遇捻匪，情勢危急，幸以奇計得免於難，後來輾轉返回故里，故未參與會試。此事在〈鈕主事別傳〉有云：

> 咸豐庚申，余以計偕入都，而聞捻躪清江，繼聞杭州亦陷於賊，南望
> 白雲，寸心如割，亟束裝作歸計，眾皆以為必蹈虎口，君獨約余偕行抵無
> 錫，而賊尾至，榜人皆跳舟匿蘆葦中，殺聲四起，余與君議，盡出橐中金，
> 募死士棹小舟間關歸里，家人相見，以為從天而下也〔註14〕。

在其生命中是一次重要的經歷，其後太平軍又攻陷蘇州、常熟等地，清兵江南大營亦已潰散，他與鈕福海（字季蘇）聯合鄉人抵禦之，此時陸心源慨然有澄清天下之志。

咸豐九年（1859），陸心源因中舉人，遵例分發廣東。同治元年（1862），適逢王遇攀私刻關防案，株連數十人，陸心源接案後，開釋甚眾，深獲好評。同治二年（1863），直隸總督劉長祐以其才識精明、志行清直，推薦為道員。同治四年（1865），補廣東南韶兵備道，時南韶匪徒猖獗，戕官之案疊出，陸心源視事後，敉平地方匪徒、掃平洪秀全餘黨、革除漏稅弊政，南韶方為安寧，商民感悅。同治六年（1867），調高廉道，旋奉旨開缺，送部引見，繼聞丁憂，星奔歸里。同治十一年（1872），閩都李鶴年以佐治需人，奏調赴閩，辦理稅釐、海防、洋務等事宜，然署糧鹽道時，與署都不合，乃乞養歸里，殊不知於歸里後第二年，以鹽務遭署都舉發而被削職。

退隱後於侍奉其母之暇，潛心著述、整理藏書、專意校勘，並在潛園內建造守先閣，收藏明以後普通本，開放給讀書人利用。其著作斐然，如繆荃孫所云：

> 《儀顧堂文集》二十卷、《儀顧堂題跋》十六卷、《儀顧堂續跋》十六
> 卷，皆古書源流，金石考證之學；藏宋刊達一百餘種，元刊達四百餘種，
> 儲之皕宋樓，作《皕宋樓藏書志》一百二十卷、《續志》四卷；所得金石
> 碑版九千餘通，多青浦王尚書未著錄者，作《金石粹編續》二百卷；並藏
> 書畫，作《穰梨館過眼錄》四十卷、《續錄》十六卷；生平篤嗜唐文，於
> 蟫斷熸朽，綴拾錄存與金石之文新出土者，成《唐文拾遺》八十卷、《唐
> 文續拾》十六卷；樊榭山人《宋詩紀事》於兩宋詩人搜羅備至，復輯得三

〔註13〕汪兆鏞輯，《碑傳集補》三（臺北：文海出版社，民國71年3月，沈雲龍主編，《近代中國史料叢刊》）繆荃孫撰，〈二品頂戴記名簡放道員前廣東高廉兵備道陸公神道碑銘〉，頁121～214。

〔註14〕陸心源撰，《儀顧堂集》（臺北：臺聯國風出版社，民國59年3月初版）〈鈕主事別傳〉卷十，頁442～443。

千餘人，得詩八千首，作《宋詩紀事補遺》一百卷，其屬書小傳，有仕履不詳、時代未著者，別為《小傳補正》四卷；其他善本卷帙，繁重不及編刻者，作《群書校補》一百卷；搜故鄉風雅補志乘闕遺，作《吳興詩存》四十卷、《吳興金石記》十六卷、《歸安縣志》四十八卷；病《宋史》蕪簡，考黨禁始末作《宋史翼》四十卷、《元祐黨人傳》十卷；嘉定錢氏《疑年錄》之作，大抵詳於儒林文苑籍書畫之士，既校正錢澥簕《疑年錄》四卷，復益以名臣大儒、氣節文章之士，作《三續疑年錄》十卷；儲藏三代、秦、漢鐘鼎彝器百餘種，晉、唐古鏡六十餘種，輯古今言金石者，以補李學博富孫之缺，得三百餘人，作《金石學錄補》四卷，署曰《潛園總集》，共九百四十餘卷〔註15〕。

光緒十六年（1890），因國子監徵求書籍，他選擇家中舊刊舊鈔及自行刊印之罕見書籍一百五十種，計二千四百餘卷，附以十萬卷樓叢書捐送國子監。

陸心源一生嗜好藏書與撰述，亦致力於修橋、舖路、興學等慈善事業，若非其家中富有，實難以做到藏書之餘尚可熱心公益事業，他自述其財富一半係自治得之，如光緒十五年（1849）〈上李石農侍郎書〉云其財富全憑個人經營有術：

　　　　陶朱之術，奔走在人，操縱在己，奉行失當，贏者亦絀，源粵裝無多，

　　凡今所有，半由治生〔註16〕。

陸心源雖隱居鄉里，不問政事，但猶熱心於桑梓建設，不遺餘力，曾創設教忠義莊，又獨力興建昇山橋，皆獲朝廷褒獎。又曾修復安定、愛山兩書院，籌備賓興善堂、義學、育嬰、積穀等，各項慈善事業，無不鼎力贊襄。近則江浙，遠則直隸、山東、山西，有水旱之災，咸捐巨貲助賑，亦曾捐助山東棉衣一萬件。

光緒十七年（1891），山東巡撫張曜（字亮臣）以陸氏學識閎深，才堪濟世，及捐山東災民一萬兩銀，上摺請用，三月奉旨復原官，交吏部引見；浙撫崧駿亦以陸心源賑浙有功，上奏加二品頂戴；直隸總督李鴻章以陸氏學識閎通，氣局遠大，屢試艱難，見義勇為，上奏得旨，詔以道員，交軍機處記名簡放，承多人推薦復官，陸心源對於或仕或學，難以選擇，深感矛盾，慮及聖意優隆，未敢以遁士自居，遂於光緒十八（1892）年引見召對，歸抵天津，適感痢疾，李鴻章命至滬稽察招商局

〔註15〕 汪兆鏞輯，《碑傳集補》三（臺北：文海出版社，民國71年3月，沈雲龍主編，《近代中國史料叢刊》）繆荃孫撰，〈二品頂戴記名簡放道員前廣東高廉兵備道陸公神道碑銘〉，頁121～214。

〔註16〕 （清）陸心源撰，《儀顧堂集》（臺北：臺聯國風出版社，民國59年3月初版），卷四，頁161。

事，遂航海南歸，俄因左目生翳，其氣體素宜溫補，醫家治目率用寒涼之品，痰阻氣鬱，胸膈不舒，遂以成疾，竟至不起。於光緒二十（1894）年十一月十九日卒於里第，年六十有一〔註17〕。從此一代藏書家、版本學家、目錄學家、金石學家、攻詩文、掌經史、亦學亦仕、亦商亦紳的學者，長辭人世，短暫六十一年生涯，留下了不少藏書、著作與遺憾。

三、陸心源入《清史稿》文苑傳擬議

　　國立故宮博物院善本書室藏有陸心源傳包，計有兩江總督端方奏稿（如圖二、三、六）、禮部（圖四）、軍機處交摺（圖五）、簡歷冊本及國史館撰就之陸心源傳記（圖七、八）。例如清光緒三十四年（1908），兩江總督端方為道員陸心源宣付史館奏稿云：

　　　　浙江已故紳士，博學多通，潛心著述，籲懇　天恩宣付國史館，列入文苑傳，以彰實學，恭摺具陳，仰祈聖鑒，事竊據籍隸浙江之二品銜，軍機處存記江蘇候補道俞明震等呈，稱已故紳士二品頂戴前廣東高廉道陸心源，浙江湖州府歸安縣人，由舉人遵例以知府分發廣東，擢升道員，補南韶連道，調高廉道，光緒二十年卒於家。幼嗜讀書，喜購秘籍，明體達用，著作斐然，有《潛園總集》，都凡九百四十餘卷，歸自粵東，創議纂修《湖州府志》，徵文考獻，該故紳之力為多，會國子監徵求書籍，捐送家藏舊刻、舊鈔一百五十種，附以所刻叢書三百餘卷，經前浙江學臣奏，奉諭旨：陸心源自解官後，校古籍，潛心著述，茲復慨捐書籍，洵屬稽古尚義等因。欽此。天語褒嘉，士林傳述，以為榮遇，該故紳學博識精，尤喜讀顧炎武書，究心經濟，前直隸督臣劉長佑疏稱其才識精明，志行清直，前山東撫臣張曜疏稱，其學識閎深，才堪經世，前大學士李鴻章疏稱其氣局遠大，見義勇為，查該紳仕學兼優，歷膺為劇，著書傳世，士論僉孚，開列履歷事蹟清冊，呈請奏懇史館立傳，前來臣伏查該故紳陸心源，博學多通，潛心著述，所著《儀顧堂文集》，議論純正，根柢淵深，其餘考訂、蒐輯之書，亦皆綜貫精詳，有裨世用，洵是標名文苑，昭示來茲，合無仰　天恩伏准，將浙江故紳二品頂戴前廣東高廉道陸心源宣付國史館，列入文苑傳，以彰實學，自逾格鴻施，除將事實清冊及所著書籍分咨查核外，謹恭

〔註17〕俞樾撰，《春在堂雜文》（臺北：文海出版社，民國62，《近代中國史料叢刊》第四二輯。）六編，〈廣東高廉道陸君墓誌銘〉。

摺奏陳　伏乞　皇太后　皇上聖宣訓示謹陳。光緒三十四年二月二十日奉
朱批著照所請該部知道　欽此二月初一日〔註18〕。

至於清國史館所編纂之〈陸心源履歷清冊〉，闡述陸心源具體事蹟甚詳，約可歸納爲
嗜藏古籍、潛心著述、事母至孝、熱心公益、功績卓著五點，誠爲不可多得之學者，
茲依履歷冊內容分別摘錄如下：

（一）〈陸心源履歷清冊〉載其嗜藏古籍：

> 自少即喜購書，遇有秘籍，不吝重貲或典衣以易之，自爲諸生時，所
> 得不下萬卷，兵燹後，故家藏書往往出以求售，該紳悉羅致之，藏書之富，
> 甲於海內，較范氏天一閣所儲十倍過之，乃就潛園建「守先閣」，取明以
> 後刊抄諸帙及近人著述之善者，藏庋閣中，許四方好古之士來讀不禁，會
> 國子監徵求書籍，擇家藏舊刊舊抄，爲近時板本所無者一百五十種，共二
> 千四百餘卷，附以所刊叢書三百餘卷，捐送到監，蒙浙江學政瞿入告，得
> 旨：陸心源自解官後，校刊古籍，潛心著述，茲復慨捐群籍，洵屬稽古尚
> 義，伊子廩生陸樹藩、附生陸樹屏著賞給國子監學正銜，士林傳述以爲榮
> 遇〔註19〕。

（二）〈陸心源履歷清冊〉載其潛心著述：

> 該生研精典籍兼治群經，精於許鄭之學，而尤服膺亭林經世之
> 書……。所學綜貫百家，上下千載，詳考得失，斷之於心，所著《儀顧堂
> 文集》二十卷，於近代名臣、碩士、貞烈、孝義多所紀載，《題跋》十六
> 卷，《續跋》十六卷，皆考證古書源流，因宋史蕪簡，作《宋史翼》四十
> 卷，考黨禁始末，作《元祐黨人傳》十卷，……編纂成書，刊刻未竣，名
> 曰《潛園總集》，凡九百四十餘卷，近來日本教育名家爭相購致，風行一
> 時，《湖州府志》亦該紳創議纂修，徵文考獻以成信史，同郡俞樾總辦浙
> 江書局，與該紳會商江蘇、湖北等省，分刻二十四史，並一切有用之書，
> 又精刻子書二十四種及創議鈔補浙江文瀾閣舊藏《四庫全書》，皆借該紳
> 所藏鈔補爲多，又取宋元舊槧舊鈔之孤本，刻《十萬卷樓叢書》，表揚吾
> 鄉先哲，刊《湖州叢書》，均流傳海內，晚歲猶專心著作，孜孜不倦〔註20〕。

（三）〈陸心源履歷清冊〉載其事母至孝：

〔註18〕陸心源傳包（臺北：國立故宮博物院藏）。

〔註19〕（清）國史館編，〈呈造卑廳歷年出師陣亡各員並出身履歷清冊〉（臺北：國立故宮博
　　　　物院藏）。

〔註20〕同上。

該紳純孝性成，以其母吳氏年高，陳情終養，循陔之暇，娛意林泉，就城東闢爲小園，水木明瑟，極清曠之致，署曰：「潛園」，每當花時月旦，奉母板輿，扶持導遊，盡日乃返，時母年八旬有二，先意承志，色養不離，依依如孺子，山東巡撫張以該紳才不世出，手書勸駕，該紳以養親未終，無意問世。……先朝舊恩慶見著作，臨終猶以國恩未報、子孫努力讀書爲訓，拳拳君國，始終不怠〔註21〕。

(四)〈陸心源履歷清冊〉載其熱心公益：

該紳在南韶連任修復相江書院，祀濂溪周子，至高廉任，又修石城之道南書院，茂名之敬仁書院，皆優給田租，以期永久，郡中有高文書院，亦增益膏火，俾諸生得專心肄業，又以梅莱坡租銀助公車之費，至建鄱忠介祠、脩范龍學墓、重興師堂渡、修上宮灣路，嘉惠士林，表彰先哲，澤被行旅，迄今猶歌功頌德。退居林下，設立教忠義莊，又獨力興建昇山大橋，皆奉溫綸褒獎，其他如脩復書院，籌備賓興公車，積穀創辦善堂、義學、育嬰。光緒十五年，江浙大水，湖郡地當下游，顛連尤甚，該紳創捐五千串，會同官紳籌辦災賑，至次春方畢，凡有益於梓桑者，引爲己任，不遺餘力〔註22〕。

(五)〈陸心源履歷清冊〉載其功績卓著：

才識過人，遇事勇敢，其在粵東時，適有王遇攀私刻關防一案，株連多人，該紳與斷斯獄，昭雪甚眾，補南韶連道，將之官，行抵英德，聞長甯土寇爲亂，翁源縣知縣張興烈被戕，該紳繳檄，游擊湛恩榮率兵剿之罪人，斯得風氣一變，十餘年中，遂無折官之案，霆軍叛卒自楚入粵勢甚洶洶，該紳檄湛恩榮回援樂昌，益以壯士千，樓船二十，水陸並進，連戰皆捷，賊乃遁去，其時粵寇餘黨尚躥閩粵，間由龍南犯始興，又由連平犯翁源，該紳檄副將朱國雄守始興，檄參將任玉田扼雞仔嶺，賊不得逞，韶關商賈出入，貨物盈艑，舊例一物漏稅，全船充公，吏緣爲奸，催雖衰克自肥，該紳祇令漏者補納，餘物不問，商民感悅，願出其塗，其署福建鹽法道時，日本以生番事搆釁，該紳執公法以爭，倭將爲之氣奪，又有俄國公使來閩，遣美國通事李夢蘭，以名刺訂約前往，該紳以爲中國督撫不能傳見各國領事，各國公使豈能傳見中國司道，亦遣通商局委持片問候，俄使

〔註21〕　（清）國史館編，〈呈造卑廳歷年出師陣亡各員並出身履歷清冊〉（臺北：國立故宮博物院藏）。
〔註22〕　同上。

　　　　快快而去，其政績卓著，近今罕見〔註23〕。

陸心源事蹟已宣付入清史文苑傳，軍機處亦將傳包（奏摺、行述、履歷冊）送史館備載，萬事皆備，何以終未將陸心源事蹟列入文苑傳？反觀陸心源之師友及一些藏書家多數皆入清史各傳，如：

　　1、列傳：徐有壬、張錫庚、李鴻章、曾國荃、沈保楨、劉長祐、毛鴻賓、楊昌濬、瞿鴻禨、王凱泰、潘祖蔭、汪鳴鑾、郭嵩燾、李鶴年、黎庶昌、黃體芳、丁日昌、吳大澂、端方、陸潤庠、任道鎔等。

　　2、儒林傳：孫星衍、俞樾、嚴元照、盧文弨、顧廣圻等。

　　3、文苑傳：錢謙益、曹溶、莫友芝、葉昌熾、吳汝綸、楊守敬等。

　　另考民國三年《清史稿》之編纂，參與纂修之朱師轍先生，曾撰文說明清史館蒐羅史料及纂修過程之大概，其相關說明如下：

（一）《清史稿》史料來源

　　《清史稿》史料來源爲史館大庫、軍機處檔案、方略館、內閣大庫、各部檔案及各省督撫史檔案、內務府檔案、內閣存國子監之章奏京報等，其中史館大庫與軍機處檔案是主要來源，朱師轍謂：

　　　　史館大庫，其中有各朝實錄、起居注、各種方略、國史館滿漢臣工傳、又忠義、儒林、文苑、循史、烈女等傳，彙錄內外大臣奏疏，天文地理諸志，各省志方，各種書簿，各種官制表。

　　　　軍機處檔案，……余掌國務院圖書與之爲鄰，故考覈史事，嘗往借閱，又秘書長曾委余清理舊檔案，故能覽其全，有滿檔、摺包、隨手、外交檔等名稱，自雍正五年設軍機房起，至清末止，其中歷年雖有缺落散失，然尚不過多，實爲清史之根本材料〔註24〕。

（二）宣付立傳

　　清代大臣凡官至一、二品者，史館已有傳，三品以下則無，其勳業政績、學術卓著者，經奏請立傳，得旨允傳後，均送史館立傳，並由纂修人員編寫傳稿，凡宣付立傳者需附著述，故清史館內圖書甚多，尤以儒林、文苑爲最。陸心源係二品頂戴四品官，即屬此類，經兩江總督端方奏請允傳後宣付史館。有關宣付史館，如朱師轍謂：

〔註23〕同上。
〔註24〕趙爾巽等修，《清史稿》（一）史料之采集（臺北：洪氏出版社，民國70年8月初版），頁37～39。

余纂《清史‧藝文志》，遍覽清史館圖書，睹有儒林著述書目一冊，初以為清國史館普通藏書，既按其書目，見每人名下所列之書，皆其一人所撰，始悟為奏請宣付國史館立傳者，附呈其人之著述，其中固以儒林、文苑為多，……清代大臣一二品，國史有傳，三品以下則無，其有勛業政績、學術卓著者，由京內外臣工奏請宣付史館，得旨允准後，交國史館立傳，始由纂修人員編輯傳稿，其未核准則否，此宣付立傳之大略也，故館中之書，雖多為立傳之人著述，亦多有未核准立傳，其著述仍留館中，未發還其家者〔註25〕。

（三）修史過程倉促：

《清史稿》撰修期間分三期，第一期各自為政，無統籌分配者，第二期議定以列傳著手，選人任之，分期擬定傳目歸卷，第三期因時局紛亂，經費不足，趙爾巽館長曾向張作霖籌款，重新整頓，又因年老多病，急於結束《清史稿》，故重行分配工作，柯鳳孫彙整儒林、文苑傳，終因全書無總閱之人，故傳有重複，且遺漏要人。如〈夏孫桐致張爾田書〉中有云：

列傳弟與金籛孫分任之，籛孫任乾隆以前，弟任嘉慶以後，彙傳則弟任循史、藝術，章式之任忠義，柯鳳孫任儒林、文苑、疇人，餘皆歸籛孫，預定三年告成，……弟所任各朝，咸、同事最繁重，王君之稿，核之實錄，牴牾太多，且立傳太濫，卷帙太繁（朱師轍按：咸同事功既繁，宣付國史館立傳人眾，余故主張多用附傳，柯王二老，亦韙余言，後眾推余整理藝文志，遂未能顧及。），直是重作，期限既促，光、宣兩朝，斷不能兼，推歸他手，亦無肯接，遂由息侯一手為之（朱師轍按：金梁仍以原稿付印，不過私意欲增者稍補而已。）。館長既歿，柯鳳老代之，與袁金意不合，交稿不閱，即付金手，金幾執全權，弟齗齗相持，手中者未聽干涉（朱師轍按：金梁乃一校對，無干涉纂稿人之權，人亦不許其干涉，僅代袁金鎧發稿付印，偷改之事，人皆不知，其後余始發現，故館中重行抽換更正。），及印書將畢，尚於曾、左、李三專傳未成，金乃以初稿付印，紀志表，弟全未寓目，且館中始終無總閱之人，故傳有重複，且遺漏要人，而總教意未留意及此，是可異也〔註26〕。

清史傳記纂修諸多疏失，於〈傅振倫清史稿評論〉一文嘗評其缺失，茲摘錄如下：

〔註25〕趙爾巽等修，《清史稿》（一）史料之采集（臺北：洪氏出版社，民國70年8月初版），頁44～45。
〔註26〕同上，〈夏孫桐致張爾田書〉，頁54～55。

民庶行事，善可爲法，詔宣付史館，爲之立傳，此見於宣統本紀者有六，……此八人者，除武訓事見卷五○四孝義傳外，餘均未立傳，列傳二五六趙爾豐事，不應詳而詳，忠義傳趙文穎、循吏傳柯劭憨，不必傳而傳，而傳三六五張師誠，不應專傳而專傳，而八人之可傳，反置而不傳，無史德矣。……〔註27〕。

由此可見，《清史稿》修撰過程弊病極多，最後倉促付印，已宣付立傳者遭到遺漏，應不止陸心源一人。此外，未知是否有其他因素，是否因陸心源藏書被子孫售予日本靜嘉堂文庫，有損國家尊嚴？或陸心源在仕途中曾因擅改糧票被解職？或修清史時期檔案一時遺失？然曾爲陸心源撰寫神道碑之同好友繆荃孫亦參與《清史稿》之修纂，對於陸心源事蹟已宣付史館立傳，應知之甚詳，何以未掌握當時狀況？令人匪夷所思，莫非是因藏書入東瀛對學者之衝擊確實難以平復，促使陸心源傳記遭刪落之命運？以上諸因素，因缺乏直接證據，未能明瞭眞正原因。

然 2003 年 10 月陸心源玄外孫徐楨基先生爲此疑議提出三種看法：（一）是年正值光緒帝崩，其後三年，清廷即被推翻，面臨清末種種動盪不安，國史館無暇顧及此，故未列入。（二）國史館曾透過兩江總督衙門告知陸樹藩，補送《潛園總集》尚未付梓之古籍（約三百卷），此時陸樹藩因組辦「上海救濟善會」而墊款，虧空極大，經濟拮据，無財力付印已刻好之書，終因拖延未補送，致使陸心源未被列入。（三）當時亦因國內學者對䀄宋樓售書反響極大，致使國史館暫不列入陸心源傳〔註28〕。

總之，陸心源傳記資料既已具備，且陸心源畢生蒐藏古籍不遺餘力、重刊罕見古籍、修繕書院嘉惠學子、修橋舖路、賑濟東北災民萬件棉衣、協修方志、捐送藏書至國子監等諸多義行，足式後人，名留青史，至於藏書售予日本靜嘉堂文庫，係其後代子孫陸樹藩之過，不應將此過失加諸於陸心源其身，故今後國人重修清史時，理應將陸心源事蹟收入清史列傳中。

〔註27〕同上，〈傅振倫清史稿評論〉，頁 141。
〔註28〕2004 年 1 月 28 日筆者接獲徐楨基先生於 2003 年 10 月 17 日所撰之文。

圖三：兩江總督端方奏稿封面（上）與內容（下）（國立故宮博物院藏）

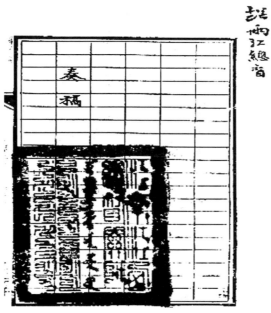

圖四：光緒三十四年二月二十日兩江總督為咨送道員陸心源宣付史館奏稿
（國立故宮博物院藏）

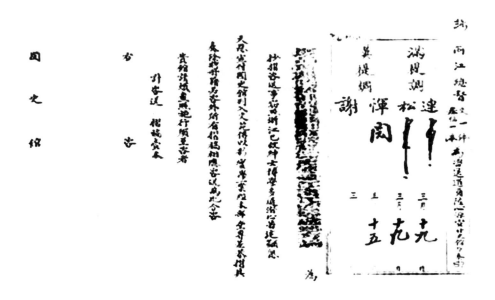

圖五：光緒三十四年三月十九日禮部為陸心源宣付史館奏稿（國立故宮博物院藏）

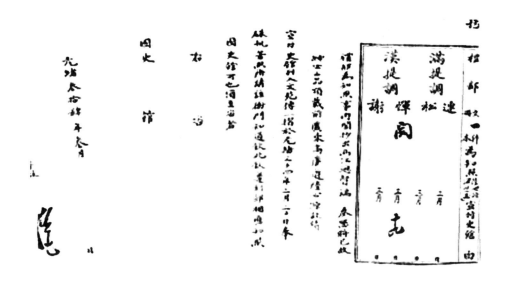

圖六：光緒三十四年三月十九日軍機處為道員陸心源宣付史館奏稿（國立故宮博物院藏）

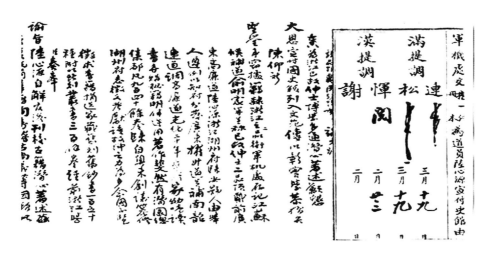

圖七：光緒三十四年五月八日兩江總督為咨送陸心源《潛園總集》六四四卷奏稿（國立故宮博物院藏）

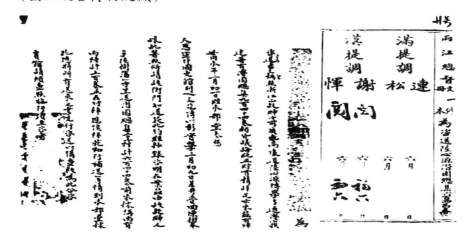

圖八：國史館撰就陸心源入〈文苑傳〉稿（一）（錢駿祥纂輯，國立故宮博物院藏）

圖九：國史館撰就之陸心源入〈文苑傳〉稿（二）（國立故宮博物院藏）

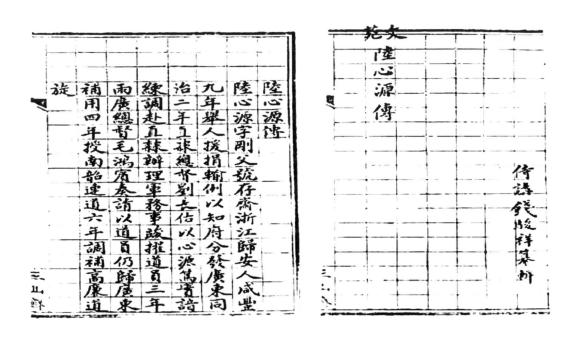

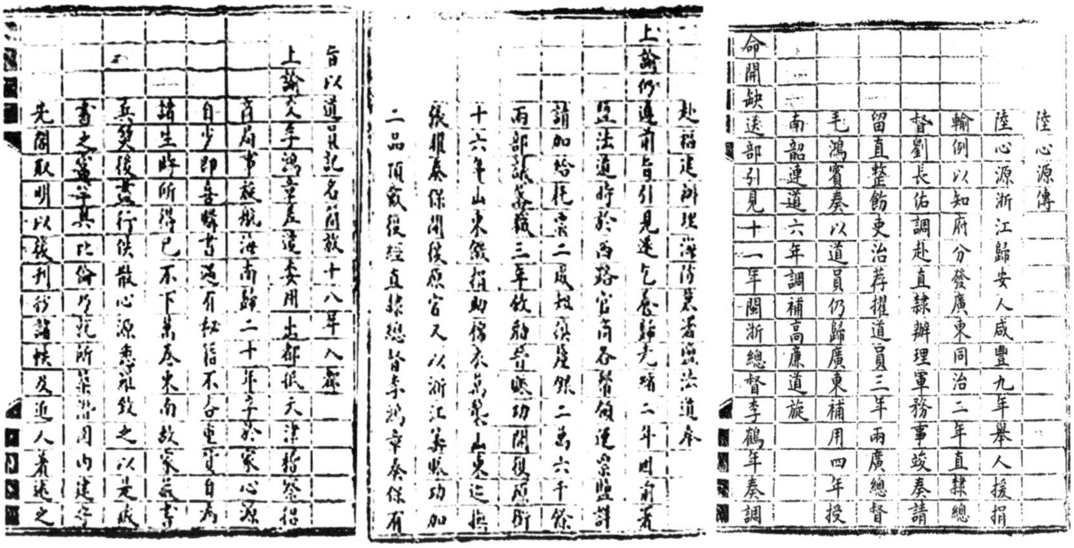

第二節　陸心源仕履、交遊與治學經過

一、仕履重要事蹟

　　陸心源在仕途上雖功績卓著，但一波三折，並未致高官，其仕途中重要經歷，如遭革職處分、洋務處理不當及開復原職，均是其仕途中重要之事蹟。茲將其仕途分咸豐、同治、光緒三階段分別敘述之。

（一）咸豐年間

　　陸心源於咸豐己未（1859）中舉人，分發廣東，開始其仕宦之途。到職之初，適逢發生王遇攀私刻關防一案，株連嫌犯達數十人之多，陸心源參與審訊，開釋無罪者甚眾，初次為官即展現其不凡才華。

（二）同治年間

　　同治二年（1863），直隸總督劉長佑，因直隸、山東、河南三省交界地區寇盜充斥，乃奏調陸氏前往直隸督辦三省接壤剿賊事宜，負責軍需善後等任務。剿賊工作結束後，又以才識精明，志行清直，奏留直隸，整飭吏治。陸氏為感知遇之恩，整紛剔蠹，肅清弊政，終於獲得大用，薦擢道員。

　　同治三年（1864），兩廣總督毛鴻賓奏請陸氏仍歸廣東。次年，任廣東南韶兵備道，受巡撫郭嵩燾節制，敉平長寧（今新豐縣）戕官之亂。同治四年，陸氏就任南韶，行抵英德，就已聞知長寧土匪擾亂六里鄉，甚至發生戕官暴行，翁源知縣張興烈竟慘遭殺害，太平軍起先由龍南撲向始興，隨後又由連平進犯翁源。陸氏就檄命副將朱國雄防守始興，又命參將任玉田扼守雞仔嶺，使太平軍終不得逞，南韶因而能安然無恙。南韶之危急如陸心源在〈南韶連道題名碑記〉中所云：

> 同治四年四月，余奉命來察是邦，行抵英德，聞翁源縣張興烈被戕，及視事，亟檄游擊湛恩榮，率兵搜捕罪人，斯得而一，□□□□之師叛於漢陽，突湖南入粵，勢如飄風驟雨，猝不及防，上下洶洶甚，余急檄湛恩榮回援樂昌，益以壯士千，樓船二十，水陸並進，連戰皆捷，賊遁江西，時洪秀全餘黨躥閩粵之交，謀復躁江楚，東擊而西馳，南攻則北走，伺官兵所不備，蹈瑕抵隙，往來飄忽，踔數百里，南韶既當其衝，又為商賈所輳，順流下廣州如建瓴，賊垂涎甚，始由龍南突始興，余先檄副將朱國雄扼縣城，再由連平犯翁源，余先檄參將任玉田扼雞仔嶺，賊卒不得逞 [註29]。

〔註29〕陸心源撰，《儀顧堂集》（臺北：臺聯國風出版社，民國59年3月初版），卷八，頁327～328。

南韶干戈初定，陸氏隨即尋訪民隱，革除商賈漏稅積弊。其時，韶關商業繁盛，貨物盈䆔，漏稅情事，屢見不鮮。陸氏查知此情後，即令凡有漏稅者，只准補繳稅款，餘物不准充公，積弊盡除，商民感悅。此外，曾修復湘江書院，以祀奉宋代理學大師周敦頤。

　　同治六年（1867），陸心源因忤廣撫蔣益灃〔註 30〕，調高廉道，轄高州、廉州兩府，位置不及南韶重要。高州（今茂名縣）山明水秀，民風敦樸，然初到任時除感到被謫貶外，又因其子夭折而心情抑鬱，在〈韶兒壙志銘〉中云：

　　　　同治五年三月，余以吏事至廣州，而韶兒生於韶州官署，九月改官高
　　廉道，遠而複三易舟始至，溪流之湍險，山逕之崎嶇，壯夫丈人莫不相顧
　　愕，眙力困神飛，兒生甫數月，何以堪此，抵高三日即疾，疾十餘日，夭
　　時同治六年正月十七日也〔註 31〕。

又在〈重建鄒忠介公祠堂記〉中云：

　　　　……余少慕公之為人，今左遷高涼，又為公過化之地，撫今思古，惻
　　然於懷〔註 32〕。

另於〈高文書院膏火記〉云：

　　　　會余左遷來此，一見議合，因捐廉銀為倡，官紳踴躍樂從〔註 33〕。

〈松竹堂記〉中亦云：

　　　　高廉道署之西偏有堂焉，庭前茹竹百餘竿，亭亭直立老松四株，夭矯
　　若遊龍，皆百年物，微風過之，濤聲习习，然與竹相應和，余顧而樂之，
　　忘其為羈旅也，……今之人有能炎涼一節如松者乎？震之以風雨之驟，竹
　　不以震撼而加靡，壓之以霜雪之嚴，竹不以凌壓而少屈，今之人寵辱不驚
　　如竹者乎？……予宦學多年，危機屢蹈，嘗恐易其節，喪其直，負媿於松
　　與竹，而無以自進於君子之林〔註 34〕。

在在顯示其心情之低落，故在高廉道其間他用心於培育人才、重修書院。例如，重建茂名之敬仁書院、石城之道南書院，高州高文書院，皆優給田租，以其能長久發展，或增發諸生津貼，使得以專心學業，又以梅菉坡租銀補助進京會試諸生之膳食

〔註 30〕陸心源撰，《儀顧堂集》（臺北：臺聯國風出版社，民國 59 年 3 月初版），卷九，頁
　　　　370。
〔註 31〕同上，頁 405。
〔註 32〕同上，卷八，頁 318。
〔註 33〕同上，頁 324。
〔註 34〕同上，頁 332～335。

及盤費所需。其他如建鄒忠介祠，整修范龍學墓，均藉以表彰地方先賢，又設置師堂渡（距府城三十里）、修築上宮灣路（距高州府五里）等，方便往來行旅，所作各項措施皆能深獲百姓擁戴。其為國作育英才之心情於〈高文書院膏火記〉一文中顯示無遺：

> 雍正八年，知府張君兆鳳改建於府治之東，改名高文，始置膏火，乾隆中，前道王君檠擴而充之，自經兵燹，其銀既乾沒於不肖，州縣田畝亦為胥吏浸漁略盡，竟至莫名方向，太守瑞君久思增置，會余左遷來此，一見議合，因捐廉銀為倡，官紳踴躍樂從，共計田若干畝，錢若干貫，歲得息錢若干貫，以為諸生膏火之助，余惟古之人，七歲入小學，踐小節識小義焉，十五入大學，踐大學識大義焉，故處可以獨善其身，出可以兼善天下，今也則不然，所學者佔畢辭章，所志者富貴榮利，求所謂篤信好古、明體達用者，千百無一二焉，甚且儒其名而盜其行者有之矣，是國家養士之意與三代同，而七之所以自待者與三代異，豈非惑歟，高州士秀民醇，無浮夸僑詐之習，繼自今諸生之業於此者，讀聖賢之書而返之身，服孔孟之教而致之用，以求無愧於古人，勿為利祿之途所囿，余雖不敏，亦樂觀其成也〔註35〕。

陸心源在高廉道雖有政績，但與巡撫蔣益灃不合，於同治六年奉旨開缺，召赴入京，又逢丁父憂，陸氏聞訊，星奔回籍，躬親辦理喪禮。服喪期滿後，頗有歸隱山林之意。

同治十一年（1872），閩浙總督李鶴年需人佐治，因素知陸心源才識過人，乃奏調陸氏來閩佐治，陸氏不得已而赴命，奉命總辦軍政、洋務及稅釐、通商、善後諸局，和海防事宜。

同治十三年（1874），陸心源嗣署糧鹽道（鹽運使），因人際關係不和，奉旨送部引見，乃以吳太夫人年高為由，擬請歸養。《清實錄》同治十三年載其事云：

> 署福建鹽法道陸心源前在廣東高廉道，任內本係開缺，送部引見之員，著即開署，缺仍遵前旨，送部引見〔註36〕。

陸心源為此心中抑鬱，殊覺為官之難，乃決定退隱，以吳太夫人年高陪母為由，上書准辭閩職，獲准歸里。

在閩期間，適值日本明治維新初期，正欲向外擴張，故以臺灣生番殺日本難民

〔註35〕陸心源撰，《儀顧堂集》（臺北：臺聯國風出版社，民國 59 年 3 月初版），卷八，頁 324～325。

〔註36〕《大清穆宗〔同治〕皇帝實錄》（大清歷朝實錄，臺北：臺灣華文書局，民國 59 年），頁 74～79。

爲藉口挑釁，伺機侵略臺灣，陸氏秉持民族正義，毫無畏縮，堅持公法與日相爭。公法既已規定各國屬地，他國不得過問，日本豈可罔顧公法；日將受此嚴詞斥責，爲之氣奪。後又有俄國公使以刺召陸氏往見；陸氏以中國督撫不能傳見各國領事，各國公使豈能傳見中國司道，亦持名刺回報，俄使乃怏怏而去。

　　陸心源掌理洋務時，亦因在閩省設置電廠事宜，遭閩督文煜等上告，此事明載於《清季外交史料》：

> 竊照閩省設立電線，前經總理衙門奏明買歸自辦，業將議定合同條約大概情形，……旋於上年七月十五日興工，詎開工未久，民間即已有礙田園、盧墓，節節阻撓，……同治十三年夏間，署鹽法道陸心源擅與領事戴蘭那定議：自省至厦，准其設立電線，相距幾至五六百里，興、泉所轄鄉村爲必經之地，是以當該公司開辦時，百姓即紛紛遍貼告白，肆行毀奪，積不相能。迨至上年夏間，議立合同後，由官買回，仍僱洋人代辦，該處鄉民又復踵沿舊習，阻撓不已，若聽其自然，無知百姓勢必激成中外齟齬之變〔註37〕。

（三）光緒年間

　　陸心源辭官歸里後兩年，仇者尚不肯罷休，又被告以擅改票鹽章程，導致被革職處分，時陸心源已歸里二年矣，此事載於《清實錄》光緒二年（1876）閏五月：

> 己卯諭內閣文煜奏：查明福建西路各幫擅准給耗票情形一摺，前署福建鹽法道陸心源於西路官商各幫領運票鹽，輒詳請加給耗票二成，經李鶴年批准，現查明此項耗票，殊於額票有礙，業經停止填給，覈計加給一年之票，以短完課釐銀二萬六千餘兩之多，陸心源擅改章程，具詳請批，李鶴年率行批准，鹽法道盧士杰於回任後，不能即時查出，雖據自行檢舉，詳明停止，究屬疏忽，李鶴年、陸心源、盧士杰著交部分別議處，尋吏部議奏，得旨：陸心源擅改票鹽章程，徇私專擅，著照部議，即行革職，閩浙總督李鶴年率行批准，著降二級留任，盧士杰於回任後始行查報，著罰俸二年，李鶴年、盧士杰所得處分均著准其抵銷〔註38〕。

《清代傳記叢刊》〈近世人物誌〉亦載陸心源在廣東及福建時有貪污行爲：

> 李記：有湖州舉人陸心源者，入貲爲廣東督糧道，貪穢著聞，被劾開

〔註37〕《清季外交史料——光緒朝》（臺北：文海出版社，民國52.3），頁112～113。
〔註38〕《大清德宗景〔光緒〕皇帝實錄》（一）（大清歷朝實錄，臺北：臺灣華文書局，民國53年1月），頁290。

缺，閩督李鶴年奏調福建，委署糧道，遂專閩事，招搖納賄，屢與巡撫王
凱泰競，去年王凱泰乞病，亦以此也。及潘爵入覲，頗為當路者言之，心
源復被劾開缺，鶴年怒，遂亦因事劾霽，有詔查辦，霽告病還蘇，而心源
亦歸湖州矣〔註39〕。

對於貪穢納賄及被搆削職之惡名，陸心源憤憤不平，終抱持「清者自清，濁者自濁」
之心情，專意著書，不與當道故人來往。數年後，於〈覆施均甫觀察〉（回覆好友施
補華）一文中云，其既未貪公款一文錢，亦未進用私人，或欺上罔下：

　　　　在閩兩年，卻值內外多事，幾於衡石量書，不遑暇食，自問上不負國，
　　　　下不負民，中不負所學，嘗誦盧九台，「成敗利鈍聽之天，毀譽是非聽之人」
　　　　二語以自勉，及奉內召之信，當即呈請交卸，旋即陳情乞養，以遂初心，不
　　　　料貪夫餘恨未銷，和帥又從而怒之，歸里二年，被搆削籍，所幸者俸廉之外，
　　　　公費不名一錢，地處要津，未嘗引進私人，附下罔上，故忌者雖百方羅織三
　　　　列彈章，坐以專擅，不能加以惡名，即無沈文肅主持公道，固無損我之素
　　　　守，……年來循陔之暇，專意著書，與古人爭尋章摘句之樂，不與今人競奴
　　　　顏婢膝之容，當道故人雖位居極品，若非書問先來，概不寒喧〔註40〕。

沉潛期間，陸心源仍關心百姓疾苦，救災不落人後，光緒十七年（1891），張曜上奏
陸心源救災有功，陸心源因之開復原官。此事載於《清實錄》光緒十七年三月：

　　　　庚辰山東巡撫張曜奏，開復原銜前廣東高廉道陸心源捐助山東賑銀
　　　　一萬兩，請開復原官，得旨，陸心源著開復原官，交吏部帶領引見，壬
　　　　午〔註41〕。

直至光緒十八年（1892），李鴻章上奏陸心源器局遠大，見義勇為，得旨開復原官，
交軍機處記明簡放，交李鴻章差遣，陸心源原本無意於仕途，只好赴京任命，然抵
天津後，罹病而返里，從此結束其仕途生涯。其好友繆荃孫描繪其仕途云：

　　　　公初事仕，才氣無雙，聲名炳爍，閩江粵江，五聲七政，四達八窗，
　　　　未盡石畫，難泯眾唬，自修有方，止謗乏術，不占豹變，遂甘蠖屈，昌谷
　　　　嘔心，武鄉抱膝，乍起東山，已迫西日〔註42〕。

〔註39〕金梁輯錄，《近世人物誌》（周駿富主編，《清代傳記叢刊》，臺北：明文書局，民國
　　　　75），頁 062～236。
〔註40〕陸心源撰，《儀顧堂集》（臺北：臺聯國風出版社，民國59年3月初版），卷四，頁
　　　　153。
〔註41〕《大清德宗景〔光緒〕皇帝實錄》（臺北：臺灣華文書局，民國58年），頁2693。
〔註42〕汪兆鏞，《碑傳集補》三（臺北：明文書局，民國75。《清代傳記叢刊》），頁121～
　　　　219。

二、師友教學相長

陸心源年十五，其祖聘凌介禧（少茗）先生主家塾，教授陸心源及弟陸性源（陸性源年十四，六經三傳皆能上口，性情溫和與家人相處甚歡，年十八去世，陸心源為其弟撰〈亡弟子壽權厝誌銘〉）〔註 43〕。凌氏係烏程名望之後，頗有學問，陸心源於〈凌少茗先生別傳〉云：

> 凌先生名介禧，烏程縣學諸生，凌氏世居城東之晟舍，自明以後，代有聞人，忠介公殉甲申之難，凌氏之望益著，先生少敦行誼，謹於規矩，尤留心終世之物，慕忠介公之為人，以忠介號茗柯，故自號少茗，……作《東南水利略》六卷，於鎮江、蘇州、松江、杭州、湖州、嘉興、太倉七府州，水之來源去委、疏濬之方，蓄洩之宜，皆足履目驗，水宿山行，實事求是，不為紙上空言，又憫故鄉田賦之重，推求唐宋田賦舊額，元明重賦之由，列祖加恩減賦之旨，為《程、安、德三縣田賦考》二卷，……《金管扶教錄》十二卷……《敦行續錄》七十二卷，先生負有用之志，以諸生終，論者皆惜其不遇，……然則先生身雖不遇，其言則既行矣，視彼著書滿家，身名俱泯者，所得不已多乎，先生年七十餘，倦游歸里，先資政公聘主家塾，授余及弟性源讀，時余年十五，頗以好讀書不喜時文為先生所賞，獨念先生無當世之責，惓惓於民生利病如不及，余受今上皇帝特達之知，竊位方面，不能為地方興大利除大害，為有負先生之教云〔註 44〕。

描述凌少茗身懷有用之材，惜不遇，遂游各地，年七十餘倦游歸里後，受聘於陸家。凌少茗學識廣博，對陸心源好讀書不喜時文特為賞識。其後陸心源入縣學，凌氏仍為家中所聘，於同治元年（1862）湖城不守，鬱鬱而卒，為陸心源兄弟啟蒙良師。

陸心源經多年努力，咸豐三年（1853）通過考試入縣學，為生員（即秀才），咸豐四年（1854）補廩膳生額（即供膳食）。除啟蒙之師凌少茗外，根據繆荃孫所撰〈陸心源神道碑〉云：

> 受知于萬文敏公青藜、吳閣學式芬、張文貞公錫庚，先輩如徐愍公有壬、朱司馬績曾，皆引為忘年交〔註 45〕。

〔註 43〕陸心源撰，《儀顧堂集》（臺北：臺聯國風出版社，民國 59 年 3 月初版），卷九，頁 402。

〔註 44〕陸心源撰，《儀顧堂集》（臺北：臺聯國風出版社，民國 59 年 3 月初版），卷十，頁 449～451。

〔註 45〕汪兆鏞輯，《碑傳集補》三（臺北：文海出版社，民國 71 年 3 月。沈雲龍主編，《近代中國史料叢刊》）繆荃孫撰，〈二品頂戴記名簡放道員前廣東高廉兵備道陸公神道碑銘〉，頁 121～214。

陸心源學習過程中具影響力的老師共有五位，其中萬青藜長於經史、吳式芬長於金石、張錫庚長於經學詞賦、徐有壬長於算學、朱緒曾精於訓詁，茲分別論述之：

1、萬青藜

在縣學期間，浙江學政到湖郡縣學講課。咸豐二年（1852），萬青藜由禮部右侍郎轉浙江學政。萬氏學術根底極深，熟悉經史，對陸心源文才頗欣賞，陸心源亦拜其為師。經萬氏之教導，陸心源在經史上有長足的進步。待陸心源中舉就官後，師生關係仍極好。

2、吳式芬

吳式芬（1796～1856），字子苾，號頌孫，山東海豐人，先世自恭定公諱紹詩，以侍郎起家，代有聞人。咸豐四年（1854），吳式芬接萬青藜任浙江學政，亦在浙江各學館講學，歸安亦不例外。道光進士，官至內閣學士。與人交必相規以道義，好金石文字，舉凡鼎、彝、碑碣、漢磚、唐鏡之文，皆拓本藏之，於古人書畫尤工鑒別。著有《古錄金文》九卷、《雙虞壺館藏器目》一卷、《古錄》一卷、與陳介祺同撰《封泥考略》十卷〔註46〕。

陸心源受學於吳式芬，請益古文學、金石文字、書畫鑒別等。陸心源曾寫〈上吳子苾閣學論國朝古文書〉，請吳指正，其文載：

> 前蒙賜書，獎飾逾涯，至以班、馬、韓、歐相期許，愧何可言，愧何可言，源少而不學，長喜為詩、古文辭，然祇以自適而已，不敢妄擬古人也，閣下不以為不肖，又從而譽之，過矣。至於國朝諸家文集之得失，亦嘗博觀而涉其涯涘矣，既辱下問，請略為左右陳之今眾，……蓋古文有理有法，理明而法不足以文之，則弇鄙而不辭，語錄之文是也；法立而不積理以出之，則放誕而無止，策士之文是也：是數十家者，於古文之理法講之熟矣，特所造有至有不至耳，愚淺之見如此，閣下尚不鄙而教正之幸甚〔註47〕。

可知吳式芬對陸心源甚為欣賞，常與陸心源書信往返，討論時文，並對陸心源寄以厚望。

3、張錫庚

張錫庚（1801～1861），字星白，江蘇丹徒人。道光十六年（1836）進士，後

〔註46〕趙爾巽、柯劭忞，《清史稿》（臺北：洪氏出版社，民國 70 年 8 月 1 日初版），卷一四五，頁 4260～4322。

〔註47〕陸心源撰，《儀顧堂集》（臺北：臺聯國風出版社，民國 59 年 3 月初版），卷四，頁 137～140。

任翰林院編修，咸豐元年（1851）上疏，請開博學鴻詞科，以求方聞綴學之士〔註48〕，咸豐八年（1858）張錫庚都浙江學政，擢刑部侍郎，仍留學政任。咸豐十年，杭州陷而旋復，錫庚助城守，其子恩然率家屬自焚，錫庚以聞，予旌恤。太平軍於咸豐十一年（1861）十一月二十八日陷杭城，城陷，或勸之去，錫庚曰：「吾大臣也，不可辱國」遂自縊，賊稱其忠，為具棺斂，祀浙江昭忠祠。諡文貞〔註49〕。

陸心源與張錫庚亦師亦友，教學相長，得益非淺。於〈刑部右侍郎浙江學政丹徒張公權厝誌〉中云：

> 余以經術詞賦受公知，後知余素負虛聲，公益喜，每呼余至署，相與
> 出宋元書畫、碑帖及古印章，祈疑訂贗，談古證今，終日不倦，自經兵燹，
> 所有盡失，加以喪明之戚，居常鬱鬱不自得〔註50〕。

除上述萬青藜、吳式芬、張錫庚外，另有長者徐有壬和朱緒曾，在學識上對陸心源多有幫助，可云良師，亦可云忘年之交。

4、徐有壬

徐有壬（1800～1860），字君青，亦字鈞卿，浙江省歸安烏程人，生於順天宛平（今屬北京），祖籍浙江烏程。《清史稿》載：

> 道光九年進士，授戶部主事，洊升郎中，出為四川成龍道，署按察使，
> 治啯匪，擒其魁，餘黨解散，遷廣東鹽運使，署按察使，清遠土匪戕官，
> 馳剿平之，遷四川按察使，文宗即位，下詔求言，司道率引嫌，罕所陳奏，
> 有壬獨密疏，論事切直，遷雲南布政使，調湖南，咸豐五年以母憂回原籍，
> 浙江巡撫何桂清奏起有壬治團防，粵匪由甯國窺湖州，有壬扼長興，設伏
> 敗之，賊去，八年，服闋，命筦江蘇糧臺，擢江蘇巡撫，槍船匪首程鵬擾
> 嘉興、湖州，地方官不能制，潛至蘇州，偵獲之，置諸法。論曰……徐有
> 壬諸人，皆不失為承平良吏〔註51〕。

咸豐九年五月，偕兩江總督何桂清奏本年己未恩科江南鄉試借用浙江文闈，詔如所請，陸心源於己未恩科中舉恰為此科。太平軍長驅犯蘇州，破城被殺，徐有壬卒於同治十年（1871）四月，諡莊愍公。著有《積招差》一卷、《橢圓正術》一卷、《截

〔註48〕同上，卷九，頁396。

〔註49〕趙爾巽、柯劭忞，《清史稿》（臺北：洪氏出版社，民國70年8月1日初版），卷一四五，頁11823～4。

〔註50〕陸心源撰，《儀顧堂集》（臺北：臺聯國風出版社，民國59年3月初版），卷九，頁398～399。

〔註51〕趙爾巽、柯劭忞，《清史稿》（臺北：洪氏出版社，民國70年8月1日初版），卷三九五，列傳182，頁11782～3。

球解義》一卷、《弧三角拾遺》一卷、《圓率通考》一卷、《橢圓求周術》一卷、《割圓》八卷、《綴術》四卷、《造各表簡法》一卷、《校正開元占經九藝術》一卷〔註52〕。

陸心源與徐有壬之相熟，始於咸豐六年，時方二十三歲，恰徐有任丁憂歸里約一年。於〈送徐君青方伯入都序〉中舉其友張茂才之言：

> 今海內談天算之學者，自羅茗香徵君殉國後，當推歸安徐有壬。……
> 君青先生，予聞而識之時，先生方勤勞王事，予雖同里，以不得見為恨，
> 丙辰，粵賊踞宵國淛西震動，而湖州尤當其衝，賊諜間至，奸猾之徒蠢然
> 思亂，居人洶洶，先生適丁憂旋里，以浙撫奏，奉命來督湖州防堵事，……
> 余與張茂才入謁，則見先生方推測歷算，雍雍如平時，於是益服先生為不
> 可及，雖以謝太傅寇萊公處，此無以過也，時余方治經，於推步家言未能
> 得其要領，先生出所著示余，余欽其實無以名其妙也，……他日者，為國
> 翦平盜賊，賜閒歸里，余學或有所進，登先生之堂，執業請益，必有所以
> 教之者，是又余之厚幸矣〔註53〕。

陸心源極為欽佩徐有壬之學，其後徐有壬任江蘇巡撫，陸心源常出入於其毗陵行館，向徐有壬請教。陸心源不僅與徐有壬熟識，亦與徐有任之子相知。陸心源在〈徐莊愍公別傳〉中云：

> 莊愍公，耿介端方，言笑不苟，少就業於鄉，先生姚學塽之門，務為
> 有用之學，尤精算法，雖西人亦歎為不及，授成綿道時，入對宣廟，詢以
> 圓明園水高於京城幾十丈，又出西洋貢奇器，令指陳用法，公一一奏明，
> 面諭褒美，著有《務民義齋算學》行於世〔註54〕。

陸心源另撰有〈送徐君青方伯入都序〉、〈送徐君青中丞巡撫江南序〉、〈徐莊愍公別傳〉、〈徐主事（其族弟）別傳〉、〈徐幼青（其子）誄〉之文，感懷徐有壬。

5、朱緒曾

朱緒曾（1822？～1860），字述之，號北山，江蘇上元人，生年不詳，卒於咸豐十年。精訓詁，受小學於其父。朱緒曾喜藏書，道光二年（1822）中舉，以知縣分發浙江、補孝豐知縣，後署武義、秀水，道光二十七年（1847）遷嘉興。道光二十九年（1849）因大水籌賑有功，轉台州府同知，升知府〔註55〕。其後於秀水學館

〔註52〕同上，頁4346。

〔註53〕陸心源撰，《儀顧堂集》（臺北：臺聯國風出版社，民國59年3月初版），卷七，頁281～282。

〔註54〕同上，卷十，頁418。

〔註55〕鄭偉章著，《文獻家通考》（北京：中華書局，1999年6月第一版），頁833。

講學，陸心源偶去聽講。著作甚富，有《爾雅集釋》、《論語義證》等，均因亂而損失。今存者有《北山集》、《昌國典詠》、《曹子集考異》。其《金陵詩匯》，搜集二千年名流韻語無遺，且附各家傳記。朱氏擅經史，精小學，喜詩詞〔註56〕。

朱緒曾無書不覽，藏書甲於江浙，每遇祕籍，尤喜傳鈔，金石刻之佳者亦多儲庋，所居秦淮水榭，藏書十數萬卷。其藏書處爲「開有益齋」，朱氏官浙中時，因取旅次所有數十篋，日夕閱覽群集，撮其大旨，其借自有朋者，亦爲題記，撰爲《開有益齋讀書志》〔註57〕。

此外，陸心源有許多論政、論學、鑑賞金石之友，陸心源曾編輯爲《潛園友朋書問》十二卷。陸心源歿後，光緒十九年（1893）重刊本書爲《五十名家書札》，鄒弢翰爲之作序，云這些書札皆陸心源平日與公卿大夫相互問訊之函，或論經濟、或談道、或考金石。民國五十七年六月廣文書局重印本書，更名《晚清五十名家手札》，於陸心源及友朋往來一百餘件書札中，顯示陸心源有許多知名朋友，彼此魚書問訊頻繁，茲將其朋友及件數統計如下表：

表二：《晚清五十名家書札》友朋及書函件數

姓　名	書札件數	姓　名	書札件數	姓　名	書札件數	姓　名	書札件數
李鴻章	3	朱學勤	1	王凱泰	1	王　拯	1
李瀚章	3	李　桓	2	孫毓汶	1	陳廷經	5
劉　典	1	黎庶昌	1	萬青藜	2	趙之謙	2
丁日昌	1	張　度	2	郭嵩燾	13	汪鳴鑾	1
楊昌濬	1	林鴻年	1	孫衣言	2	黃體芳	3
馮譽驥	4	沈秉成	2	盛　昱	2	陳琇瑩	2
張　曜	2	陸潤庠	1	吳　雲	2	瞿鴻禨	4
潘祖蔭	9	李鶴年	3	郭崙燾	2	林壽圖	6
倭　仁	1	朱　智	1	曾國荃	2	俞　樾	2
劉長祐	1	陳士杰	1	羅惇衍	1	楊　峴	3
毛鴻賓	1	任道鎔	1	林天齡	1		
沈保禎	1	吳大澂	1				

〔註56〕徐楨基著，《潛園遺事》（上海：上海三聯書店，1996年6月第一版），頁39。
〔註57〕趙爾巽、柯劭忞，《清史稿》（臺北：洪氏出版社，民國70年8月1日初版），頁834。

從書函內容觀之，其友朋性質約可歸納爲三類：

1、論政之友：如李鴻章、倭仁、曾國荃、李鶴年、劉長祐、張曜、毛鴻賓、郭嵩燾。

2、論學之友：如瞿鴻磯、俞樾、黃體芳、汪鳴鑾、潘祖蔭、孫衣言、施補華、朱智、黎庶昌、趙之謙、陳琇瑩、陳廷經。

3、鑑賞書畫金石之友：如吳雲、沈秉成、吳大澂。

（一）論政之友

1、李鴻章

李鴻章（1823～1901），字少荃，安徽合肥人，道光丁未進士，官至文華殿大學士，諡大忠，著有全集。《晚清五十名家書札》中收藏李鴻章手札，計三件：

（1）討論救災捐款，褒揚陸心源捐款千金，另促其勸捐濟晉，如其書函云：

> ……惟豫旣患河，皖復苦旱，遼又被水，災異頻聞，時局方艱，殊可焦慮，……〔註58〕。

又云：

> 管領大好之湖山，蘊蓄濟時之霖雨，企頌靡涯，本年山右奇荒，赤地千里，流殍載途，殊堪慘惻，迭由散處籌款購糧，運往接濟，並分檄南省，官紳籌勸捐項，但冀多助一分即多活一口，執事閉門卻掃，猶復慨助千金，饑溺關懷，勇於爲善，敬佩曷任，俟捐項解到，即當飭局兌收，彙案給獎，湖郡絲利甚大，紳富爲浙西之宸，又得台端鄉望凤隆，代呼將伯，必有聞風興起，踴躍樂輸者，昨已備具公牘，奉懇執事廣爲勸導，共集鉅貲，以解晉人倒懸之厄，務祈設法商籌，分其有餘，以補不足，不特三晉數百萬無告之民，有生死肉骨之感，沅帥與鄙人亦拜賜靡涯也〔註59〕。

另一函云：

> 存齋尊兄大人閣下：頃奉　惠書敬審　台候多嘉，興居順適，至爲頌慰。執事籌勸晉捐解濟已有成數，禮義不侃，何恤人言，前聞鄉人有排擠者，屬崑圃便中轉述，以驚弓之餘須避彈射，但有可捐者妥爲勸導，不必遽爾停止也，其業經認捐之一萬四千餘元，望趕緊催繳，解齊執照已飭津局塡寄，隨到隨發，必不遲誤，畿疆連得陣雨，秋禾均可播種，惟流民甚眾，

現擬酌量齎遣助給牛種，俾趁耕作，二麥無收，夏間亟須接濟口食，若此後晴雨調勻，秋成告稔，或稍資補救耳。專鴻 布復，順頌時祺，附璧 芳版不具 愚弟 李鴻章頓首〔註60〕。

（2）討論釐金問題，如：

邸抄題名錄收到，承示奏釐金未可停，稿言所應言，故言所願言，無不抉發無遺，欽佩之至，鄙見釐金，不特目前不可停，即將來天下廓清，額賦復舊，而內庫及戶部庫款，非此不能充足。中興之富國強兵，非此不能辦理。如再將此言於摺中詳悉言之，更覺動聽〔註61〕。

（3）李鴻章獲贈陸心源新著，覆謝函云：

存齋尊兄大人閣下：頃奉 惠寄大著，文集、彙刻叢書各一部，瑋瑤溢目，光連百城，弟愧無會昌一品之才，敢云皇甫三都之重容，當快讀以益晚聞。執事早慕萊衣，辭榮夛繡，喜宦海之返棹，成名山之傳書，昔雲松之罷貴西，伯淵之去曹濟，岱南甌北，譔錄巍然，此人此官，真無多讓，聞以閒暇，操逐奇贏，有計然之雄心，無平通之憤疾，用世之才，何施不可，居里久推善人之譽，詣闕新荷，右文之褒，萬卷吉雲，三春愛日，殊榮奇福，至樂何窮〔註62〕。

陸心源與李鴻章論政亦論學，李鴻章曾以「氣局遠大，見義勇爲」形容陸心源，光緒十七年（1891）奏保陸心源，奉旨後陸心源以道員簡放。

2、倭仁

倭仁（？～1884），字艮峯，蒙古正紅旗人，道光九年（1828）進士，選庶吉士，授編修，歷官翰林院掌院學士、協辦大學士，咸豐五年拜文淵閣大學士。咸豐六年（1856），同文館聘西人爲教習，倭仁謂根本之圖，在人心不在技藝，尤以西人教習爲不可。光緒八年（1882），疏言大婚典禮宜崇節儉，光緒十年（1884），進文華殿大學士，以疾再乞休，尋卒，贈太保，入賜賢良祠，諡文瑞〔註63〕。倭仁與陸心源常論時風，慨嘆世風日下，如其書函中云：

存齋大兄觀察大人：……來函謂欲化民風先端士習，欲端士習先飭官

〔註60〕（清）陸心源輯，《晚清五十名家書札》（臺北：廣文書局，民國57年6月初版），頁5～6。

〔註61〕同上，頁9～10。

〔註62〕同上，頁1～2。

〔註63〕趙爾巽、柯劭忞，《清史稿》（臺北：洪氏出版社，民國70年8月1日初版），卷三九一，頁11735～7。

方，洞悉政原，可謂得爲治之要，每慨晚近士習競趨聲利，往往有身列膠
庠，而茫然不知所學爲何事者，閣下捐廉率屬重建濂溪先生祠，俾士民知
所矜式，至書院課士章程，一遵胡安定先生分齋遺意，景前哲於既往，興
絕學於將來，訓俗型方，莫大於是，將見蒸蒸多士趨向克端，挽澆俗而變
頹風，庶不致有江河日下之歎也。……〔註64〕。

3、曾國荃

曾國荃（1824～1890），字沅甫，湖南湘鄉人，曾國藩之弟，少負奇氣，從曾
國藩受學京師，咸豐二年（1852）舉優貢，咸豐六年（1856），粵匪石達開犯江西，
曾國藩兵不利，曾國荃救援，連破賊以解危難。同治元年（1862），授浙江按察使，
遷江蘇布政使，爲抵禦太平軍勞苦功高。光緒元年（1875），授陝西巡撫，遷河東河
道總督，二年（1876）復調山西巡撫，此年大旱，災連數省，國荃力行賑卹，勸捐
協濟，先後賑銀一千三百萬兩、米二百萬石，活饑民六百萬〔註65〕。此次籌款曾國
荃致陸心源函云：

……閣下籌辦晉捐，接濟賑款，至爲勞勚，想近日倍形踴躍，續已收
有成數，晉省因賑務未停，現在轉運東漕，需費甚鉅，正值萬分拮据之際，
日盼各省捐項源源起解，藉資抱注，不期容臘，奉到諭旨：各省一律停捐。
晉省雖係災區，勢亦不能久展，茲特蒙天恩，准至秋間再行停止，儻此數
月之力，趕緊勸辦，或能藉收集腋之功，倘尊處有已捐未繳款項，必須認
眞催收，尤望廣爲勸諭，俾眾共赴急，趁此時湊集巨款，以濟賑需，亦猶
晉民之幸。……〔註66〕。

陸心源積極響應，在家鄉發起賑災活動以拯災民。

4、李鶴年

李鶴年（？～1890），字子和，奉天義州人，道光二十五年（1845）進士，以
博學多文知名。光緒元年（1875）官至河東道總督兼屬河南巡撫，光緒七年（1881）
授河南巡撫，知人善任，曾奏起曾國藩於家，未必能辦賊，又拔張曜統豫軍，後皆

〔註64〕（清）陸心源輯，《晚清五十名家書札》（臺北：廣文書局，民國57年6月初版），頁
　　　　64～65。
〔註65〕趙爾巽、柯劭忞，《清史稿》（臺北：洪氏出版社，民國70年8月1日初版），卷四
　　　　一三，頁12037～40。
〔註66〕（清）陸心源輯，《晚清五十名家書札》（臺北：廣文書局，民國57年6月初版），
　　　　頁145～146。

為名將，此外以善治河著稱，親自督工二十餘畫夜，險工克濟，豫人刻時頌之〔註67〕。李鶴年為直隸按察使時，因陸心源因功升道，很欣賞陸心源之才華，李鶴年於任浙閩總督時乃邀陸心源到閩，由於福州將軍文煜與李鶴年有隙，而陸心源處處維護李鶴年，乃招文煜之忌，同治十三年（1874）陸心源署鹽法道時，經李批准對福建西路各邦准加耗票，文煜上書告罪陸心源，陸心源被迫乃藉口照顧年邁之母而歸里，李鶴年亦因之調職。

5、劉長祐

劉長祐（1818～1893），字子默，湖南新寧人，拔貢生，咸豐三年（1853）以同知直隸州知州用，後升為知府留江西補用，六年（1856）以道員用，九年（1859）任廣西按察使、布政使，十年（1860）升廣西巡撫，同治元年（1862）升兩廣總督，調直隸總督，同治六年（1867）被革職留任，十年（1871）又授廣東巡撫，光緒元年（1875）升雲貴總督，八年（1882）詔來京，十三年（1887）去世。當陸心源在廣東時業績卓著，其後亦隨劉長祐調直隸，管理軍務，劉長祐除關懷陸心源外並提拔他。於陸心源任南韶兵備道時，兩人書信往返，聯繫陸心源催解直隸軍用糧餉，並不時提供對付太平軍的意見。

6、張 曜

張曜（1832～1901），字朗齋，籍隸錢塘，魁梧倜儻，自少從戎，不廢書史，字法撫顏平原，書疏雅馴猶餘事，嘗刻「目不識丁」四字印，佩以自勵，曾築樓面黃河，對賀蘭山，顏曰：「河聲嶽色」，日嘯詠其中，居官四十年，不言治產事。性尚義，所得廉俸輒散盡，尤禮賢下士，士爭往歸之，其修道路，開廠局，精製造，凡有利民者，靡不畢舉，去世後，百姓巷哭失聲，傾城以送〔註68〕。

張曜與陸心源彼此書信往來頻繁，其中一書函既勸陸心源賑濟東北災款又請託施補華遺孤，其書函云：

> 存齋仁兄大人閣下：……閣下裕經世之才，樂遂初之服，蕩英一握，舟楫旋迴，有著作之等身，喜林泉之適志，諸郎宥構偉業，藏書荷天語之榮褒，知德門之鼎盛，望風馳仰，曷任欽遲，前承損惠《十萬卷樓叢書》，中多古本，世所罕覯，良擴見聞，拜嘉感篆。山東近年黃河為患，荒沴乘之，曜之疏庸，適忝疆任，籌工籌賑，備極焦勞，今又疏治海口，規劃全

〔註67〕《清代河臣傳》（周駿富主編，《清代傳記叢刊》，臺北：明文書局，民國75），卷之四，頁56～215。

〔註68〕趙爾巽、柯劭忞，《清史稿》（臺北：洪氏出版社，民國70年8月1日初版），列傳四百五十四，頁12615。

河，大役煩興，益增勞劇，閣下宏謨凤蘊，偉抱澄清，倘可出其緒餘，用資津逮，匡襄是賴，禱幸奚涯，專肅並謝，敬請 台安，鄉愚弟 張曜頓首〔註69〕。

另一函則云：

> 均甫（施補華）績學多年，甫歷朝籍，命發山左，遽作古人，身後蕭然，殊堪悼惻，昨為遣嫁長女粧資，一切弟獨任之，惟柩眷南歸，一無恆業，兩郎均未克承家，幸賴此寅僚薄有賻贈，……閣下與均甫本係數十年文章道義之交，此後教督孤兒，存問賙撫，固在意中，初無事鄙人諄託也，至其詩文遺集，已囑孫佩南先生刪訂，俟其勘定，即為刊行，容當帶寄鑒正。所捐萬金將次解到，閣下饑溺由己之量，固不僅被澤者實受其惠，即鄒魯寅寮無不同聲感服，會當援案疏上，叩籲恩施，……〔註70〕。

張曜與陸心源兩人交情極為深厚，故光緒十七年（1891），張曜以陸氏學識閎深，才堪濟世，及捐山東災民一萬兩銀，上摺請用，三月奉旨復原官。

7、毛鴻賓

毛鴻賓（1806～1869），字寄雲，號寅庵，又號菊隱，山東歷城縣人，幼而穎異不類，凡童見者，皆以大器期之，弱冠補諸生，年二十六舉於鄉，道光十八年（1838）戊戌成進士，改庶吉士，受編修，充癸卯鄉試同考官，丁未會試同考官，旋轉江南道監察御史，二十九（1849）年升禮科給事中，其後官至兩廣總督。陸心源受知於毛鴻賓最深，當同治四年（1865）四月毛鴻賓自廣督罷歸，道出韶州，陸心源送行途中，毛鴻賓曰：「我年已六十，行將就木，子文可以傳後，他日當以隧道之石為託。」同治七年（1869）八月卒，陸心源為他撰寫神道碑〔註71〕。

8、郭嵩燾

郭嵩燾（1818-～1891），字伯琛，號筠仙，湖南湘陰人，道光丁未進士，官至兵部左侍郎，曾歷經鴉片戰爭、太平天國之亂、出洋任首位駐英法公使等。汪榮祖在《走向世界的挫折——郭嵩燾與道咸同光時代》一書中對郭嵩燾有深刻的描繪，其書云郭嵩燾是清末最勇於挽瀾之人，認為中國走向世界的挫折除因對西方世界認識不足外，更由於傳統政體與社會之衰弱，以致無力應變，而內部的腐敗與對外的

〔註69〕（清）陸心源輯，《晚清五十名家書札》（臺北：廣文書局，民國57年6月初版），頁23～24。

〔註70〕同上，頁25～28。

〔註71〕徐楨基著，《潛園遺事》（上海：上海三聯書店，1996年6月第一版），卷九，頁371。

無知互爲因果，所以他對內政充滿憂心〔註72〕。其予以陸心源書函甚多，茲取二種：

（1）郭嵩燾對內政充滿著憂心，此從郭嵩燾給陸心源的信可以觀之：

存齋仁兄大人閣下：有一二事急需與閣下酌商，多病苦煩，日久因循，略一分條論之：

一南雄防務，前已有松樓質民兩軍，近復會調鄭副將，一軍三軍合併，力尚足資堵，擊其韶防務，已有湛游擊、張參將兩營專辦城守事宜，蓋以水師各營禦賊有餘，惟紹興、仁化兩處，力不能無顧，須俟臨時酌量辦理。

一紹興江口以下，水師儘可得力，賊或不至輕犯南雄，城河冬乾水淺，水師不能運掉，萬不可輕易調撥，現飭靖安左營，派船十二號交羅雲翰，管帶赴韶，聽候調撥，紹興江口以下各防，水師之力已有餘裕矣。

一彰信軍巡船積弊太深，允以裁撤爲宜，如前任一力護持爲左右所蔽，閣下則恆過信張并一人而已，再四考究不敢信心。

一爲源縣……南雄兵力非常單薄，可以騰出曾鎮軍先往辦理，此案以聞利陂而外尚有閩陂等處，均係盜賊橫行之鄉，附近鄉村爲所魚肉，至於殺機幾遍，而無敢赴縣控案，眞可謂暗無天日矣，吾以此日夜籌思，幾於夢魂爲之不適，必得一趁兵力迅速一馳擊之，出其不意尤易得手，曾鎮軍抵韶時，務望閣下體察情〔註73〕。

（2）郭嵩燾允文亦允武，對陸心源的著作讚美有加：

存齋老弟大人閣下：奉讀惠書并《十萬卷樓叢書》及尊著各種，著述之宏富，鑒別之精審，兼具其勝，聞家居十餘年，專意搜討圖籍、博攬古今之珍秘，觀叢書十七種，並出宋元以前，多人間未見之本，醫卜星相，賅貫九流，足證鄰架所藏之美備，幸荷餘光分照，使心目爲之一開，……大著《歸安縣志》譚覈嚴謹，嵩燾昔嘗爲之木梓也，自海外歸，將以付，見者多偁其精善，心力所注，尤在山水輿圖〔註74〕。

郭嵩燾是陸心源的長官，對於陸心源在南韶攻擊太平軍時無比關切，對陸心源之著作亦極欣賞。

（二）論學之友

〔註72〕汪榮祖著，《走向世界的挫折——郭嵩燾與道咸同光時代》（臺北：東大圖書公司，民國82），頁408～409。

〔註73〕（清）陸心源輯，《晚清五十名家書札》（臺北：廣文書局，民國57年6月初版），頁98～101。

〔註74〕同上，頁90～91。

1、瞿鴻禨

瞿鴻禨（1850～1918），字子玖，晚號西巖老人，湖南善化人，生於清道光三十年（1850），卒於民國七年，享年六十九歲。咸豐辛亥舉人，官至軍機大臣及外務部尚書，歷經清末民初動盪時期，清德宗親政，憤於外侮，思變法自強，曾充當中日議約全權大臣。欲立憲圖新，然親貴用事，欲挽救而未能，遂以憂死〔註75〕。其一生憂國憂民，與陸心源往來書函茲列舉數則：

（1）獲陸心源贈書：

> 存齋仁兄大人閣下：再奉惠書，敬承道履，綏愉春祺，融滿頌欣無量，慨捐群集，中多難得之本，且有未登四庫者，已稱極盛，前商略增一二種，以疏中必舉經史子集備言之，既思史部巨帙，影寫為難，無勞增益，經部抄畢後，即於彙成總目，并擬請繕一進呈清單，更光盛事〔註76〕。

（2）借書並賀捐書受褒獎：

> 弟欲乞借《浙江通志》一閱，望便中擲下，當并舊志奉還也〔註77〕。

> ……敝鄉人有讀胡注《通鑑》，而參校以元本《紀事本末》及明嘉靖本之無注者，始知身之當日所校本殊多漏略，因釐正而重刊之，并思將目錄、考異兩書附刊於後，目錄有江蘇本可據以重刊，而考異則苦無底本，讀尊著《皕宋樓書目》知鄴架曾度藏三本，因函託弟代假一本刻之，近來刻書之風大行，而此書近二百餘年未見刻本，非讀尊著，無由知海內藏書家尚有此秘笈，故不憚千里遠求，思重刊以廣其傳，諒閣下聞之亦嘉其志，而慨然相許也，倘蒙金諾，敢以宋刊本為請，嘉、萬兩本能一併相假以備參校，固所願也，如不便郵寄，則止借宋刊本足矣，奉趙之期約在八月，萬不失信，樣紙附呈，專請 著安不宣〔註78〕。

> 承慨借宋明本《通鑑考異》共三冊均收到，荷之即讀，履祉綏愉為慰，捐書盛舉，頃間雷傳，諭旨知荷綸音，嘉獎並賞給監銜，喬梓同榮，國恩家慶，一時盛事，萬口流傳，敬賀之。所借各書，容遲併繳〔註79〕。

〔註75〕趙爾巽、柯劭忞，《清史稿》（臺北：洪氏出版社，民國70年8月1日初版），列傳四百三十七，頁12382。

〔註76〕（清）陸心源輯，《晚清五十名家書札》（臺北：廣文書局，民國57年6月初版），頁234～235。

〔註77〕同上，頁234～235。

〔註78〕同上，頁238。

〔註79〕（清）陸心源輯，《晚清五十名家書札》（臺北：廣文書局，民國57年6月初版），頁237～8。

（3）論　學：

　　……閣下抱負閎深，塵蛻軒晃，出有湖山之美，入有林泉之勝，而又
圖書左右，環擁百城，上界仙福幾生修到，鴻禨一官羈絆，不得屏棄俗冗，
追陪講論，翹仰名山，且愧且羨，大集鎔鑄百家，獨運機抒，義法之精嚴，
氣體之浩博，固足偉視一代，至其綜貫典章，通達時變，尤爲言不虛，作
如〈原捐〉、〈酒榷考〉及〈送徐中丞序〉之類，私獨稱其明體適用，不在
亭林、南雷以下，循誦往復，服膺無已，鴻禨學疏識淺，謬承斯乏，朝夕
惟不勝任是懼，大邦夙稱人文淵藪，入海探珠，五色炫目，……大集稱與
姚子展孝廉交好，鴻禨曩見子展遺集一帙，惜其年甫及壯，遽隕寇難，然
其人其文自是千古，閣下既與有薝阮之契，幸爲覓致刻本，使得因緣上聞，
庶幾文章節義不湮草茇，兩浙舊多樸學之士，或及身未遇，子孫零落，遂
至冥沒不彰，鴻禨蒞事日淺，無緣究悉，閣下博習掌故於鄉邦，君子尤所
留意，尚乞廣爲蒐采，表微闡幽，俾逝者無憾於九原，其功德何啻布金造
九級浮圖也，當亦仁者所樂乎，謹將　史館條例別錄一通附呈請覽。……
〔註80〕。

2、俞　樾

　　俞樾（1821～1907），字蔭甫，號曲園，道光進士，官編修，提督河南學政，
罷官歸，僑居蘇州，一意治經，以高郵王氏爲宗，其大要在正句讀，審字義，通古
文假借，專言群經以及諸子，自少至老，著述不倦，藏書甚多，「曲園」是其藏書處，
曾於蘇州紫陽書院講學，其後又移至杭州詁經精舍（位於西湖旁孤山之麓，有樓三
楹，足攬全湖之勝。），達三十一年，爲一時樸學之宗，卒年八十六，著有《春在堂
全集》，凡五百餘卷。是陸心源至交，陸心源去世後，俞樾爲其撰墓誌銘。兵燹後，
俞樾總辦浙江書局，建議江、浙、揚、鄂四書局分刻《二十四史》，又議抄補文瀾閣
舊藏《四庫全書》。其在書函中曾向陸心源表示欲刻《二十四史》擬借書校勘，並借
錢刻印自己的著述《諸子平議》一書，其信函云：

　　筱泉中丞糾合甯、蘇、鄂三書局刻《二十四史》，屬弟與江南諸公商
量，項已定議，浙局分刻新舊唐書及宋史，數年之後全史告成，亦一大觀
也，局中諸友以刻史必得書籍校讎，開單請借，想尊處藏書極多，茲將書
目鈔覽，如能借付數種精校，唐宋元全三史，嘉惠士林，閣下之賜也。弟
在杭開課，因患肺疾，是以即還吳下，出月下旬仍當來杭，茲有瀆者拙著

《諸子平議》在吳市開雕，已成十七卷，尚有十八卷未刻，然每卷刻資止
須洋蛺八枚，若得洋泉一百五十，即可盡刻之，未知閣下能助我一臂之力
否？弟《詩集》已承石泉方付梓，《文集》擬託杜小舫觀察刻之，《外集》
久已悉黎，若《諸子平議》再得刻成，生平之醜便已以獻盡，此外零星各
種可刻可不刻矣，因辱知愛，故敢奉商，或不責其不情也〔註81〕。

考俞樾借書校勘及借貲印書事宜，從其著作《春在堂尺牘》、《春在堂隨筆》等書得
知，俞樾確實經濟不寬裕，如其與次女繡孫函中云：

　　　吾所著《群經平議》已寫副本寄杭州、浙中諸當事者，謀集貲付刻，
　　載疑亦寫寄金陵友人校刊，皆未知能成否？「生前富貴應無分，身後文章
　　合有名」，此白香山詩，吾嘗誦之〔註82〕。

除向陸心源借書、籌款外，亦向諸多好友（如戴子高、李少荃、孫琴西、楊石泉等）
提到其著作缺乏資金雕印，查俞樾相關著作，除楊石泉協助其刻書事宜甚多外，餘
未提到是否得到金錢協助，故陸心源是否有實質幫助俞樾，尚無確切資料可佐證，
但有關陸心源曾慷慨借書于友人，於《潛園遺事》中有云：

　　　心源公作為一個私家藏書家，其藏書不像有些藏書家那樣視為秘藏不
　　供借閱，心源公思想極為開明，將守先閣藏書向公眾開放，而皕宋樓及十
　　萬卷樓藏書亦有目錄，好友故舊欲借者，亦可開單借閱，如黃體芳、潘祖
　　蔭、沈秉成、孫衣言、俞樾、陳琇瑩、瞿鴻機等均常去函開單借閱，甚至
　　他們在北京為官時亦向心源公函借〔註83〕。

故推測陸心源曾經不吝借書予孫衣言、陳琇瑩等，何況是為陸心源撰寫墓誌銘之俞樾。

3、黃體芳

　　黃體芳（1832～1899），字漱蘭，號憨山，浙江瑞安人，黃紹箕之父。同治二
年（1863）進士，授翰林院編修，光緒七年（1881）遷內閣學士，督江蘇學政，官
至兵部左侍郎，著有《江南征書文牘》、《漱蘭詩輯》、《醉鄉瑣志》等。道咸年間，
是溫州三大藏書家之一〔註84〕。

（1）借書校勘：

〔註81〕（清）陸心源輯，《晚清五十名家書札》（臺北：廣文書局，民國57年6月初版），
　　　　頁261～263。
〔註82〕（清）俞樾，《春在堂尺牘》（沈雲龍主編，《近代中國史料叢刊》第四二輯，臺北：
　　　　文海出版社，民國62），頁485。
〔註83〕徐楨基，《潛園遺事》（上海：上海三聯書店，1996年6月第一版），頁62。
〔註84〕鄭偉章著，《文獻家通考》（中）（北京：中華書局1999年6月第一版），頁1043。

……蒙借《習學記言》，幸景先賢之正鵠，期免誤字於蹲鴟，逆定本寫自禮堂，尚多闕誤，而求是遵諸古訓，未敢襲沿，繙閱既多，黃墨頻下，擬再求善本，冀得折衷，會萃數部，悉加訂正，敢比齊獻，假書刊謬仍返，庶幾曹倉積卷，考信堪珍，夫惟大雅必不疵瑕，但校試多勞，勾稽匪易，劬非同於埽葉，訛僅辨乎魯魚……〔註85〕。

又云：

……頃藉便羽，齎繳原書兩函，共十五冊，中有兩漢及六朝事，未及細檢史傳，故有摺疊處，其四十三卷至五十卷散本所無，今已照錄，中間訛脫頗多，而皖省蒯習禮卿庶常光典及敝同鄉孫中容部書尚未寄到，無從讎校，亦并奉還，惟第二十二卷至第二十五卷一冊，猝未校畢，敬懇俯賜暫留，准於臘底春初細續繳，草此，敬請台安〔註86〕。

（2）評陸心源著作並歸還借書：

……閣下以右軍誓墓之衷，爲江都下帷之學，不朽盛業自有千秋，大集瀏覽大略，考據義理，甄綜靡遺，不蘄蘄於門户之私，信足近嗣崑山，遠宗婺水已，《藏書志》淵源七略，分別部居，百宋千元殆未足擬，藏弆之富，倍於四明，義例之精，亞於秀水，《歸安志》未及細讀，然以邑人修邑志，必當信而有徵，聞尊度所儲，公諸同好，雅識宏量尤足欽遲，承借《習學記言》一書，校竟即遵尊諭，專差奉繳。……乾嘉以來，魁碩相望，近雖才俊間出，而樸學稍衰，匪惟兵燹之餘，抑亦栽培之缺，惟大君子有以教之，《埤錄》、《三續疑年錄》、《全唐文補遺》印成後，統祈賜讀，俾窺全貌，感幸無量〔註87〕。

4、汪鳴鑾

汪鳴鑾（1839～1907），字柳門，號自亭，原籍安徽，先世以鹽策起家，商於浙，遂隸錢塘，寓居蘇州，生於道光十九年，卒於光緒三十三年，年六十九。同治六年（1867）進士，歷官編修、學政、內閣學士、工部右侍郎兼貳刑部，光緒二十一年（1895）冬罷官，主講杭州詁經精舍、傳文書院，精小學，善書畫。其藏書之所是「萬宜樓」，光緒三十二年（1906）葉昌熾、王頌蔚曾造訪。民國二年，其子汪

〔註85〕（清）陸心源輯，《晚清五十名家書札》（臺北：廣文書局，民國57年6月初版），頁223～224。
〔註86〕同上，頁225。
〔註87〕同上，頁226～228。

春伯欲售其家藏，爲葉昌熾所斥而作罷〔註88〕。

　　汪鳴鑾與陸心源係共賞藏書及金石之友，對陸心源藏書之富盛讚不已，其書函云：

>　　……承惠新刊《皕宋樓書目》百二十卷，從來私家書目之富無逾於此，其體例雖同于月霽，而多寡則判若天淵矣，祇領後適以奉命來東，未克裁謝爲罪。竊嘗思之，吾淛藏書首推天一范氏，餘者皆未能比數，而吳中自常熟毛氏、錢氏而下，蟬連系續，元和顧氏千里列藏書之家，名之曰常熟派，自乾嘉之世，吳縣黃氏、長州汪氏，踵起同時，收藏之家雖多，終不能過之吾淛，如陳仲魚、汪小米亦猶吳之袁壽階、顧抱沖耳，精則精矣，未足言其富也，道咸以來，兵荒火廢，欲求如吳之袁、顧，淛之陳、汪，已不可得，而大君子乃收藏拾燼，發勇成之，宋元之本幾及千種，此自來未有之大觀，亦吾淛之幸也，日來聞更奏記當事，以守先閣所儲之書歸之于公，嗚呼！此又藏書家自來罕有之盛，國朝有此舉者，惟歷城周氏之借書園，其事相類，然已零落殆盡，知者希矣，鳴鑾來山左已近一年，頗有意于搜訪先輩遺書，所至之處得孤本二三，亦擬付諸手民，惜力未能逮耳，鄴架如又有新鐫善本，尚祈賜讀，俾得先睹爲快，鳴鑾近以金石出土頗多，有《續山左金石志》之議，稍有頭緒，今歲擬先取原志覆刻之，此間同志者，如陳壽卿、王蓮生兩太史，李山農觀察，皆可採訪搜求，十可得八九矣，先生不棄何以教之。耑肅祇請　著安，代祈賜，愚弟汪鳴鑾　頓首〔註89〕。

5、潘祖蔭

　　潘祖蔭（1830～1890），字東鏞，又字伯寅，小字鳳笙，號鄭盦，江蘇吳縣人，道光十年生，光緒十六年卒，年六十一。咸豐二年（1854）探花，授編修，光緒間官至工部、兵部、戶部尚書，兼順天府尹，晉太子太保，入軍機處。潘祖蔭是藏書家，藏圖書金石之富，甲於吳下，所藏宋元槧本及抄校本甚富，每見一書，輒爲解題，因成《滂喜齋讀書志》二卷，嘗以三百金購北宋本《公羊春秋》何氏注一冊，語門下士曰：此人間罕見本，無以賤值得之。著有《滂喜齋宋元本書目》一卷、《滂喜齋功順堂叢書》〔註90〕。光緒十六年（1890）七月潘祖蔭爲陸心源之《儀顧堂題

〔註88〕鄭偉章著，《文獻家通考》（中）（北京：中華書局，1999年6月第一版），頁1085～1086。

〔註89〕（清）陸心源輯，《晚清五十名家書札》（臺北：廣文書局，民國57年6月初版），頁219～222。

〔註90〕楊蔭深等，《中國藏書家考略》（臺北：新文豐出版社，民國67年9月初版），頁275。

跋》作序，其與陸心源魚雁往返頻繁，茲取二則：

（1）索書：

> ……前惠大集及藏書志，爲朋好王廉生誌君轉去，頃刻而盡，不得已爲此再瀆乞賜大集，專此再行申謝，敬請 道安〔註91〕。

（2）論書版本：

> 得手書乃蒙忱允，此誠有一無二之珍，非常之賜，古人之誼何以加茲，九經小本仍當奉贈，其云澄江本，志見於劉燕庭手批《拜經樓藏書記》，上又云：澄江終是巾箱之偽，弟格是周公謹志雅堂叢抄，原稿悅生堂命廖氏世綵堂以各本校刻，而惜其無注云：其字謬與世綵堂補柳集大小不同而相似，弟一格即此刻本也，質之高明以爲如何，八月中往遇，當以奉呈，應將宋元槧之一鱗片爪，望請鑒定也。此次歸來，因照料乏人，故收宋元本之精美，大部盡寄京師王廉生太史，以有同好故也〔註92〕。

6、孫衣言

孫衣言（1815～1894），字劭聞，號琴西，晚號遁叟，浙江瑞安人，孫詒讓之父，生於嘉慶二十年，卒於光緒二十年，享年八十。道光三十年（1850）進士，授翰林院編修，出曾國藩門下，同治三年（1864）丁憂回籍，主講杭州紫陽書院，同治七年（1870）官江南鹽法道，光緒五年（1879）以太僕寺卿致仕，著《遜學齋詩文鈔》、《永嘉集》內外篇、《移芝室文集》等。其「玉海樓」是晚近浙東藏書家之一，孫衣言祖父好聚書籍，有《詒善堂藏書》，其次子孫詒讓亦頗好書，更使他蒐書益切，十餘年間致書約八、九萬卷，其書多來自范氏天一閣、祁氏澹生堂、毛氏汲古閣，獲得自師友曾國藩、錢泰吉、何紹基等。曾向陸心源借書，陸心源均予以協助，故云：

> 存齋富于藏書，予蒐訪鄉先生集，往往求之存齋，存齋所有者，不予禁也〔註93〕。

又於書函中云：

> 前在金陵時通音問，並荷借讀秘笈永嘉叢書之刻，實賢者之賜也，當時相去不遠，意謂必當一見，乃以衰病乞閒，天涯海角遂不知復有握手之歡矣，念之悵惘，弟每於滬上購書，輒見新刊叢書甚富，又聞插架書逾十萬，表幽闡微，望益努力，……弟頗喜蒐采鄉先生遺著，而苦於收藏不多，

〔註91〕（清）陸心源輯，《晚清五十名家書札》（臺北：廣文書局，民國57年6月初版），頁30～31。

〔註92〕同上，頁33～34。

〔註93〕鄭偉章著，《文獻家通考》（中）（北京：中華書局，1999年6月第一版），頁904。

僻在海浙尤苦，無可假借〔註94〕。

7、施補華

施補華（1835～1890），字均甫，浙江烏埕縣人，早年失怙，勤讀經史百家，年輕時雖甚貧而負氣不下人，自幼與陸心源相識，與李宗蓮、趙之謙、陸心源等被列為「茗上七才子」，施補華亦喜歡亭林之文，尤喜詩，其詩彙集為《四鐵庵詩集》，陸心源為他作序。陸心源編輯《湖州叢書》時亦收施補華之《澤雅堂文集》八卷，並參與《湖州府志》之編輯。陸心源曾寫〈覆均甫觀察書〉收錄在《儀顧堂集》中。

8、朱　智

朱智字茗生，杭州人，與陸心源相識於咸豐、同治年間，歷任太僕寺卿、大禮寺卿、禮部右侍郎、工部右侍郎等。光緒十六（1890）年陸心源贈書給朱智，朱智覆函中評價極高，茲錄二則：

（1）論贈書《元祐黨人傳》、《吳興金石記》、《吳興詩存》：

> 存齋仁兄大人閣下：……承賜各書，日來悉心紬繹，《元祐黨人傳》考證詳明，搜採精密，韓昌黎所謂：誅奸匹于已死，發潛德之幽光者也。《吳興金石記》彙生平之所見，詳加援據，足為好古之圭臬，而補前志之闕遺。《吳興詩存》以別裁風雅之才為網羅散佚之舉，因思吾杭與湖郡壤地毘連，詩人亦古今輩出，顧國朝杭郡詩輯有初、二、三集，綜其大成，而自漢及明尚無為之搜羅者，豈竟無其人，抑知難而退，未即從事耶？乃益佩閣下之精力為不可及也。前贈諸書，弟讀之尚未終篇，今又獲三種，管窺更擴，足見壽世著作與年俱增，等身之譽不讓古人矣。……〔註95〕。

（2）論贈書《藏書志》、《金石學錄補》、《唐文拾遺》、《歸安縣志》：

> ……承惠大著，全帙拜領，謝謝。弟疾，比稍間于藥爐茗椀之旁，再三捧誦《藏書志》，搜羅既博，考證亦詳覈，且皆宋元秘鈔，希世未有之帙，足以上補四庫之遺，下匡張、阮之舛，匪特與范氏天一閣輝映，浙東西已藝文集一編，尤為壽世之業，言學術則細密，言治術則宏通，直合亭林、竹垞為一手，而文華之堅凝，尤足以追蹤南豐；《塼錄》及《金石學錄補》，出於餘力所成，而援據精詳，探擇宏富，閱之直如親見其物，親把其人：《疑年三續》，雖承錢氏之遺，而義存勸善，足令讀者奮尚友之志

〔註94〕（清）陸心源輯，《晚清五十名家書札》（臺北：廣文書局，民國57年6月初版），頁130～132。

〔註95〕同上，頁187～189。

與仰止之思，古人所云：維持風教，闡發幽光者，於此見之；《唐文拾遺》碎璧零珠，鉅細畢採，昔顧俠君選元詩，相去僅五百餘年，當昔尚夢有古衣冠者拜於門外，李唐去今已逾千祀，得大君子表章其遺文，九原有知，其呵護感激，當更有甚者。《歸安縣志》詳而不蕪，簡而能賅，……竊思閣下擅文史之富，極著作之娛，年未即杖鄉，而篇帙已高可等身，日後藏之名山，傳之其人，不朽何疑〔註96〕？

9、黎庶昌

黎庶昌（1837～1897），字純齋，貴州遵義人，同治七年（1867）以廩貢生授知縣，曾國藩延入幕，光緒五年（1879）調充英法德日等國參贊，光緒七年（1881）出使日本大臣，任滿僑居上海，光緒十七年（1891），除川東兵備道，二年後引疾歸里，未幾而卒。葉昌熾云：

> 黎氏出使日本期間，日本楓山、金澤諸官庫，私家如松崎、獵谷藏書皆未散，值明治改革之初，彼都士夫不甚留意古學，遂于其時蒐訪墜典，中朝所已佚者，好寫精雕，又得楊君（守敬）助之，成《古逸叢書》……初印皆用日本皮紙，潔白如玉，墨如點漆，醉心悅目，書成旋擷至滬，即以其板付江蘇官書局貯之。流通古籍，嘉惠後學，與敝帚自珍者異矣〔註97〕。

黎庶昌家中有拙尊園藏書，著有《拙尊園存書目》稿本一冊存世。以下錄一則黎庶昌向陸心源致謝函：

> ……尊處藏書之富，海內共知，宋元秘本多至數百種，自絳雲、述古、百宋一廛後，罕有倫匹，而執事又能枕經葄史，含英咀華，讀集中宋元諸跋，考據精詳，令人傾頰至地，賢郎對策元元本本，殫見洽聞，海內讀書種子在君家矣，弟生長邊隅，學殖荒陋，多年奉使，報稱毫無，未知大君子將何以策我？手肅布謝，復頌著祺，並賀年禧不具。愚弟黎庶昌 頓首〔註98〕。

10、趙之謙

趙之謙（1829～1884），字為叔，號益甫，又號梅庵，會稽人，咸豐九年（1859）舉人，官南城知縣，孤憤好嬉笑怒罵，詩文皆務新奇可駭，由是不諧於世，書畫刻

〔註96〕（清）陸心源輯，《晚清五十名家書札》（臺北：廣文書局，民國57年6月初版）189～191。

〔註97〕葉昌熾著，《藏書紀事詩》（臺北：世界書局，民國69），卷七，頁710。

〔註98〕（清）陸心源輯，《晚清五十名家書札》（臺北：廣文書局，民國57年6月初版），頁162。

石，卓絕一時，著有《勇盧閒話》、《梅庵集》等，與陸心源同師汪姓教師，曾去函
陸心源，請他照顧汪師，其函云：

> 存齋仁兄同年大人閣下：乍別不克暢所欲言，甚恨，惟政興時宜，福
> 祿歡喜爲祝，弟忍苦索居，毫無生趣，前月又接家大兄靈耗自閩中來，半
> 年始至，然怨彌多，先大夫以下生者，賸弟一人，可危可駭也，汪師苦況
> 亦日增，歲晚望有以接濟，弟此時不敢求人相助，然不忍不爲汪師求助也，
> 拙著七月問世，可刷一種，容寄呈。前求尊作，祈覓便賜讀爲幸爲慰，……
> 〔註99〕。

至於陸心源是否有助汪師，因缺乏資料，未能進一步了解。此外，陸心源凡有著作
亦贈趙之謙，彼此互相欣賞，是幼時好友。

11、陳琇瑩

　　陳琇瑩（約 1855～1893），字芸敏，福建侯官人，家貧，刻苦勤學，光緒二年
（1871）進士，官編修，遷江南道監察御史，擢兵科給事中。光緒十四年（1888）
官河南學政，甫一年，丁艱歸，不多久而卒，年三十九。《福建通志》載：

> 家赤貧，刻苦勤學，無書，日以閱市，借人爲事。……時海道輪舶初
> 通，外省書販未至，閩中書肆風氣未開，故家有中落鬻出，書肆賤價得之，
> 亦以賤價售之，不知各省兵亂後，有所謂舊板已毀、難得可貴之書也。秀
> 瑩得風氣之先，精擇而償以廉價，架上用多秘本，是時與競進獵者，惟歸
> 安陸心源、祥符周星詒、大興傅以禮爲強有力〔註100〕。

陳琇瑩曾獲陸心源之贈書，如其書函云：

（1）獲贈《儀顧堂集》：

> 存齋先生大公祖大人閣下：……琇瑩曩在節署獲讀《儀顧堂集》，辦
> 香私淑懷之十年，頃知大著刊成百數十卷，又復廣鏑秘籍，流布藝林，海
> 內篇家文筆之精，著述之富，殆無有逾我公者矣，琇瑩少溺俗學，苦乏師
> 承，通籍後少留意甲部，而南北機驅，迄未卒業，深負昔年獎借之殷，承
> 示惠賜全書，仰見我公津逮末學之盛心，有加無已，雖違侍多年，而霧露
> 之滋，不嘗親奉教於左右也，散居在宣武門西繩匠胡同，與繆筱珊太史卜
> 鄰，筱珊博雅好古，時以一瓻相往來，尊處前欲覓鈔《順天通志》，內唐

〔註99〕（清）陸心源輯，《晚清五十名家書札》（臺北：廣文書局，民國 57 年 6 月初版），
　　　　頁 217～218。
〔註100〕陳壽祺等著，《福建通志》（《中國方志彙編》之九。清同治十年重刊本，臺北：臺
　　　　灣華文書局，民國 57 年）。

文十數篇，已囑錄出，交貴同鄉蔡公轉寄矣，筱珊家藏金石文頗富，欲乞《全唐文補遺》目錄一校，如允乞附惠賜各書，一併寄來，以便轉致。雪滄丈久不得耗酉，歲假歸，極多晤聚，為貧所累，興趣頓減，著書亦都未成，今年聞仍就廈門講席，哲弟現在山東何處，今年秋試，何時來都？殊念〔註101〕。

（2）獲致贈書，並賀捐書受褒，相約拜訪：

存齋先生大公祖大人閣下：夏仲兩奉賜書，并頒到大著全集、叢書各種，均經謹領，適因肺病月餘，纏綿藥畏，久稽肅覆，歉及奚如，日昨哲弟抵都，藉諗杖履，康娛著祺愛福，至為頌祝，頃讀邸鈔，知以進呈圖籍，荷蒙天語褒嘉，特恩延賞際，右文之盛，代極稽古之殊榮，海內篇家一齊頫首矣，琇瑩凤承獎借，深媿荒傖，頃復惠賜全書，俾資津逮，饋貧糧廣，辦祝香般，敢辭萬遍之勞，奚啻百朋之錫，每銘謝悃益用依馳，琇瑩秋間尚儗引假歸省，取道浙中，一覽西湖之勝，倘能如願，計拏舟苕霅，道出河鄉，定當趨敬台階，樞衣請益，以慰積悰〔註102〕。

12、陳廷經

陳廷經字小舫，河北薪水人，官至內閣侍讀學士，於咸豐十年（1860）因陸心源之師萬青黎之介紹而認識，陳廷經極關懷陸心源，在仕途中予以諸多指點，陸心源曾向他詢問葉名澧故後寄存於他處之書狀況，得知此批書已被葉名澧之妹出售，故陸心源無法獲得。

（1）陳廷經覆函陸心源詢問之書已售于書賈，書函謂：

……經頻年戀棧，倖晉一階，竊喜中秘清閒，堪藏鳩拙，邇日閉門卻埽，惟以課子訓孫為樂事，精神頑健，足慰遠塵潤，臣妹倩藏書向由經處代為賃屋收藏，共一百餘箱，前年爵相夫人來京，竟不相謀，全行賤售於寶石齋，及交易已訂，貨價已清，而經始得知成事，不說無可如何，惟珍惜平安館七八十年之收藏，一旦盡歸于書賈之手，想好古君子聞之，必慨歎不已也，若果於先期揀擇一二至精者，而翁玩之亦足以自豪矣，經只是心太實，不忍負死友，……〔註103〕。

（2）獲贈《儀顧堂文集》：

〔註101〕（清）陸心源輯，《晚清五十名家書札》（臺北：廣文書局，民國57年6月初版），頁229～230。

〔註102〕同上，頁230～232。

〔註103〕同上，頁203～204。

……前奉手教，得見《儀顧堂文集》如獲奇寶，如讀異書，即此著述
已足以行世傳世，而閣下又能見諸施行，發爲事業，前之龔定庵、包慎伯、
魏默深，數君子但坐言而不克起行，安能若是，……〔註104〕。

（三）鑑賞金石書畫之友

1、吳　雲

　　吳雲（1811～1883），字少甫，自號平齋，晚年曰退樓，又曰愉庭，浙江歸安
人，與陸心源有同鄉之誼，是著名的金石彝器收藏家，於《歸安縣志》有載吳雲的
「兩罍軒」收有三代彝器數十種，如：商冊冊父乙鼎、商吳父王壺、周祿康鍾、周
仲爲彝、周齊侯罍、周師酉敦、周芩妃敦、周封敦、周惠敦等彝器〔註105〕。

　　吳雲與陸心源視爲至交，陸心源編印《十萬卷樓叢書》時曾請吳雲撰序言，如
吳雲書函所云：

……承示擬刊《十萬卷樓叢書》一百本，現在剞劂藏工已有四十本先
行刷印，俟《十萬卷樓叢書》全竣後，再刊《皕宋樓叢書》一百本，先將
書目寄閱，囑撰《十萬卷樓叢書》序言，到處循誦書，頓使垂暮之年，精
神爲之一壯，名山秘籍諸多志傳，得掛賤名，附垂不朽，可不力圖振奮，
剋日攄毫，一俟撰就，即當寄請是正，我鄉自國初以來，代有傳人，……
執事抱匡時濟世之才，早歲斐聲名滿天下，學司久任，遭際正隆，少有慘
忭，嗣然初秋，鍵戶著書，絕意不出，兵燹以後，凡數家遺籍宋元精刊，……
力搜不遺餘力，故大半恆於鄴架，而不吝重資，廣爲刊布，遂使海內綴學
之士盡有吳興十萬卷樓，方之范氏天一、毛氏汲古，洵堪鼎峙〔註106〕。

吳雲專長金石學，於陸心源著《吳興金石存》時給予一些意見，切磋金石經驗，如
其書函中云：

……現編《吳興金石存》，……吳興向以古塼著聞，亦應編入，惟金
器法轉畫之，故攏示錄，意蓋然魚目相混，贗品貽譏耳，鄙意書名金石又
係專刻，似金器便須慎選。……〔註107〕。

〔註104〕（清）陸心源輯，《晚清五十名家書札》（臺北：廣文書局，民國57年6月初版），頁
　　　　210。

〔註105〕陸心源等修，《歸安縣志》（臺北：成文出版社，影印清光緒八年刊本），卷五二，頁
　　　　596～597。

〔註106〕（清）陸心源輯，《晚清五十名家書札》（臺北：廣文書局，民國57年6月初版），頁
　　　　283～286。

〔註107〕同上，頁287。

2、沈秉成

沈秉成（1823～1895），字仲复，浙江歸安人，生於道光三年，卒於光緒二十一年，年七十三。道光二十九年（1849）順天鄉試舉人，咸豐六年（1856）進士，授編修，歷充武英殿總纂，文淵閣校理等，歷官江蘇常鎮通海道、蘇松太道、河南及四川按察使、順天府尹、總理各國事務大臣、廣西、安徽巡撫、兩江總督。沈秉成性喜金石字畫，張之洞、潘祖蔭、吳雲、陸心源皆相過從，著有《鰈硯齋書目》四卷。沈秉成比陸心源年長十一歲，曾爲陸心源《金石學錄補》作序〔註108〕。

3、楊 峴

楊峴字見山，號庸齋，晚號藐翁，浙江歸安人，咸豐乙卯舉人，江蘇候補知府，有《遲鴻軒文集》。嘗與陸心源論金石，對陸心源著數之誤均不吝指出，如其書函中云：

> 存齋老弟台大人：……閒中讀大著惠錄有一條顯誤，一條可省，謹錄出就正，富貴陽燧惠大著曰燧之道也，引戴延之西征記亞父冢爲證，峴案《易林》曰：「逢時陽遂，富且尊貴」，富貴陽燧，即逢時陽遂之意，言富貴如火之盛也；周禮司烜氏掌以克遂，注克遂陽遂也，考工記鳧氏于上之攠，謂之燧，注燧就鼓中窒，即生克有似克燧，又攻金之，謂之鑒燧，……阮氏校勘記以爲作燧作燧，皆說文燧字之誤也，此顯誤之一條也。……〔註109〕

陸心源在《儀顧堂文集》中回覆其函，於〈與楊見山太守書〉中則云：

> 承示富貴陽燧，專引《易林》爲證，非深於小學者不能，鄙意以爲陽歲非周禮之陽燧，周禮之陽燧又非專文之洋燧，《易林》言逢時者甚多，如逢時春草，銶基逢時，逢時遇主，逢時得位，鄉遂逢時，逢時得當，皆與下句文義連貫。陽遂火鏡也，見內則釋文火鏡逢時又何，富且尊貴即謂火鏡，……〔註110〕。

4、吳大澂

吳大澂（1835～1902），字清卿，號恆軒，江蘇吳縣人。同治七年（1868）進士，授編修，光緒三年（1876），山西、陝西大饑，奉命襄辦賑務，躬履災區查勘。

〔註108〕鄭偉章著，《文獻家通考》（中）（北京：中華書局，1999年6月第一版），頁957。

〔註109〕（清）陸心源輯，《晚清五十名家書札》（臺北：廣文書局，民國57年6月初版），頁270。

〔註110〕（清）陸心源撰，《儀顧堂集》（臺北：臺聯國風出版社，民國59年3月初版），卷四，頁166。

全活甚重。光緒六年（1880），詔給三品卿銜，隨吉林將軍銘安辦理西北邊防；光緒十年（1884），遷左副都御史，命使朝鮮，定其內亂；光緒十一年（1885），詔赴吉林，立銅柱於中俄之交界，以大篆勒銘曰：「疆域有表國有維，此柱可立不可移。」光緒十二年（1886），擢廣東巡撫；光緒十四年（1888），鄭州河再決，上震怒，以大澂代河都李鶴年職，光緒十八年（1892），授湖南巡撫，朝鮮東學黨之亂，朝議皆主戰，大澂請率湘軍赴前敵，失利；甲午中日之戰，督師出山海關，兵敗革職，永不敘用；光緒二十八年卒，年六十八。吳大澂善篆書，罷官後，甚貧，售書畫、古器物自給，著有《古籀譜》、《古玉圖考》、《恆軒吉金錄》、《權衡度量考》〔註111〕。

　　吳大澂好言兵，亦嗜書畫、器物，與陸心源係鑑賞書畫金石之友，從來往書信中彼此共享藏品，樂趣無窮：

> 　　存齋仁兄大人閣下：接奉手教，承惠《塼錄》六鉅冊，從來未有之富，可與簠齋瓦當拓本相匹，拓一全分殊非易，……尊著《古塼錄》淵博精詳，尤可欽佩，《再續疑年錄》並補錄各卷，皆有用之書，弟則心有餘力不足，時時爲病魔所擾，伏案之功日少一日，擬撰金石各書多未脫搞，近日督工拓出瓦文百數十種，亦僅二分，俟拓齊後當以一分寄覽，前在粵中以端石覆刻宋拓劉熊碑，後有趙撝秘縮本，碑圖甚精，近始拓出，寄呈一本乞教之，手復鳴謝，敬請　著安。弟吳大澂頓首〔註112〕。

　　從以上陸心源與友朋交遊中，其爲學處世之態度與風格，均呈現於書函中，茲歸納其人格特質如下：

（一）交遊廣闊

　　《晚清五十名家書札》收集陸心源四十六位友人書函，半數以上名列《清史稿》，多爲知名之士，或達官顯要，彼此論學、論政、論經濟、論道義等，是陸心源生活的重心之一，其友人中，除師長及仕履中好友外，尚有貧困之友，如俞樾，基於愛才惜才，彼此往來密切。因此，陸心源極珍視這些「潛園友人」，特將書函輯爲《潛園友人書問》十二卷，作爲紀念。

（二）樂善好施

　　1、光緒年間水患與飢荒頻傳，陸心源因經營有道，積財豐饒。從李鴻章、張曜的書信中可知其爲人樂善好施，救災不落人後，除捐輸龐大己財外、亦發動鄉民

〔註111〕趙爾巽、柯劭忞，《清史稿》（臺北：洪氏出版社，民國70年8月1日初版），卷四五○，頁12551～3。
〔註112〕（清）陸心源輯，《晚清五十名家書札》（臺北：廣文書局，民國57年6月初版），頁197～199。

救助災區，充分表現人溺己溺之關懷精神。

2、清末國子監下詔求書，陸心源捐書一百五十種，計二千四百餘卷，張曜曾修書
論及捐書事，除受到朋友讚賞及清帝嘉許，亦顯示陸心源培育後學，嘉惠士林
之闊達胸襟。

（三）嗜好藏書

陸心源熱衷藏書，遠近馳名，故友人對其藏書之豐、著作之富，皆讚賞有加，
予以極高評價。

（四）胸襟廣闊

陸心源雖擁有大量珍貴古籍，卻不吝於將書借予友人，且幾乎是有求必應，例
如孫衣言曾借北宋本、瞿鴻磯借閱《浙江通志》、黃體芳借《習學記言》善本等。此
外，甚至將守先閣藏書開放給一般好學之士，這種開放藏書供眾閱覽的胸襟，實有
別於一般藏書家。

（五）專意著述

陸心源自辭官歸里後，不願再卑躬屈膝於官場，潛心著述，校勘古籍，編印《皕
宋樓藏書志》、《元祐黨人傳》等，輯印《十萬卷樓叢書》等數十種書，並將之分贈
友人，與友人分享研究成果，均顯示其對往聖繼絕學之決心。

在師友的砥礪下，陸心源除藏書外亦研讀經典，爲學孜孜不倦，學識日有進展。
爲官之初，仍不斷向長者或友人求教；丁憂期間，亦與家鄉學者交流藏書及學術心
得；辭官歸里期間，對金石、書畫、版本等不斷學習和研究。故其一生之藏書嗜好
與學術成就，師友是其最大的支持者。以下爲李鴻章、曾國荃、張曜、俞樾等與陸
心源往來之親筆書函：

圖十：李鴻章書函〔註113〕

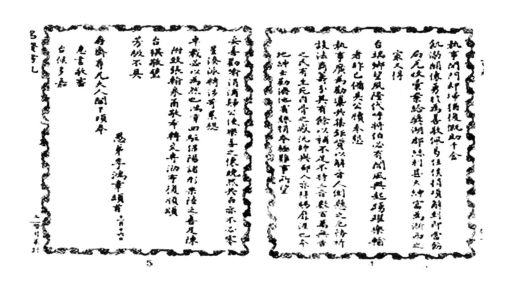

圖十一：倭仁書函〔註114〕

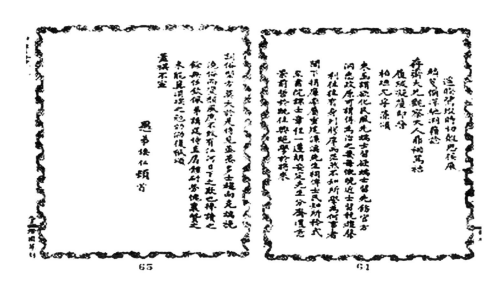

〔註113〕（清）陸心源輯，《晚清五十名家書札》（臺北：廣文書局，民國 57 年 6 月初版），
頁 4～5。

〔註114〕（清）陸心源輯，《晚清五十名家書札》（臺北：廣文書局，民國 57 年 6 月初版），
頁 64～65。

圖十二：張曜書函〔註 115〕

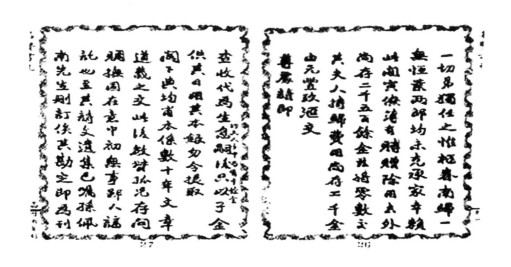

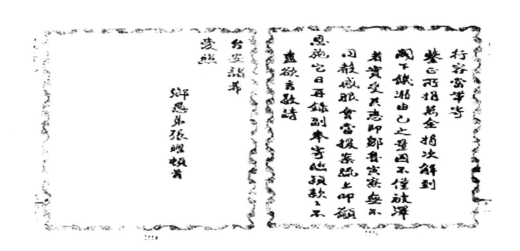

圖十三：曾國荃書函〔註116〕

圖十四：俞樾書函〔註117〕

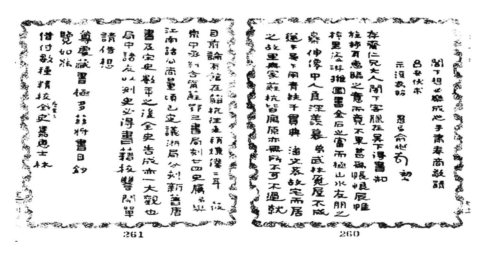

〔註116〕（清）陸心源輯，《晚清五十名家書札》（臺北：廣文書局，民國57年6月初版），頁146～147。

〔註117〕同上，頁260～161。

圖十五：瞿鴻襪書函〔註118〕

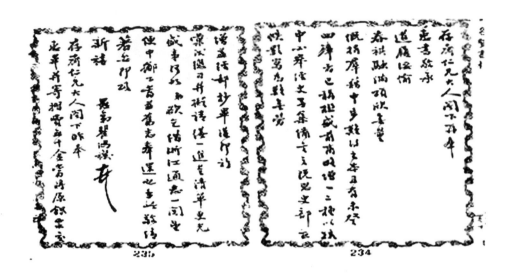

第三節　陸心源學術思想

陸心源自幼即研讀朱子之學，以朱子為宗，稍長讀《中庸》注序，遂遍涉朱子書，泛覽經史百家，並認為朱子之學，無所不通，無所不貫〔註119〕。於清朝諸儒中特別推崇顧炎武之學，思想深受顧炎武之影響，自稱其讀書之堂為「儀顧堂」，著作亦名為《儀顧堂文集》、《儀顧堂題跋》等，均顯示他對顧炎武之服膺。俞樾在〈儀顧堂集序〉中談到陸心源為什麼心儀顧炎武，俞樾說：

> 吾郡存齋陸君所學以朱子為宗，而又深病世之稗販語錄撦拾大全者，
> 號為宗朱而適以叛朱，因於國初諸儒中，獨於亭林有深契焉，其言曰：「學
> 也者，上究今古興衰之故，中通宇宙利病之情，下嚴身心義利之界，在本
> 朝則亭林，稼書是也。」又曰：「亭林之學一本朱子，而痛斥陽明，其才
> 足以撥亂反正，其行足以廉頑而立懦，至其教人，以博我以文，行己有恥
> 二句為準，尤足以持時局而正人心。」君所言如是，其所宗尚可知，故以
> 「儀顧」名其堂，而即以名其集。今讀其集，議論純正，根柢淵深，信有
> 如潘次耕敘亭林書，所謂綜貫百家，上下千載，詳考得失，斷之於心，學

〔註118〕陸心源輯，《晚清五十名家書札》（臺北：廣文書局，民國 57 年 6 月初版），頁 234
　　　　～245。
〔註119〕陸心源，《儀顧堂集》〈上倭艮峰相國書〉（臺北：臺聯國風出版社，民國 59 年 3 月），
　　　　頁 145。

博而識精，理到而詞達者，至於一名一物，考訂精詳，亡篇逸句，蒐輯無漏，則又亭林先生所以開漢學先河者也，宜先生以「儀顧」名堂，而即以名集矣〔註120〕。

顧炎武（1613～1682），明末清初江蘇昆山人，原名絳，明亡後改名炎武，字寧人，學者稱他為「亭林先生」。顧炎武出身蘇州世族，為南朝吳姓「朱、張、顧、陸」之一，明武宗正德時祖先始任官，高祖父任南京兵部侍郎，曾祖父任佐贊善，他從小過繼給叔父，生父家道中落，叔父早逝，家產頗富，1640年家中失火，1644年家中遭竊，1645年國破家亡，它變賣所剩不多的家產，北游不歸，曾六謁諸明陵，後定居於陝西華陰，置田五十畝以自給著書，歷二十年而不止，其外甥是有名的徐乾學，其母當清兵攻下崑山時，絕食十五日而亡，遺言不事二朝，是顧炎武終身未仕清廷主因。

顧炎武之思想涵蓋面很廣，有人視之為清學開山，有人把他當作民族主義先驅，綜合其各方面的思想，大致以治法為主，學術表現無論是經學、史學，或文學均以經學為依歸，顧氏曾言：凡無歸於「六經之旨，當事之要務者」一概不為〔註121〕，可見其思想之主體係以經世為主。大抵主於斂華就實，凡國家典制、郡邑掌故、天文儀象、河漕兵農之屬，莫不窮原究委，考正得失。著作有《天下郡國利病書》一百二十卷；精於音韻學，編有《音論》三卷；《詩本音》十卷等。歷游各地時訪各碑文，作《金石文字記》，最知名之作《日知錄》，係積三十年而成，共三十二卷，涉及經義、史學、官方、吏治、財賦、典禮、輿地、藝文，均一一疏通其源流，考正其謬誤。此外，晚年深研經學，認為經學即理學，駁斥陸王心學，反對王學末流之空疏與清談誤國。他特別崇禮教，認為風俗之衰，不知守廉恥，實由無禮教來維崇，因而強調知廉恥。

陸心源在〈原學〉一文中讚美顧炎武之學係大儒之學，認為所謂學，是學為君、學為臣、學為父子兄弟夫婦朋友。而三代以下有小人之學、異端之學、小儒之學、大儒之學，顧炎武之學即為大儒之學，所謂大儒之學，如其文云：

　　若夫大人之學則何如，學也者，學為君、學為臣、學為父子夫婦兄弟朋友者也，上究今古興衰之故，中通宇宙利病之情，下嚴身心義利之界，若漢之賈生、董生、孔明，唐之陸敬輿、李鄴侯，宋之范希文、濂溪、明道、橫渠、考亭、止齋、東萊，元之靜修，本朝之亭林、稼書是也，夫是

〔註120〕同上，頁1～2。
〔註121〕古偉瀛，〈顧炎武經世思想的特色〉《國立臺灣大學歷史學報》14期（民國77年7月），頁421～448。

之爲大儒之學〔註122〕。

陸心源〈擬顧炎武從祀議〉中推崇顧炎武雖是明代遺臣，卻是清代諸儒之首，議請將顧炎武入祀，其文云：

> 宋儒出而聖人之道復明，程朱之學由博而返約，自粗以及精，體明矣，必達之用；經通矣，必修之行。其弊也，空談心性，不求實學，甚則以聚徒爲市，道以講學爲利階，至明季而其弊極矣。顧炎武出，而聖人之道復明，炎武不爭壇坫，不立門戶，其學以朱子爲宗，……其所著之書，皆以撥亂反正、移風易俗，以馴致乎太平之治，而無益者不談，其於盡性致命之說，必歸之有物，有則五行五事之常，而不入空虛之論，炎武之自述其所以爲學者，如此大哉，斯言雖聖人不易矣。生平耿介絕俗，尤篤於忠孝大節，母王遺命戒以勿出，遂屢聘不出，自以曾受明職，嘗六竭孝陵，六竭思陵，以申其故國之悲。病明季學者入於狂禪，因取《黃氏日鈔》所摘謝氏、張氏、陸氏之言，而折衷於朱子，曰下學指南，屢觀諸史、《明實錄》以及《天下圖經》說部，凡有關民生利害者隨錄之，爲《天下郡國利病書》，又《日知錄》三十卷，尤爲生平精詣之作，自言有王者起，將以見諸行事，躋斯世於古治之隆，而未敢爲近人道也。臣竊謂：漢唐以來，儒者或精訓詁，或明性理，或工文章，各得聖人之一端，若夫經行並修，體用兼備，求之往昔，代不數人，國朝諸儒，惟炎武可以當之。皇上中興以來，豐功偉烈，半出名儒，蓋炎武有以開其先也。或者謂炎武明室遺臣，理應避忌，臣謂明臣黃道周負隅屈強，抗我顏行，故儒孫奇逢助守容城，曾撐螳臂我，宣宗成皇帝特允禮，臣之請從祀孔子廟廷，炎武雖抱不仕之節，實爲盛世之民，伏讀國史儒林傳，列於諸儒之首，欽訂《四庫全書》收其著作甚多，儒者自全其高節，聖世廓然，而大公列之祀典，夫何疑焉，謹議〔註123〕。

從本文亦可見明道救世是顧炎武經世思想的主要目標。

陸心源另在〈上倭艮峯相國書〉一文中，提及曾與倭仁談及顧炎武之學問，倭仁認爲顧炎武之學問用多體少。陸心源去函對此說明，認爲：

> 頃論及亭林學問，中堂以爲用多體少，微有不滿之意，惟源以風塵末吏，蒙中堂不鄙其狂愚，引而進之同志之列，……亭林先生不立壇坫，不

〔註122〕（清）陸心源撰，《儀顧堂集》（臺北：臺聯國風出版社，民國59年3月初版），卷一，頁36。

〔註123〕陸心源，《儀顧堂集》（臺北：臺聯國風出版社，民國59年3月），頁126～131。

爭門戶，其才足以撥亂而反正，其行足以廉頑而立懦，其學一本朱子而痛
斥陽明。竊以爲朱子遠矣，亭林先生雖不及見，妄不自量附於私淑之義，
至其教人以「博我以文、行己有恥」二句爲準，尤足以持時局而正人心，
蓋方今人材之不出，由於人心之無恥，人心之無恥，由於士大夫之不悅
學，……則生今世者，必上究千古安危之故，考本朝制度之詳，而後謂之
博也，或以訓詁詞章當之，則淺之乎視文矣，此博我以文之說也，若夫《日
知錄》所言、文集所論，有不可通行者，蓋睹明季之弊，而有激言之，在
學者善擇之而已，源才質駑下，未能異於常人，獨謂儒者讀書談道，必期
宏濟時艱，乃爲不負所學，亦嘗殉其虛名〔註124〕。

從文中亦強調顧炎武學反對王陽明之心學，以朱子爲正，對於禮教、風俗、地理相
當重視。

　　從上述陸氏所撰數文顯示，他極推崇顧炎武之學說與爲人，精讀其書籍，因此
陸心源之著作亦受顧炎武文風的影響，亦同意經學非理學而斥陽明，但同時又重視
理學之用。陸心源歷數炎武之優點，認爲應爲清朝儒林之首，建議爲他從祀，雖是
陸心源對顧炎武許、鄭之學的評價，實則也反映了陸心源的學術思想。

　　此外，陸心源認爲研究學問，應「上究今古興衰之故，中通宇宙利病之情，下
嚴身心義利之界」〔註125〕。並認爲真正之儒者，應精於訓詁，或明性理，或工文章，
各得聖人之一端。至於經行並修，需體用兼備，方可爲真儒。而對於文章方面，陸
心源認爲：

　　　　古文應有理有法，理明而法不足以文之，則弇鄙而不辭，語錄之文是
　　也；法立而不積理以出之，則放誕而無止，則策士之文是也〔註126〕。
至於生活規範，則主張從儉，感嘆時風頹蔽，誠如其〈儉解〉一文所述：

　　　　孟子曰：恭者不侮人，儉者不奪人。又曰：自古賢君必恭儉禮下，取
　　於民有制，然則儉者不奪人之謂也，數十年來士大夫習於奢侈，有一二蔽
　　衣履、甘蔬菜者，則群然許之曰儉，退而考其生平，則嗜利如恐不及，是
　　則古之人以不奪人言儉，今之人以奪人不與人言儉也，嗚呼！奪人以與
　　人，固不得謂儉，奪人而不與人，反得謂之儉哉〔註127〕？

〔註124〕同上，卷四，頁145。
〔註125〕同上，〈原學〉，頁36。
〔註126〕陸心源，《儀顧堂集》〈上吳子宓閣學論國朝古文書〉（臺北：臺聯國風出版社，民國
　　　　59年3月），，頁138。
〔註127〕同上，卷一，頁33。

第三章　陸心源之藏書

第一節　陸心源藏書源流

一、時代背景

　　我國私家藏書之風由來已久，清代承晚明之餘緒，名家輩出，尤以江浙一帶為甚，故浙江吳興向有「藏書之鄉」美譽，甚被認為我國私家藏書的中心。江浙藏書之盛始於明代，如袁同禮所云：

　　　　清代私家藏書，除二三家外，恒再傳而散佚，然輾轉流播，終不出江南境外者幾二百年，殆楊至堂得藝芸書舍之經史佳本，情勢始稍變，雖然吳越之所以成為藏書中心點者，晚明實啓其端緒，山陰祁氏「澹生堂」、江陰李氏「得月樓」、常熟趙氏「脈望館」、常熟毛氏「汲古閣」、寧波范氏「天一閣」，皆不出江浙之境者也。澹生之藏，於萬曆丁酉燬於火，後雖稍為裒集，然精華多歸於黃太沖宗羲，餘則歸趙氏「小山堂」，蓋二林（谷林、意林）之考，娶於祁氏之甥，其書為館甥所得也，得月樓於順治乙酉易代之變，書盡散亡，「脈望館」則與「懸磬室」、「扉載閣」、「七檜山房」三家之書，同歸於虞山錢氏「絳雲樓」。其歸然獨存而又影響於清代藏書者，則范氏「天一閣」及毛氏「汲古閣」二家而已〔註1〕。

明清以來，藏書家集中江浙地區，如吳晗曾統計江浙藏書家時指出，在歷代湧現的三百九十九位藏書家中，杭縣占一百零五人，海寧三十八人，紹興二十七人，鄞縣

〔註1〕袁同禮，〈清代私家藏書概略〉（《圖書館學季刊》卷1期1，1926年3月），頁31。

二十七人，吳興二十四人，海鹽二十二人，嘉興二十一人〔註2〕。有藏書家必有藏書樓，根據周文駿主編《圖書館學情報詞典》中分析中國自古以來藏書樓概況，其文載：

> 依朝代分：先秦1家，漢晉4家，唐與五代3家，宋5家，明17家，清72家，民國3家；依地區分：北京10家，華北6家，東北1家，西北5家，華東76家（其中江浙達64家），中南5家，西南1家，臺灣1家；依藏書志分：有藏書記錄者共65家，佔62%，編輯書目62種，藏書記9種，題跋目錄6種，叢書4種，共81種，其餘40家未有書目記錄；依藏書量分：不足萬卷2家，萬餘卷3家，二萬餘卷4家，三萬餘卷2家，四萬餘卷5家，五至七萬餘卷13家，八至九萬卷5家，十萬卷以上2家，十五萬卷以上2家，六十萬卷1家，無確切數者33家，……另33家未註明藏書量；依所有制分：皇家15家，中央政府機關3家，私人87家〔註3〕。

依此可略窺中國藏書文化之端倪：

（一）朝代愈晚，藏書樓愈多，民國以後因爲現代圖書館的興起而減少。

（二）藏書樓之數量多寡，多取決於政治或經濟因素，江浙地區藏書樓達六十四家，佔全國三分之二，且宋以來代代皆有著名的藏書家及藏書樓。

（三）私人藏書樓數量勝於官方，且私家藏書係經歷數代訪求、搜購，方得以保存萬卷書，可見私人藏書樓係古籍典藏的主流，爲中國文化立下了不朽之功。

至於江浙地區藏書風氣興盛之因，主要原因係江浙位處江南富庶之地，明清時江南經濟繁榮，文風鼎盛，吸引眾多文人墨客寓居於此，於是書院林立，藏書家及藏書樓數量爲全國之冠，雖歷經戰火，仍文人匯聚，文化氣息濃厚；此外，浙江是是政治經濟文化重心，宋室南渡以後，政治經濟中心轉移南方，杭州成爲文化中心，江蘇地區則因經濟發達，且自明、清以來未受到重大破壞，成爲商業發達，經濟富饒之地，孕育了不少著名之藏書家，吳晗曾分析經濟發展與藏書關係云：

> 以蘇省之藏書家而論，則常熟、金陵、維揚、吳縣四地始終爲歷代重心，其間或互爲隆替，大抵常熟富庶，金陵、吳縣繁饒，且爲政治重心，維揚爲商賈所集，爲乾隆之際東南經濟重心〔註4〕。

蘇杭就在悠久的文化傳統以及富裕的經濟中，孕育了無數的刻書家、藏書家，擁書萬卷，築構有名的藏書樓，成爲傳承中國文化之瑰寶。

〔註2〕吳辰伯撰，《江浙藏書家史略》（臺北：文史哲出版社，民國71年），頁3。
〔註3〕周文駿主編，《圖書館學情報學詞典》（北京：書目文獻，1991年），頁46。
〔註4〕吳晗〈江蘇藏書家小史〉，（《圖書館學季刊》卷八期一），頁1。

陸心源係湖州人，湖州位居浙江省太湖南岸及杭州西北，亦是藏書活動熱絡之地，藏書文化源遠流長，歷代亦不乏有名的藏書家及藏書樓，在中國藏書史具有相當地位，根據吳晗所著《江浙藏書家史略》，清代藏書家有二百六十七位，在三十八個府縣中，湖州位居第三〔註5〕。又鄭偉章所著《文獻家通考》一書收錄清代至現代一千五百位藏書家，在「藏書家地區分布表」中統計各地區藏書家人數，資料顯示湖州藏書家佔浙江省第三位，此表載：

> 浙江497人（其中杭州126人、海寧51人、湖州49人、紹興43人、鄞縣26人、慈溪23人、嘉興23人、海鹽18人、蕭山14人、秀水14人、平湖14人、桐鄉14人、瑞安13人、臨海10人、餘姚9人、嘉善7人、其他43人）、江蘇422人（蘇州174人、常熟74人、揚州29人、江寧25人、無錫20人、昆山17人、吳江13人、武進13人、江陰8人、丹徒8人、其他38人）、山東84人、安徽64人、廣東59人、湖南54人、上海50人、滿族旗人52人、福建32人、湖北27人、江西26人、河北22人、北京21人、河南21人、四川15人、貴州15人、山西15人、雲南6人、陝西6人、遼寧5人、廣西5人、天津4人、甘肅2人、不詳者7人〔註6〕。

湖州歷代著名藏書家除陸心源外，尚有宋代葉夢得、陳振孫、周密，明代茅坤、姚翼，清代劉桐、丁杰、董聰等，茲列舉其犖犖大者如下：

（一）宋　代

藏書家如：葉夢得（字少蘊，號石林，居湖州，烏程人，聚書數萬卷）〔註7〕、陳振孫（浙江安吉人，藏書五萬一千一百八十餘卷，著有《直齋書錄解題》二十二卷）〔註8〕、周密（浙江吳興人，藏書四萬二千餘卷）〔註9〕。

（二）明　代

藏書家如：茅坤，字順普，號鹿門，湖州歸安人，明嘉靖戊戌進士，於書無所不讀，尤嗜史漢唐宋八大家，生平藏書甚富，其藏書樓為「白華樓」，凡數十間，至於充棟不能容〔註10〕。姚翼，歸安人，購屋數楹，貯書萬卷，有《玩畫齋藏書目錄》）

〔註5〕吳晗，《江浙藏書家史略》（臺北：文史哲出版社，民國71年），頁3～4。

〔註6〕鄭偉章，《文獻家通考》（下）（北京：中華書局，1999年），頁1762～1784。

〔註7〕鄭元慶錄，《吳興藏書錄》（臺北：世界書局，民國54年），頁15。

〔註8〕楊蔭深等著，《中國藏書家考略》（臺北：新文豐出版社，民國67年9月初版），頁96。

〔註9〕同上，頁50。

〔註10〕鄭元慶錄，《吳興藏書錄》（臺北：世界書局，民國54年），頁18。

〔註11〕，潘曾紘（烏程人）。

（三）清代乾嘉時期

藏書家如：劉桐（烏程人，曾收藏盧氏抱經堂、吳氏瓶花齋校讎精本散出之書，所收之富約達十餘萬卷。）〔註12〕、嚴元照（烏程人，未及弱冠即好藏書，藏書數萬卷，多宋元槧本，藏「芳椒堂」。）〔註13〕、董總（烏程人，家富嗜藏書）、丁杰（歸安人，少貧好學，與朱竹君、盧召弓、戴東原相交，學益進，聚書益多，所藏之書皆親手審定，博稽他本同異，著有《小西山房文集》。）〔註14〕、周中孚（烏程人，幼力於學，稍長見《四庫提要》，謂學之途徑在是，於是遍求諸史藝文志，考自漢迄唐存佚各書，以備蒐集古籍，其所撰《鄭堂讀書記》稿本後流入嘉業堂刊出七十一卷。）〔註15〕、蔣維基（湖州南潯人，與其弟蔣維培各聚書萬卷，藏書處稱儷籤館、茹古精舍、集古齋、匯英堂，著有《南潯蔣氏儷籤館藏書目》一冊）〔註16〕。

（四）清末民初

藏書家如：張鈞衡（吳興人，博雅好古，尤嗜宋元槧本，藏書甚富，著《適園藏書志》。）〔註17〕、潘祖蔭（吳縣人，喜收藏，收有宋元刻本，皆稀有之秘本，每睹一書，輒爲解題，因成《滂喜齋讀書記》。）〔註18〕、劉承幹（南潯人，因絲業致富，1924年興建嘉業堂藏書，佔地二千坪，藏書五十七萬卷，是歷史上最大的藏書樓，現已成為浙江圖書館在湖州南潯分館，筆者曾親訪該地，該藏書樓位於劉氏家廟小蓮庄旁。）

從上述可以得知湖州藏書風氣素來鼎盛，非但藏書家多且頗負盛名，陸心源除因藏書精良豐富而著稱外，更因其藏書全數流入東瀛而名噪一時，對中國藏書文化言，實爲一大遺憾。

二、陸心源藏書旨趣與來源

（一）藏書旨趣

1、愛書惜書

〔註11〕同上，頁58。
〔註12〕同上，頁124。
〔註13〕同上，頁148。
〔註14〕鄭元慶錄，《吳興藏書錄》（臺北：世界書局，民國54年），頁2。
〔註15〕鄭偉章著，《文獻家通考》（中）（北京：中華書局，1999年6月），頁621。
〔註16〕同上，頁830～831。
〔註17〕同上，頁86。
〔註18〕同上，頁127。

陸心源藏書興趣始自年少時，有志欲覽盡天下書，其鄉學時同學李宗蓮在〈皕宋樓藏書志序〉中云：

> 余少識潛園先生于鄉校，時先生方以博聞綴學雄諸生中，每試，爲使者爲之特設一榜，先生歉然不自足，志欲盡讀天下書……〔註19〕。

陸心源自幼嗜書如命，可見一般。嗜書外亦酷愛購書，志遇有秘籍，往往不吝重資，傾囊購得，甚或典當衣物以求易書，必得其書而後能安，故自爲諸生時，其蒐藏已不下萬卷之多。年二十五開始從官從戎，但對書之蒐藏絲毫未減，即使丁艱回鄉，歸裝中也有書百櫃，有人笑他迂腐，他卻夙好於此，及至自閩罷歸後，其求書之志愈勤。如李宗蓮於〈皕宋樓藏書志序〉中云：

> 余少識潛園先生於鄉校，時先生方以博聞綴學雄諸生中，每試，爲使者爲之特設一榜，先生歉然不自足，志欲盡讀天下書，偶見異書，傾囊必購。……後膺簡，特檢備兵南詔。余私揣南詔劇任，又值羽書旁午，當無讀書之暇矣。未幾，丁封公艱，歸裝有書百廛，人皆迂而笑之，余以爲先生夙好固在此，而歉然不自足，猶昔日也，復近鈔遠訪，維日孳孳，林居六年，有何假南面之樂。詔書在起，權總閩嶠，被搆罷歸，誓墓不出，而求書之志益勤，殆蘇長公所謂薄富貴而厚于書者耶，十餘年來，凡得書十五萬卷，而坊刻不與焉〔註20〕。

陸心源蒐藏古籍可謂生逢其時，適遇太平天國之軍擾攘東南地區，有利其蒐書之便。太平天國自道光三十年（1850）兵興廣西，至洪秀全自盡爲止，前後達十五年之久，戰火遍及十六省之廣，尤以江、浙兩省受害最爲嚴重，而江浙地區爲我國歷來私家藏書中心所在。由於江南擾攘，故私家藏書相繼散出，陸氏蒐羅藏書，適逢此時，得書亦以此時期爲最多。

2、嗜宋元舊槧

　　陸心源藏書酷愛宋元版本，此與清代學者考據之風有極大關係，且因明代刻書竄改之習尤盛，清代藏書家無不汲汲於宋元版書之搜集，並以宋元版書校勘明清刊本，因此陸心源常以收藏兩百本宋舊槧自詡。

　　陸氏所得珍貴宋元版書，主要是在太平軍直指江浙之際。當時上海郁松年「宜稼堂」藏書散出，其中約四萬八千餘冊精藏盡歸陸氏，其後又購得同縣嚴氏「芳椒堂」、劉氏「眠琴山館」、福州陳氏「帶經堂」、江都范荃、吳縣黃丕烈、周謝庵、杭

〔註19〕陸心源編，《皕宋樓藏書志‧續志》，臺北：廣文書局，民國57年），頁1。
〔註20〕陸心源編，《皕宋樓藏書志‧續志》，臺北：廣文書局，民國57年），頁1。

州二勞、歸安陽秋室、丁兆慶、德清許周生、烏鎮溫鐵華等諸家舊藏。十餘年獲書
達十五萬卷，建立「十萬卷樓」、「皕宋樓」、「守先閣」貯藏，其「皕宋樓」號稱藏
宋元版二百部，「十萬卷樓」藏明清秘刻及精抄精校；「守先閣」藏明清刊本及尋常
鈔帙，於光緒八年對外開放，公開借閱〔註21〕。

　　對於陸心源嗜宋元版本古籍，葉德輝極不以爲然，在《書林清話》中批評陸心
源侈宋刻，其文謂：

　　　　藏書固貴宋刊本以資校勘，而亦何必虛僞。如近人陸心源之以皕宋名
　　樓，自誇有宋本書二百也。然析《百川學海》之各種，強以單本名之，取
　　材亦似太易，況其中有明仿宋本，有明初刻似宋本，有誤元刻爲遼金本，
　　有宋板明南監印本，存眞去僞，合計不過十之二三，自欺欺人，毋乃不可
〔註22〕。

其實藏書偏好宋元刻之癖何祇陸心源一人，葉德輝還指出毛子晉、季滄葦、錢述古、
徐傳是、葉石君等皆爲嗜宋元版舊槧者，故在《書林清話》中亦云：

　　　　自錢牧齋、毛子晉先後提倡宋元舊刻，季滄葦、錢述古、徐傳是繼之，
　　流于乾嘉，古刻愈稀，嗜書者眾，零篇斷葉，寶若球琳，蓋已成爲一種漢
　　石柴窯，雖殘碑破器，有不惜重資以購者矣，昔曹溶序絳雲樓書目云：予
　　以后進事宗伯，而宗伯相待絕款曲，每及一書，能言舊刻若何，新板若何，
　　中間差幾何，驗之纖悉不爽。然太偏性，所收必宋元版，不取近人所刻及
　　鈔本，雖蘇子美、葉石林、三沈集等，以非舊刻不入目錄中，倦圃所言，
　　切中其病，先族祖石君公，癖性亦同，徐乾學作公傳云：所好書與世異，
　　每遇宋元鈔本，雖零缺單卷，必重購之，世所常行者勿貴也〔註23〕。

所以葉德輝指陸心源侈宋刻，係譏其誇大藏有宋版書二百本，而非反對陸心源的嗜
宋心態，因爲那位藏書家不嗜宋版書？

（二）藏書源流

　　陸心源藏書來源極多，且各家說法有些相異處，如徐楨基云：

　　　　心源之藏書，主要是大批購買原有藏書家不能自守時出賣之書。其中
　　最知名的是購郁松年宜稼堂藏書，爲此還與當時蘇松太道丁日昌發生搶購
　　爭執事，但現在看來，就宋元版講卻是平陽汪氏（汪士鐘等）藝芸書舍之

〔註21〕曹正文，《書香心怡：中國藏書文化》（上海市：上海古籍出版社，1994年第一版），
　　　　頁112。
〔註22〕葉德輝，《書林清話·書林餘話》（湖南：岳麓書社，1999年4月第一版），頁225。
〔註23〕同上，頁242。

書藏爲多（可能是郁藏汪氏書），此外，還收有歸安嚴元照芳椒堂、河南
周星詒勉熹堂、福建楊浚雪滄冠悔堂藏書。所藏書有不少原爲名藏書家所
收藏，如黃丕烈、張金吾、拜經樓吳騫、季振宜、毛晉、蔡廷楨等，此外
還收集到十餘部日本寺田望南之舊書〔註24〕。

王增清則云：

　　　　陸心源藏書有三分之一得自上海郁萬枝的宜稼堂，宜稼堂爲清道咸時
　　期崛起於滬上的著名藏書樓，他幾乎搜羅了汪士鐘的藝芸書舍、黃丕烈的
　　士禮居、周錫瓚的水月亭、袁廷檮的五研樓、顧抱沖的小讀書堆等名家藏
　　書，尤多宋元刊本和名人手抄手校本〔註25〕。

茲根據島田翰〈皕宋樓藏書源流考〉及李宗蓮〈皕宋樓藏書志序〉可歸納陸心源藏
書來源，並以獲書時機、取得方式、藏書主要來源，分別敘述之：

1、獲書時機

（1）動亂時期之蒐購

　　日人島田翰在〈皕宋樓藏書源流考〉中，分析陸心源藏書富甲東南，雄霸一時
之因，係因適逢兵燹而獲得大量古籍，其文謂：

　　　　方是時，受喪亂後，藏書之家不能守，大江南北，數百年沈薶於瑤臺
　　牛篋者，一時俱出〔註26〕。

（2）任官時勤於蒐藏

　　島田翰指出陸心源備兵南詔時，次權總閩鹺，饒於貲財，於是網羅墜簡，搜抉
緹帙，書賈奔赴，捆載無虛日，上至筍溪嚴氏芳椒堂、烏鎮劉氏暝琴山館、福州陳
氏帶經堂，下迄歸安韓子蘧、江都范石湖、黃蕘圃、仁和平甫季言二勞、長洲周謝
盦、歸安楊秋室、德清許周生、歸安丁兆慶、烏鎮溫鐵華、錢塘陳彥高等，有一無
二手稿草本，從飄零之後摭拾之，盡充插架，以資著作，素標緗帙，部居類彙，遂
爲江南之望矣〔註27〕。如陸心源所云：

　　　　……同治十年被命赴閩，公餘之暇，與祥符周季貺太守蒐訪遺書……
　　〔註28〕。

〔註24〕徐楨基，《潛園遺事》（上海：上海三聯書店，1996年6月第一刷），頁59。
〔註25〕王增清，〈藏書樓奇葩範文化史上悲劇：湖州皕宋樓盛衰記〉，《圖書館雜誌》第一期，
　　　　1999年），頁42。
〔註26〕島田翰撰，〈皕宋樓藏書源流考〉，《皕宋樓藏書志‧續志》，臺北：廣文書局，民國
　　　　57年），頁6。
〔註27〕同上。
〔註28〕陸心源編，《十萬卷樓叢書》初編，頁1。

又如李宗蓮在〈皕宋樓藏書志序〉中言：

> 後膺特簡備兵南韶，余私揣南韶劇任，又值羽書旁午，當無讀書之暇
> 矣，未幾，丁封公靈歸，裝有書百匱，人皆迂而笑之，余以爲先生夙好固
> 在此，而歉然不自足，猶昔日也〔註29〕。

島田翰亦云：

> 心源時備兵南韶，次權總閩齖，饒於財，於是網羅墜簡，搜抉緹帙，
> 書賈奔赴，捆載無虛日，上自苕溪嚴氏芳椒堂、烏鎮劉氏暝琴山館、福州
> 陳氏帶經堂，下迄歸安韓子蘧、江都范石湖、黃堯圃、仁和平甫季言二勞、
> 長洲周謝盦、歸安楊秋室、德清許周生、歸安丁兆慶、烏鎮溫鐵華及錢塘
> 陳彥高等，有一無二手稿草本，從飄零之後摭拾之，盡充插架，以資著作，
> 素標緗帙，部居類彙，遂爲江南之望矣〔註30〕。

雖然陸心源蒐尋宋本古籍甚爲積極，然於部分不易取得之書帙，亦時有無奈之憾，始終冀望有生之年得償宿願。是以，嘗云：

> 是書宋本不知所歸，夫物之顯晦有時，時之先後有數，安得一旦宋本
> 復出，以慰嗜古者之望，而快余之宿願也乎〔註31〕。

（3）藏書家

陸心源一生藏書十五萬卷以上，其中最珍貴之藏書爲宋元舊槧，主要得自蘇、浙、滬藏書舊家，可謂蒐集了江南藏書之精華。陸氏藏書來源甚多，論數量與品質最多且最佳者，爲同治初年得自上海郁松年「宜稼堂」散出之書。「宜稼堂」藏書之佳誠如葉昌熾的《藏書紀事詩》引〈師友淵源記〉所云：

> 松年饒於財，凡宋人典籍，有未刻或刻而版廢者，不惜重貲，以羅致
> 鄴架，吳門黃氏百宋一廛所藏，歸山堂汪閬源精藏，盡散出入滬矣〔註32〕。

島田翰亦云：

> 郁萬枝松年，善搜羅典籍，獲其郡先輩山塘汪閬源士鍾藝芸書舍所收
> 吳縣黃堯圃丕烈士禮居，及長洲周仲漣錫瓚水月亭、吳縣袁又愷廷檮五研
> 樓、元和顧抱沖之遝小讀書堆之藏，更以兼金購書於儀徵鹽商家，又稍討

〔註29〕陸心源編，《皕宋樓藏書志・續志》李宗蓮序文（臺北：廣文書局，民國57年），頁
　　　　1。

〔註30〕同上，島田翰撰，〈皕宋樓藏書源流考〉，頁6～7。

〔註31〕陸心源著，《儀顧堂集》（臺北：臺聯國風出版社，民國59年3月初版），卷六，頁
　　　　258。

〔註32〕島田翰撰，〈皕宋樓藏書源流考〉（陸心源編，《皕宋樓藏書志・續志》臺北：廣文書
　　　　局，民國57年），頁4。

致錢受之（謙益）、曹秋岳（溶）舊棄。諸老既稱東南之甲，而萬枝梯航訪求，窮老盡氣，叢書之親鈔，暴書之手校，不惜重貲，以羅置鄴架，用是江、浙數百里之間，簡籍不脛而走，雜然入滬瀆矣〔註33〕。

同治年間郁氏之書散出，陸氏購得四萬八千七百九十一冊，書價爲三千二百元。「宜稼堂」之藏書，幾乎囊括江、浙數百里間之珍貴版本，故陸心源獲得諸多郁松年散出之佳籍。

2、取得方式

（1）購自藏書家

陸心源購自藏書家之書甚多，如其藏書泰半得自郁松年，此外，亦不遺餘力蒐訪藏書家散出之書，凡聞訊必親訪之。其購自藏書家之例，如：〈毛抄天聖明道本國語跋〉云：

> 此書從絳雲樓北宋本影寫，原裝五本見《汲古閣秘本書目》，後歸潘稼堂太史，乾嘉間爲黃蕘圃所得，黃不能守，歸于汪士鐘，亂後歸金匱蔡廷相，余以番佛百枚得之〔註34〕。

所謂「番佛」是指西班牙銀元（當時稱本洋），其銀元上面有人像，番佛百枚價格不低。又：〈宋槧蜀大字本周禮跋〉云：

> 國朝爲蘇州倚樹吟軒楊偕時所藏，後歸黃氏百宋一廛，嘉慶甲戌蕘圃孝廉書得書緣起于後，乙亥孝廉校于嘉慶本上又跋于後，蕘圃身前其書已歸汪閬源，故有汪士鐘印。汪氏之書道光末散出，其精品多歸楊至堂河帥，其奇零有歸郁氏者，余從上海郁氏得之〔註35〕。

〈帶經堂陳氏書目書後〉云：

> 粵東歸田，本無出山之志，後聞陳氏藏書散出，多世間未有之本，遂奉檄一行，昔小山堂主人，聞陳一齋藏書散出，有閩中之行，余亦同此意也，及至閩，遍訪陳氏後人，僅得張清子《周易纂注》、金仁山《尚書注》、楊仲良《長編紀事本末》三書，餘皆不可得，其孫字星村者，亦略知書，詢以各種秘冊，則云最秘之本，其先人別儲一樓，爲蟲蝕盡，或者當在其中〔註36〕。

〔註33〕島田翰撰，〈皕宋樓藏書源流考〉，《皕宋樓藏書志‧續志》，臺北：廣文書局，民國57年），頁4。
〔註34〕陸心源著，《儀顧堂題跋》（臺北：廣文書局，民國57年），卷三，頁164～5。
〔註35〕陸心源著，《儀顧堂續跋》（臺北：廣文書局，民國57年3月），卷二，頁87。
〔註36〕陸心源著，《儀顧堂題跋》（臺北：廣文書局，民國57年），卷四，頁255～6。

〈元槧風科集驗名方跋〉載：

> 新刊風科集驗名方二十八卷……，四庫全書未收，阮文達亦未進呈，明以來藏書家惟錢遵王《讀書敏求記》著于錄，此本爲明孫雲翼舊藏，後歸同里蔣氏，余以重值得之，第七八兩卷抄補，九卷全缺，日本多藏中國古書，《經籍訪古志》所載福井榕亭藏本祇存五、六、十、二十、四四卷，此本僅缺一卷，誠海內外孤本也〔註37〕。

〈元槧禮記纂言跋〉云：

> 蓋先爲毛子晉所藏，分授其子表，表不能守，歸之泰興季振宜，道光中，歸于上海郁氏，余從郁氏得之，雕刊工整，字皆趙體，元刊之最精者〔註38〕。

（2）購自書肆

〈跋影宋抄寒山詩〉云：

> 寒山詩□卷，毛氏汲古閣影宋抄本，光緒五年以番板五枚得此書于吳市，蓋何心耘博士舊藏也〔註39〕。

又〈景泰本河汾諸老詩集跋〉云：

> 子晉藏書之富甲於國初，求之數年皆非完本，今去子晉時又兩百年矣。偶從書估船中購得此本，首尾完全，古香溢紙，古人云：「物聚於所好」，其信然歟〔註40〕！

（3）友人餽贈

〈春秋會義跋〉云：

> 江南藏書家無著錄者，庚寅春，張勤果約遊泰山，因訪孫佩南明府寶田于尚志書院，觀其藏書，得見此本，擬欲錄副以卒，卒南旋，未果。越三月，佩南錄以寄余，從此皕宋樓插架又多一北宋秘冊矣〔註41〕。

〈宋板愧郯錄跋〉亦云：

> 《愧郯錄》十五卷，每頁十八行，每行十七字，板心有字數及刊匠姓名，書中語涉宋帝皆空一格，……是書爲祥符周季貺太守所贈，卷中缺頁

〔註37〕同上，卷七，頁351～2。

〔註38〕陸心源著，《儀顧堂續跋》（臺北：廣文書局，民國57年3月），卷四，頁168。

〔註39〕陸心源著，《儀顧堂題跋》（臺北：廣文書局，民國57年），卷十，頁465。

〔註40〕陸心源著，《儀顧堂集》（臺北：臺聯國風出版社，民國59年3月初版），卷十九，頁864。

〔註41〕陸心源著，《儀顧堂續跋》（臺北：廣文書局，民國57年3月），卷二，頁108。

乃季貺子屺思抄補，周氏父子皆今之學者也，季貺名星貽，屺思名澧〔註42〕。

（4）與人交換

〈宋槧婺州九經跋〉云：

> 前有「樂善堂覽書畫記」白文長印，「怡府世寶」朱文方印，蓋本怡
> 賢親王收藏，同治初，爲潘文勤所得，光緒十年，文勤奉諱南旋，欲得余
> 所藏《周子燮兒觥遺書》，請效蘇米博易之舉，余拒之，文勤請益堅，《兒
> 觥》乃歸攀古廎，九經遂爲皕宋樓插架矣〔註43〕。

又〈重刊石林奏議〉云：

> 乾隆中開四庫館，未經採進，至黃氏《百宋一廛賦》出，世乃知孤本
> 之僅存，轉輾而爲仁和胡心耘所得，亂後歸於鄉先輩吳平齋太守，余以文
> 衡山、范石湖卷易得之〔註44〕。

3、購書經費

　　陸心源嗜好收藏古籍，如非家產豐厚，實難以聚書數十萬卷，然而島田翰於〈皕
宋樓藏書源流考〉一文中云其藏書以廉價獲之，實有欠公允：

> 而心源則捆載書於郁氏，當時所購去者，今案其目，總四萬八千餘冊，
> 三千二百元，況喪亂之餘，世家鉅室之藏，星散雲飛，等於廢紙，而心源
> 舉群有廉獲之，若元本《玉海》值五十元、汴刻《唐書》值三十二元、《天
> 水蒙古》且然，餘可知矣〔註45〕。

這是島田翰故意貶低陸心源藏書之語，根據陸心源在《儀顧堂續跋》「元刊元印玉海」
中云《玉海》一書係郁松年以六百金得書於揚州鹽商家，他又以善價取得該書：

> 先是道光中尚海郁泰豐茂才松年以六百金得書于揚州鹽商家，同治
> 初，豐潤丁雨生日昌開府江蘇，余過其官舍，出以相誇，並載入澹靜齋書
> 目，所稱墨光燭天者也，及余自閩中罷歸，有以郁氏書求售者，余閱其目，
> 是書在焉，因已善價得之，詢其何以仍歸郁氏之由，知雨生介紹應敏齋廉
> 訪至郁氏閱書目，自取架上宋元刊本五十餘種，令材官騎士擔負，而趙時
> 泰豐以故，家已中落，諸孫尚幼，率其孀婦追及于門，雨生不能奪取其卷

〔註42〕陸心源著，《儀顧堂集》（臺北：臺聯國風出版社，民國59年3月初版），卷二十，頁900～902。

〔註43〕陸心源著，《儀顧堂續跋》（臺北：廣文書局，民國57年3月），卷一，頁37。

〔註44〕陸心源著，《儀顧堂集》（臺北：臺聯國風出版社，民國59年3月初版），卷六，頁234。

〔註45〕島田翰，〈皕宋樓藏書源流考〉，（《皕宋樓藏書志‧續志》，臺北：廣文書局，民國57年），頁9。

帙，少者自置輿中，其卷帙多者，僅攜首帙而去，後經應敏齋調停，以宋刊世綵堂韓文程《大昌禹貢論》、《九朝編年》、《毛詩要義》、《儀禮要義》、金刊《地理新書》等十餘種爲贈，餘仍反璧，余始恍然〔註46〕。

至於陸心源以善價取該書，是否如島田翰所云值五十元，有待商榷。

另陸心源提到藏書中影宋鈔《寒山詩》，於光緒五年以番板五枚得此書於吳市、毛抄天聖明道本《國語》以番佛百枚得之，其書價均以洋銀記錄，係因十九世紀中葉鴉片戰爭後，外國人在中國廣設銀行，晚清外幣佔主導地位，中國貨幣處於附庸地位，尤以東南沿海地區爲甚，當時稱爲「番銀」或「花邊銀」，此洋銀係西班牙銀元，幣面上鑄有西班牙皇帝像，又稱「佛頭銀元」，直至一八五六年左右，鷹洋取代本洋，鷹洋即墨西哥銀元，一直到民國初年，與中國銀兩並行，儼然成爲中國主幣〔註47〕。所以，陸心源記錄其購書價格時多以洋銀爲單位。

有關陸心源購書金額，僅得片段資料，故尚未能明確了解購書總金額，容日後再繼續研究、發掘相關資料。

4、藏書主要來源

陸心源主要藏書來自郁松年，亦間接獲得藏書名家黃丕烈、周星詒、陳蘭麟、嚴元照、胡惠鏞、丁兆慶、吳騫、錢天樹、劉桐、楊秋室、許周生、溫鐵華、陳彥高等處，於戰亂時，摭拾珍貴手稿草本，同治年間，因丁父憂，歸里時，已藏書百箱，嗣後求書益勤，至光緒八年，藏書已達十五萬卷，而坊刻書尚未包括在內。

因此，陸心源藏書主要來源有以下數家：

（1）郁松年

郁松年（約 1845），字萬枝，號泰豐，上海人，好讀書，購藏書數十萬卷，手自校讎，凡宋人典籍，未有刻或刻而版廢者，不惜重資羅致鄴架，吳門黃氏百宋一廛所藏龜山塘汪閬源家，亦散佈流入其家，劉聲木云：上海郁氏藏書頗負盛名，而罕有知其藏書之所本者，大抵郁氏之書得自胡惠鏞，胡惠鏞又得於其舅平湖錢夢盧上舍天樹，錢係監生，收藏舊書金石書畫甚豐，爲浙西一路風雅盟主，中落後，其所珍藏大抵爲其婿胡惠鏞所得，由胡氏轉入上海郁氏。郁氏更以重金購書於儀征鹽商家，又稍討致錢受之，曹秋岳歸棄，梯航訪求，窮老盡氣，叢書之親抄，曝書之手校，均竭力訪求之，於是江浙數百里之間，簡籍不脛而走，又得周錫瓚水月亭、

〔註46〕陸心源著，《儀顧堂續跋》（臺北：廣文書局，民國 57 年 3 月），卷十一，頁 477～478。

〔註47〕千家駒、鄭彥棻合著，《中國貨幣史綱要》（上海：上海人民出版社，1987 年 2 月第二刷），頁 100～101。

頤之遠小讀書堆、袁廷檮五硯樓之藏，遂蔚成大觀。其藏書處爲宜稼堂，藏書印有
「郁印松年」白方、「泰豐見過」朱方、「泰豐審定」白方、「泰豐所藏善本」朱長方
等，著有《宜稼堂書目》一冊，道光二十年（1840）至二十二年刊《宜稼堂叢書》
共八函，四十八冊，十一種，皆宋元著作。同治初，郁氏歿，遺子尙幼，一門孤寡，
時上海令莫祥之爲取悅丁日昌，以觀書爲由，盡掠其善本之首冊而去，其後丁日昌
與陸心源發生爭購郁氏書之公案，故郁氏書散後堆歸於丁、陸兩家，丁日昌在《持
靜齋藏書紀要》中有註記，陸氏所得最多最精，達四萬八千七百九十一冊，島田翰
跋《宜稼堂書目》有云查各書於朱圈之下有一墨點者，俱歸陸存翁處，其他宋槧、
精鈔、各校善本，大半先爲豐潤丁禹生中丞於觀察蘇松太時豪奪而去，更有江寧候
補道洪觀察者，購獲善本亦夥，故郁氏之書散於丁、六、洪三家而已。即使外人獲
得一二，蓋由陸氏、洪氏輾轉得之耳〔註48〕。島田翰在〈皕宋樓藏書源流考〉中指
出陸心源藏書之宋本大半出自郁松年，其文云：

> 心源皕宋樓所收長編鉅冊，所稱曰明後佚書人間未經見，若蜀大字
> 本《左傳》、宋耿秉本《史記》、殘蜀大字本《漢書》及《後漢書》、宋一
> 經堂本《後漢書》、咸平單《吳志》及《三國志》、淳祐湖州大字本《通
> 鑑紀事本末》、宋八十卷本《讀史管見》、宋大字本《周益公大全集》、宋
> 端平劉炳本《宋朝文鑑》、蜀大字本《諸臣奏議》、宋本《歐公本末》、汴
> 都刻《小畜外集》、宋開禧本《三蘇文粹》，又若元至元慶元路本《玉海》、
> 《東京夢華錄》、元元統二十八卷本《歸田類稿》、至治嘉興學本《秋澗
> 先生大全集》、元四十三卷足本《金華先生集》、元西湖初刷本《國朝文
> 類》等類，皆郁氏舊物，載在《宜稼堂書目》者，其他宋元刻名人手校
> 手鈔而心源從宜稼堂所購去者，四萬八千七百九十一冊，是心源皕宋之
> 書，大半出於郁氏〔註49〕。

（2）吳　騫

吳騫（1751～1813），字槎客，號兔床，先世爲安徽休寧人，曾祖始徙浙江海
寧長平縣，生於雍正十一年，卒於嘉慶十八年，年八十一。吳騫於乾嘉年間與黃丕
烈、鮑廷博等交友。吳兔床於六十歲時曾云：吾家先世頗乏藏書，余生平酷嗜典籍，
幾寢饋以之，自束髮迄於衰老，置得書萬本，性復喜厚帙，記不下四五萬卷，分歸
大小二房者，不在此數，皆節衣縮食，竭生平之精力而致之者也，非特裝潢端整，

〔註48〕鄭偉章著，《文獻家通考》（中）（北京：中華書局，1999 年 6 月），頁 821～822。
〔註49〕島田翰撰，〈皕宋樓藏書源流考〉，（《皕宋樓藏書志・續志》，臺北：廣文書局，民國
　　　 57 年），頁 9～10。

且多以善本校勘，丹黃精審，非世俗藏書可比，至於宋元本、精抄，往往經名人學士鑑賞題跋，如杭董甫、盧抱經、錢辛眉、周松靄諸先生，鮑淥飲、周耕崖、朱巢飲、錢籜窗、陳簡庄、黃堯圃諸良友，均有題識，尤足寶貴，故於藏書之銘曰：寒可無衣，飢可無食，至於書不可一日失。此昔賢詒厥之名言，允可為拜經樓之雅率。管庭芬曾云兔床先生博綜好古，纂述宏富，值馬氏、查氏遺書散佈人間，先生偶得其殘帙，流連景慕，以寄其慨，後蒐討益勤，兼及吳門，武林諸藏書家，互相抄校，故所獲秘籍甚多。其拜經樓所藏精本極多，既有宋本二十一種，元本二十四種，乾隆六十年刊有《拜經樓書目》一冊；所刻有《拜經樓叢書》三十種，十八冊，世多寶之〔註50〕。

（3）嚴元照

嚴元照（1784～1817），字九能，浙江歸安湖州石家村人，十歲能為四體書，補諸生，為阮元、朱珪賞識，熟於《爾雅》〔註51〕，創「芳椒堂」，聚書數萬卷，多宋元槧本，其藏書處尚有畫扇齋、柯家山館。芳椒堂書散出後，一流入丁丙「八千卷樓」，今藏南京圖書館，一流入陸心源「皕宋樓」〔註52〕。

（4）錢天樹

錢天樹字子嘉，號夢廬，浙江平湖人，精鑑別，收藏書畫各數萬卷，幾與曝書亭、天籟閣相等，凡書畫碑碣以及鼎彝尊壺之屬，到眼真贗立判。張文虎曾說錢天樹是平湖名士，以嗜古好客貧其家。平日與黃丕烈、胡惠鏞、錢泰吉、張蓉鏡相善，往來借抄書籍甚多，《士禮居藏書題跋記》卷四記其家有宋刻書棚本《卻掃編》三卷，經宋代史浩、明代文徵明、清代徐傳學、季振宜等藏，真人間瑰寶。其藏書處曰「味夢軒」、「是耶樓」，藏印有「錢天樹印」、「味夢軒」、「仲嘉」、「夢廬借觀」等，其書散後盡歸富家馬氏，馬笏齋及馬瀛〔註53〕。

（5）胡惠鏞

胡惠鏞（約1832）即胡惠孚，浙江平湖人，錢天樹之婿，其書多得自其舅平湖錢夢廬上舍天樹，其藏書處為小重山館、四雨亭，藏書印有「胡惠孚蓬江氏珍藏書畫之印」朱長方、「蓬江鑑賞」朱方、「胡印惠孚」朱方及「胡蓬江」朱方等，《皕宋樓藏書志》有其南宋本《澤論說集錄》十卷，《靜嘉堂秘籍志》卷二十九有其舊鈔本

〔註50〕鄭偉章著，《文獻家通考》（上）（北京：中華書局，1999年6月），頁371～377。

〔註51〕趙爾巽等，《清史稿》（臺北：洪氏出版社，民國70年8月初版），卷482列傳269，頁13256。

〔註52〕鄭偉章著，《文獻家通考》（中）（北京：中華書局，1999年6月），頁713。

〔註53〕鄭偉章著，《文獻家通考》（中）（北京：中華書局，1999年6月），頁648。

《六帖補》。有《小重山館書目》六冊，陳祖望於《光緒平湖縣志》云：惠孚所購諸書，皆錢天樹過目，內寫本居十之六，餘多宋元精刻及國朝名人手校之冊。其書散後，歸上海宜稼堂郁松年〔註54〕。

（6）劉　桐

劉桐（1758～1803），字舜揮，浙江烏程人，居南潯鎮，生於乾隆二十三年，卒於嘉慶八年，年四十六。《南潯鎮志》載其銳志聚書，積至十餘萬卷，凡宋槧及精寫本，不惜兼金羅致，插架之富，自天一閣、瓶花齋而外，莫之及也。大江南北及浙東浙西知名好古之士，或扁舟過潯上，靡不題襟延接，出奇書以相欣賞。其藏書處曰「瞑琴山館」，或作「眠琴山館」，歿後其藏書散佚，施國祁謂其書為書賈售去，陸心源間接得之〔註55〕。

陸氏藏書既富，於是就其月河街居所，將樓上儲書室分為皕宋樓與十萬卷樓，另別於潛園之內建築守先閣，作為藏書之所，並接納好古之士，前來閣中讀書。據〈皕宋樓藏書源流考〉云：

> 各樓藏書內容重點，互有不同。皕宋樓專儲宋元舊槧；十萬卷樓專收明後秘刻，名人手校手鈔及近儒著述；守先閣則藏尋常刻本，間及鈔本之無異者〔註56〕。

〔註54〕同上，（中），頁785～786。

〔註55〕同上，（上），頁534。

〔註56〕島田翰撰，〈皕宋樓藏書源流考〉，（《皕宋樓藏書志‧續志》，臺北：廣文書局，民國57年），頁9～10。

圖十六：陸心源主要藏書來源及流布示意圖

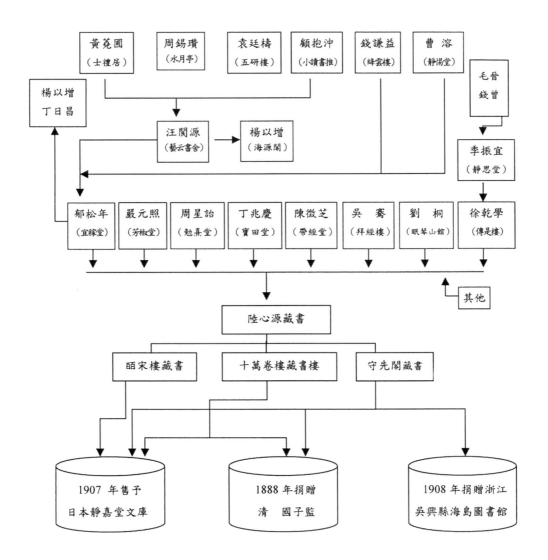

第二節　陸心源之主要藏書

　　陸心源先後將藏書分置三處，初置於「守先閣」，其後又收集不少宋元古本，乃闢「皕宋樓」，專藏宋元舊刻及明人手抄手校珍貴者，最後又藏書於「十萬卷樓」，收明後秘刻，名人手校及近儒著作。據李宗蓮在光緒八年所撰〈皕宋樓藏書志序〉所云：

　　　　其宋元刊及名人手鈔、手校者，儲之「皕宋樓」中。若「守先閣」

則皆明以後刊及尋常鈔帙，按四庫書目編序，而以近人著述之善者附益
之〔註57〕。

由此可知，光緒八年以前，陸氏並未有十萬卷樓之名，其藏書係置於「皕宋樓」與
「守先閣」兩處，分類儲存，後來則將一室分為二，分別以「皕宋」、「十萬」名之。
此亦即島田氏所云：「樓云閣云，皆假名誇人之具，有十室斯可付十名也」〔註58〕。
此事當屬陸氏四十五歲以後之事，時陸氏已返歸故里。茲依其成立先後及藏書特質
分述如下：

一、守先閣藏書（一般刻本）

（一）藏書特質

守先閣收藏一般圖書，藏書按《四庫全書》分類法部次類別，編號上架，可供
人閱覽，陸氏鑑於歷來藏書家所藏圖書難以久遠保存，於是奏請歸安太守，願將守
先閣藏書歸公，公開借閱，由此可見陸心源觀念開通，雖當時有些人批評其守先閣
藏書品質低劣，但陸氏此舉比一般藏書家秘守藏書有過人之處。

守先閣藏書除捐國子監者外，其餘書目於《靜嘉堂文庫漢籍分類目錄》及《靜
嘉堂文庫秘籍志》中均有著錄，茲不贅述。

（二）捐　書

1、捐書原因

光緒年間，國子監廣求書籍，陸心源乃選擇家藏之舊刻舊鈔，為近時版本所無
者，舊刻舊鈔計一百五十種，附加所刻叢書三百餘卷，於光緒十四年進書國子監，
捐書上黔有「光緒戊子湖州陸心源捐送國子監之書匵藏南學」、「前分巡廣東高廉道
歸安陸心源捐送國子監書籍」等朱記，此舉奉旨表揚，其子陸樹藩及陸樹屏均因之
而得到國子監學正銜，其父陸銘新誥封加級，陸心源則贈封為奉直大夫。有關捐書
一事，《清實錄》光緒十四年五月有載：

> 丙寅諭內閣瞿鴻機奏：在籍道員捐送書籍，開單呈覽，請旨嘉獎等語，
> 前廣東高廉道陸心源，因國子監廣求書籍，選擇家藏舊書一百五十種，計
> 二千四百餘卷，附以所刊叢書等三百餘卷，願行捐送到監，據稱陸心源自
> 解官後，刊校書籍，潛心著述，茲復慨捐群籍，洵屬稽古尚義，伊子廩生

〔註57〕陸心源編，《皕宋樓藏書志・續志》序（臺北：廣文書局，民國57年），頁2。
〔註58〕同上，島田翰撰，〈皕宋樓藏書源流考〉，頁8。

陸樹藩，附生陸樹屏，均著賞給國子監學正銜，以示嘉獎〔註59〕。

其好友俞樾亦盛讚此事，云：

> 光緒十有四年五月，詔書以浙江學政瞿鴻禨言，前任廣東高廉道陸心
> 源因國子監廣求書籍，選擇家藏舊書一百五十種，計二千四百餘卷，附以
> 所刻叢書三百餘卷，捐送到監，陸心源自辭官後，刊校古書，潛心著述，
> 茲復慨捐群籍，洵屬稽古尚義。伊子廩生陸樹藩，附生陸樹屏均著賞給國
> 子監學正銜，於是海內讚顯以爲浙東西巨堂大家以進呈書籍，天語褒獎
> 者，前有「天一閣」范氏，今有「皕宋樓」陸氏，後先輝映，儒臣榮遇無
> 踰於斯〔註60〕。

圖十七：陸心源捐國子監書印記兩種〔註61〕

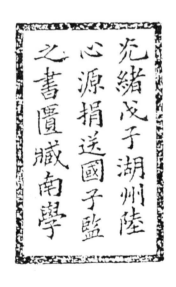

前分巡廣東
高廉道歸安
陸心源捐送
國子監書籍

2、史部捐書書目

陸心源藏書售予日本靜嘉堂文庫後，守先閣剩書則轉捐海島圖書館，其後又存藏於吳興圖書館，浙江圖書館古籍部現藏有其捐書完整書目，本文爲相較於皕宋樓藏書之史部，僅錄其捐書中史部書目，以了解陸心源藏書範圍及版本性質：〔註62〕

〔註59〕《大清德宗景〔光緒〕皇帝實錄》（《大清歷朝實錄》，臺北：臺灣華文書局，民國53年1月），頁2856。

〔註60〕〈全唐文拾遺序〉（陸心源輯，《潛園總集》光緒刊本，臺灣大學圖書館藏）。

〔註61〕林申清編，《中國藏書家印鑑》（上海市：上海書店，1997），頁215。

〔註62〕吳興圖書館編，《陸氏守先閣捐助書目》（2000.8.31取自浙江圖書館古籍部），頁9～22。

正史類：二十四史，共三千二百四十三卷

　　毛氏汲古閣《十七史》（原刻本）

　　《史記評林》（一百三十卷　明凌迪知原刻）

　　《漢書評林》（一百三十卷，明凌迪知原刻）

　　《三國志》（六十五卷，明萬曆馮夢禎刻本）

　　重刻聞人本《舊唐書》（揚州岑氏重校刻）

　　《新唐書》（二百二十五卷，毛氏汲古閣本）

　　《金史》（一百三十五卷，明嘉靖八年刻本）

　　單行本《史記索隱》（三十卷，汲古閣刻）

　　《五代史補》（宋陶岳，汲古閣刻）

　　《校刻史記札記》（五卷，金陵局刻）

　　《新斠注地理志集釋》（徐松集釋，十六卷，會稽章氏刻）

　　《漢書地理校注》（二卷，蕭山陳氏刻）

　　《漢書注校補》（五十卷，思益堂刻）、《後漢書注補》（同上）

　　《班馬字類》（宋婁機，五卷附補遺，仿宋本）

　　《新唐書宰相世系表訂譌》（沈炳震，十二卷，新校刊本）

　　《金史詳校》（施國祁，十卷，烏程汪氏刻）

　　《元史譯文證補》（三十卷，原刻）

　　《二十一史四譜》（沈炳震，五十四卷，武林吳氏重校本）

　　《十七史商榷》（王鳴盛，坊刻）

　　《歷代帝王歷祚攷》（明吳繼安，原刻）

　　《甲子會紀》（明薛應旂，五卷，原刻）

　　《紀元表》（萬亭蘭，一卷，原刻）

　　《歷代紀元編三卷歷代地理志韻編今釋》二十卷

　　《歷代沿革圖》一卷《附皇朝輿地韻編》二卷《輿圖》一卷（李兆洛，金陵刻）

　　《輿地沿革表》（楊丕復，四十卷，家刻）

　　《新五代史補注》（彭元瑞、劉鳳誥同撰，七十四卷，原刻，不全）

編年類：司馬通鑑之屬

　　《資治通鑑》（元胡三省，二百九十四卷附釋文辨誤十二卷，蘇局修補胡訪元本）

　　又明陳仁錫評本附目錄三十卷（蘇局修補胡訪元本）

　　《釋文辨誤》（十二卷，蘇局修補胡訪元本）

《宋元通鑑》（一百五十七卷，明薛應旂，舊刻）

《通鑑稽古錄》（二十卷附校勘記，蘇局刻）

《資治通鑑宋元本校勘記》（張瑛，七卷，蘇局刻）

編年類：別本紀年之屬

《御批通鑑輯覽》（乾隆朝敕撰，一百二十卷，舊刻）

《通鑑外紀》（宋劉恕，十卷目錄五卷，璜川書塾本；又胡克家補注，蘇局刻）

《漢紀》（漢荀悅，三十卷）

《後漢紀》（晉袁宏）《附字句異同攷》（蔣國祥，兩紀合刻）

《續資治通鑑長編》（宋李燾，浙局刻）

《續資治通鑑長編拾補》（張大昌輯注、浙局刻）

《續資治通鑑》（畢沅，二百二十卷，原板蘇局修刊）

《建炎以來繫年要錄》（宋李心傳，二百卷，仁壽蕭氏刻）

《明紀》（陳鶴，六十卷，蘇局刻）

《萬曆起居注》（無卷數，鈔本存十冊）

編年類：綱目之屬

《資治通鑑綱目》（凡例宋朱子餘、趙師淵，五十九卷）《續編》（明商輅，二十七卷，前編缺卷一至四上，明刻本）

《御批續資治通鑑綱目》（康熙朝，二十七卷，通行本）

編年類：紀事本末類

《通鑑紀事本末》（宋袁樞，四十二卷，通行本）

《宋史紀事本末》（明陳邦瞻，二十六卷，通行本）

《元史紀事本末》（同上）

《明史紀事本末》（谷應泰，通行本）

《西夏紀事本末》（張鑑，蘇局刻）、《聖武紀》（魏源，通行本）

古史類

《國語》韋昭注（二十一卷附札記一卷，武昌局刻）

《國語》三君注、輯存四卷

《國語發正》（二十一卷）

《國語攷異》（汪遠孫，自刻本）

《戰國策高誘注》（三十三卷，雅雨堂校本）

《越絕書》（漢袁康，通行本）

別史類

《後漢書》（不著撰人名氏，三十六卷，稿本，上海郁氏舊藏）

《東觀奏記》（唐裴庭裕，鈔本）

《契丹國志》（宋葉隆禮，鈔本，汲古閣舊藏）

《函史》上編（上編八十一卷下編二十一卷，明鄧元錫，乾隆時重刻）

《東華錄》（蔣良驥，坊刻）

雜史類

《南部新書》（宋錢易，舊刻，缺庚辛二卷）

《鑑誡錄》（宋吳光遠，鈔本）

《建炎以來朝野雜記》（宋李心傳，鈔本）

《保越錄》（元徐勉之，鈔本）

《夢梁錄》（宋吳自牧，舊鈔本）

《野獲編》（明沈德符，三十卷補疑四卷，廣東刻）

《春明夢餘錄》（孫承澤，古香齋本）

《小腆紀年》（徐鼒，二十卷，紀傳六十五卷）

《徐承禮紀傳補遺》（五卷，金陵刻）

《平定關隴紀略》（易孔昭等纂，十三卷，原刻）

《湘軍記》（王定安，二十卷，江南局刻）

《豫軍紀略》（尹耕雲等纂，十二卷）

《中西紀事》（不著撰人，二十四卷，原刻）

《夷氛聞記》（不著撰人，五卷，排印本）

傳記類

《闕里廣志》（二十四卷，宋際等重修本）

《孟志編略》（孫葆田，六卷，自刻）

《附圖烈女傳》（漢劉向，八卷，缺卷一至五，阮刻仿宋本）

《汪氏增輯烈女傳》（明汪，十六卷，明仇英繪圖，原刻，鮑氏知不足齋藏版
　　精印）

《廉吏傳》（明費樞，不分卷，明刻）

《宋明臣言行錄》（宋朱子、李幼武，七十五卷，洪氏仿宋本；又臨川桂氏補
　　刻本）

《國史賢良傳》（二卷）

《循吏傳》（一卷）

《儒林傳》（二卷）

《文苑傳》（二卷，刻本）

《貳臣傳》（十二卷）

《逆臣傳》（四卷，國史館撰，琉璃廠本）

《先正事略》（李元度，六十卷，通行本）

《文獻徵存錄》（錢林，原刻）

《鶴徵錄》（八卷）

《後錄》（十二卷，李富孫，原刻）

《詞科掌錄》（十七卷）

《餘話七卷》（杭世駿，原刻）

《己未詞科錄》（秦瀛，原刻）

《吳氏世德錄》（吳重熹輯，家刻）

《元和姓纂》（唐林寶、孫星衍輯，四卷，歙縣洪氏校刻）

《萬姓統譜》（明凌迪知，一百二十六卷，原刻）

《尚友錄》（明廖用賢，繙刻）

《史姓韻編》（汪輝祖輯，六十四卷，原刻）

《朱子年譜》四卷《攷異》四卷《附錄》二卷（王懋紘，原刻）

《山谷年譜》（宋黃䇿，坊刻）

《潘文恭公年譜》（潘世恩自訂，家刻）

《楊中議年譜》（楊炳自訂）

《附吹蘆小草詩》（一卷，家刻）

載記類

《華陽國志》（晉常璩，十二卷附錄一卷，顧校廖刻足本）

《十六國春秋》（舊題魏崔鴻，十六卷，缺二本，乾隆時刻本）

《宋西事案》（不著撰人、鈔本）

詔令奏議類

《石林奏議》（宋葉夢得，十五卷，歸安陸氏仿宋本）

《包孝肅奏議》（宋包拯，十卷，合肥李氏刻）

《林文忠公政書》（林則徐，三十七卷、家刻）

《胡文忠公遺集》（胡林翼，八十六卷，武昌局刻；又初刻本祇十卷）

《曾文正公奏議》（曾國藩，十卷，蘇州刻）

《劉中丞奏議》（劉蓉，二十卷，原刻）

《期不負齋政書》九卷附文集五卷（周家楣，家刻）

《水流雲在館奏議》二卷附詩錄六卷（宋晉，家刻）

《罪言存略》（郭嵩燾，一卷，鉛印）

《內閣撰擬文字》二卷（鮑康）二編二卷（徐士鑾）三編一卷（丁士彬，原刻）

《同治中興奏議約編》（陳弢，八卷）

地理類：總志之屬

《太平寰宇記》（宋樂史，一百九十三卷，鈔本）

《輿地紀勝》（宋王象之，二百卷，原闕三十二卷，南海武氏刻）

《廣輿記》（陸應陽原纂、蔡方炳增錄，二十四卷，原刻）

《地圖綜要》（吳學儼等編，三卷，原刻）

《大清一統志》（乾隆朝敕編，五百卷，闕浙省一套）

《大清一統輿圖》（胡林翼，三十二卷，湖北撫署刻）

《方輿紀要形勢論略》（顧祖禹，二卷，秀水杜氏刻）

《長江圖》（馬徵麟，十二卷，武昌局刻）

《江蘇輿圖》（三十二卷，同治七年刻）

《奉天省輿地圖說》（王志修，不分卷，原刻）

《廣東圖》（三冊，同治五年刻）

《天下郡國利病書》（顧炎武，一百二十卷，鈔本）

地理類：都會郡縣之屬

《剡錄》（宋高似孫，十卷，道光八年刻）

《齊乘》（元于欽，乾隆間周氏刻）

《浙江通志》（雍正時嵇曾筠等奉敕撰，二百八十卷）

《江西通志》（一百八十卷，光緒六年重刊本）

《湖州府志》（胡承謀，五十卷，乾隆四年刻）

《衢州府志》（四十卷，康熙庚寅年刻）

《溫州府志》（三十卷，同治四年修）

《揚州府志》（二十四卷，同治十三年修）

《盧州府志》（一百卷補遺一卷，光緒十一年修）

《烏程縣志》（汪曰楨，三十六卷，光緒七年修）

《歸安縣志》（陸心源，五十卷，光緒七年修）

《長興縣志》（三十二卷，光緒元年修）

《南潯鎮志》（汪曰楨，四十卷，咸豐九年刻）

《菱湖鎮志》（孫志熙，四十四卷，光緒十九年刻）

《鄞縣志》（七十五卷，光緒三年修）

《黃巖縣志》四十卷《詩文集》三十二卷（光緒三年修）

《玉環廳志》（十四卷，光緒六年修）

《上江兩縣志》（二十九卷，同治十三年修）

《華亭縣志》（二十四卷，光緒四年修）

《泰興縣志》（八卷，嘉慶十八年修）

《六合縣志》（八卷，光緒十年修）

《睢寧縣志》（十八卷，光緒十二年修）

《南陵縣志》（六卷，光緒二十五年修）

《泰順縣志》（十卷，雍正七年修）

《利津縣志》（十卷，光緒九年修）

《衡陽縣志》（十二卷，同治十三年修）

《武功縣志》（明康海，三卷，明刻）

《雩縣新志》（孫景烈，六卷，乾隆四十二年刻）

《日下舊聞》（朱彝尊，四十二卷，舊刻）

《太湖備攷》（金友瑾，十六卷，原刻）

《湖州科第表》（同治十一年刻）

《澳門紀略》（邱光任、張汝霖，二卷，重刻本）

地理類：水道河防邊防之屬

《水經注釋》四十卷刊誤十二卷（趙一清，原刻，又張氏華雨樓重刻本）

《東南水利略（凌介禧，蕊珠仙館原刻）

《西域水道記》（徐松，五卷，原刻）

《海塘新志》六卷續至四卷（刻本）

《防海新論》（西人希理哈，製造局刻）

地理類：山水古蹟之屬

《白鹿書院志》（廖文英，十六卷，康熙癸丑刻；又周兆蘭，十九卷，乾隆六
十年重刻）

《西湖志》（四十八卷，雍正九年刻）

《吳山伍公廟志》（杭世駿等纂，六卷，新刻本）

《西湖夢尋》（張岱，五卷，新刻）

《焦山志》（王豫，二十卷，道光三年修）

《普陀山志》（許璟，二十卷，乾隆間刻）

《廬山志》（毛德琦，十五卷，同治十二年修）

《武夷山志》（董天工，道光時修）

《黃鵠山志》（胡鳳丹，十二卷，自刻）

《慧山記》（明邵寶，四卷續三卷，同治七年刻）

《莫愁湖志》（馬士圖，六卷，重刻本）

地理類：游記之屬

《西樵游覽記》（十四卷，原刻）

地理類：外紀之屬

《海國圖志》（魏源，一百卷，重刻定本）

《海道圖說》十五卷附長江圖說三卷（西人金約翰譯，製造局刻）

《四裔編年表》（西人林樂知，四卷，精刻大本）

《得一齋雜著四種》（黃懋材，重刻本）

《西輶日記》

《遊歷芻言》

《印度箚記》

《西徼水道》

《道西齋日記》（王詠霓，石印大本）

《雲海東游記》（江慕泂，欽印本）

《萬國公法》（美丁韙良譯，四卷，京都崇實館刻）

《美國聯邦志略》（美裨治文，排印本）

《英國志》（英慕維廉譯，上海墨海書院刻）

《重定法國志略》（王韜輯，二十四卷，鉛印本）

《法國律例》（同文館西教習等譯，四十六卷，排印大本）

《法蘭西志》（日本高橋二郎譯，六卷，原印本）

政書類：總載之屬

《大清通禮》（乾隆朝敕修，五十卷，原刻）

《清三通》（乾隆朝敕撰，五百二十六）

《內通典闕》（卷九十八至一百，浙局刻）

《文獻通考詳節》（嚴虞惇，原刻）

《吾學錄初編》（吳榮光，蘇局刻）

《考古類編》（柴虎炳，舊刻）

《石渠餘紀》（王慶雲，六卷，家刻）

《經世文編》（賀長齡、魏源編，原刻）

政書類：專編之屬

《從政遺規摘錄》（陳宏謀，二卷，浙江藩屬刻）

《汪龍莊遺書四種》（汪輝祖，吳氏望三益齋刻）

《實政錄》（呂坤，七卷，浙江書局刻）

《籌濟編》（楊景仁輯，三十二卷，重刻本）

《學仕錄》（戴肇良，十六卷，自刻）

《治浙成規》（八卷，乾隆三十五年至道光四年刻本）

《頤情齋聞過輯》（宗源瀚，十二卷闕第二卷，原刻）

《錢穀備要》（汪蔭庭，十卷，袖珍本）

《戶部則例》（一百卷，同至四年刻）

《增修現行常例》（同治五年刻）

《撫郡農產考略》（何綱德，二卷，鉛印）

《程安德賦考》（凌介禧，二卷，同治七年刻）

《重修兩浙鹽法志》（嘉慶六年阮元等纂，三十卷）

《兩浙鹽法續纂備攷》（十二卷，同治十二年楊昌濬等纂）

《淮南鹽法紀略》（十卷，同治十二年龐際雲等編）

《浙江海運全案重編》（蔣益禮等纂，二十卷，糧署刻）

《原富》（嚴復譯，八卷，鉛印）

《文廟祀典考》（龐鍾璐等編，五十卷，原刻）

《文廟禮器圖式》一冊（孔繼汾編，重刻本）

《右文掌錄》一冊（宗源瀚，自刻）

《國朝謚法考》（鮑康集，五卷）

《併澼百金方》（吳功桂，十四卷，通行本）

《心略》（施永圖，六卷，舊刻）、《天文》一卷

《地利》一卷

《火攻》一卷

《讀史兵略》（胡林翼，四十六卷，原刻）

《外國師船表》八卷雜說三卷圖一卷（許景澄，石印）

《管子》（二十四卷，金陵局影宋本）

《大清律例彙便覽》（四十二卷，湖北讞局輯刻）

《洗冤錄輯證四卷附作吏要言》（一卷，朱墨本）

《爽鳩要錄》（蔣超伯，二卷，自刻）

目錄類

《四庫全書總目提要》（乾隆朝敕撰，二百卷，廣東小字本）

《天祿琳琅書目》（乾隆朝敕編，十卷，舊鈔本）

《永樂大典目錄》（明姚廣孝等纂，六十卷，靈石楊氏刻）

《隋經籍志考證》（章宗源，十二卷，武昌局刻）

《楹書隅錄》（聊城楊紹和，五卷續四卷，家刻）

《金山錢氏家刻書目》（錢培孫，十卷，家刻）

《開卷有益齋讀書志》六卷《金石記》一卷《續志》一卷（朱緒曾，金陵翁氏
　刻）

《經籍訪古志》（日人纂，七卷，排印本）

金石類

《寶刻類編》（宋闕名，八卷，諸城劉氏刻）

《寰宇訪碑錄》（孫星衍、邢澍，十二卷，蘇局刻）

《金石萃編》（王昶，一百六十卷，繙刻）

《金石萃編補略》（王言，二卷，自刻）

《兩漢金石記》（翁方綱，二十二卷，原刻）

《考古圖》（呂大臨，十卷）

《宣和博古圖》（宋王黼，三十卷）

《古玉圖》（朱潤德，二卷，明萬曆間刻）

《金石苑》（劉喜海，自刻本）

《隨軒金石文字》（徐渭仁，自刻本）

《吉金志》（李光庭，四卷，原刻）

《金石契》（張燕昌，五卷，原刻）

《古塼圖釋》（陸心源，三十卷，石印大本）

《古誌石華》（黃本驥，三十卷，三長物齋本）

《金石存》（十五卷，錦州李氏校本）

《漢石例》（劉寶楠，六卷，原刻）

史鈔類

《通鑑總類》（宋沈樞，二十卷，元刻）

《二十一史約編》（劉寶楠，原刻）

史論類

《歷代史論》（明張溥，二十二卷，江西刻本）。

史評類

《史通》（唐劉知幾，二十卷，明刻）

《史糾》（明朱明鎬，十五卷，桐華館刻本）

《文史通義》（八卷）

《校讎通義》（三卷，章學誠，原刻）

《唐史論斷》（宋孫甫，三卷，舊鈔本）

《六朝通鑑博議》（宋李燾，十卷，舊鈔本）

《明鑑》（嘉慶朝敕撰，二十四卷，武昌局繙殿本）

二、十萬卷樓藏書

十萬卷樓藏書主要收藏明後秘刻、明人手抄、近儒著述。《十萬卷樓藏書書目》亦於《靜嘉堂文庫漢籍分類目錄》及《靜嘉堂文庫秘籍志》均有著錄，茲列舉史部諸書如下：〔註63〕

正史類

《史記》（明嘉靖刊本兩種）

《史記索隱》（寫本）

《讀史記十表》（清汪越撰，徐克范補）

《史記志疑》（清梁玉繩撰，清刊）

《史記疏證》（清沈欽韓撰，寫本）

《漢書音義》（寫本）

《班馬異同》（明嘉靖刊）

《經進後漢書年表》（盧文弨寫本）

《兩漢刊誤補遺》（清武英殿本）

《三國志旁證》（清梁章鉅撰，清道光本）

《晉書》（元刊明修本）

《東晉南北輿地表》（清徐文范撰，寫本）

《宋書》（宋刊明修本）

《南齊書》（宋刊明修本）

〔註63〕靜嘉堂文庫編，《靜嘉堂文庫漢籍分類目錄》（臺北：進學出版社，民國58.6），頁1～417。

《梁書》（宋刊明修本）

《魏書》（宋刊明修本）

《北齊書》（宋刊明修本）

《後周書》（宋刊明修本）

《隋書》（元大德刊）

《南史》（元大德刊）

《北史》（元大德刊）

《南北史表》（清周嘉猷撰，清乾隆刊）

《舊唐書》（明嘉靖刊）

《新舊唐書互證》（清趙紹祖撰，清嘉慶刊）

《舊五代史》（寫本）

《五代史記》（明刊本）

《遼史拾遺》（清厲鶚撰，寫本）

《金史詳校》（清施國祁撰，寫本）

《元史》（明洪武二刊）

《元史本證》（清汪輝祖撰，清嘉慶七刊）

《欽定遼金元三史國語解》（清乾隆中敕撰，寫本）

《二十四史》（清刊殿板）

編年類

《竹書紀年辨證》（清董豐垣撰，寫本）

《漢紀》（明正德刊）

《前後漢紀》（清康熙刊）

《西漢年紀》（清刊）

《元經薛氏傳》（明刊）

《通曆》（寫本）

《資治通鑑考異》（明嘉靖刊）

《通鑑釋例》（寫本）

《通鑑補證彙鈔》（清道光刊）

《通鑑注商》（清嘉慶刊）

《資治通鑑外紀》（明刊）

《通鑑外紀注補》（清胡克家撰，寫本）

《稽古錄》（明弘治刊）

《皇王大紀》（明萬曆刊）

《中興小紀》（寫本）

《續資治通鑑長編》（寫本）

《皇朝編年備要》（影宋寫本）

《皇宋十朝綱要》（影宋寫本）

《續宋中興編年資治通鑑》（寫本）

《靖康要錄》（寫本）

《中興兩朝編年綱目》（影宋寫本）

《宋季三朝政要》（元至正刊）

雜史類

《國語》（明弘治刊）

《鮑氏國策》（明嘉靖刊）

《貞觀政要》（明初刊、明成化刊）

《奉天錄》（清道光刊）

《五代史闕文》（寫本）

《采石瓜洲斃亮記》（寫本）

《建炎復辟記》（寫本）

《中興禦侮錄》（寫本）

《太平治蹟統領前集》（寫本）

《辛巳泣斬錄》（寫本）

《南渡錄》（寫本）

《金國南遷錄》（寫本）

《皇元聖武親征記》（寫本）

《汝南遺事》（寫本）

《錢塘遺事》（清嘉慶刊）

《弇山堂別集》（明萬曆刊）

《皇明從信錄》（明萬曆刊）

《皇明通紀集要》（明刊）

《明季甲乙兩年事略》（清刊）

《三朝遼事實錄》（明崇禎刊）

《欽定蒙古源流》（清乾隆中敕譯）

《明初群雄事略》（清錢謙益撰，寫本）

《皇明四朝成仁錄》（寫本）

《三垣筆記》（寫本）

《南疆逸史》（清溫睿臨撰，寫本）

《南疆逸史拔》（寫本）

《庭聞錄》（清劉健撰，寫本）

《撫膺錄》（寫本）

《從�串安壤錄》（寫本）

《定陵注略》（寫本）

《聖朝遺事》（寫本）

《海甸野史》（寫本）

詔令奏議類

《兩漢詔令》（寫本）

《唐大詔令集》（寫本）

《宋大詔令集》（寫本）

《梁公九諫》（寫本）

《范文正公政府奏議》（明嘉靖刊）

《孝肅奏議》（明嘉靖刊、明刊）

《盡言集》（明龍慶刊、寫本）

《讜論集》（寫本）

《宋左史呂午公諫章》（寫本）

《太師王端毅公奏議》（寫本）

《馬端肅公奏議》（寫本）

《關中奏議鈔》（清刊）

《玉坡先生奏議》（清光緒刊）

《桂州夏文愍公奏議》（清刊）

《訥溪奏疏》（寫本）

《譚襄敏公奏議》（明刊）

《周忠愍公奏議》（明刊）

《嶺海焚餘》（寫本）

《凌忠介公奏議》（清咸豐四刊）

《張襄公奏疏》（清刊）

《歷代名臣奏議》（明永樂刊）

《吾徵錄》（寫本）

傳記類

《孔子編年》（清嘉慶刊）

《孔氏祖庭廣記》（影寫本）

《孔氏家譜》（寫本）

《漢丞相諸葛忠武侯傳》（影寫本）

《諸葛武侯書》（明萬曆刊）

《陶靖節年譜》（寫本）

《雲韜堂紹陶錄》（寫本）

《魏鄭公諫錄》（明正德刊）

《杜工部年譜》（清道光刊）

《韓柳年譜》（清刊）

《朱子年譜》（清刊）

《金陀粹編》（元刊）

《象臺首末》（寫本）

《朱少師傳志》（清刊）

《顧亭林年譜》（清刊）

《趙清獻年譜》（清雍正刊）

《閻潛丘年譜》（清道光刊）

《劉向古列女傳》（明嘉靖刊）

《古列女傳》（清嘉慶刊）

《列女傳補注》（清嘉慶刊）

《古今列女傳》（寫本）

《雍錄》（明嘉靖刊）

《高士傳》（明嘉靖刊）

《逸民史》（明萬曆刊）

《紹興十八年同年小錄》（寫本）

《寶祐四年登科錄》（寫本）

《宋名臣言行錄》（明初刊）

《元朝名臣事略》（清刊）

《皇明名臣琬琰錄》（明嘉靖刊）

《續滿漢名臣傳》（寫本）

《伊洛淵源錄》（元刊）

《閩中理學淵源考》（寫本）

《元儒考略》（寫本）

《殿閣詞林記》（明刊）

《東林列傳》（清康熙刊）

《東林朋黨錄》（寫本）

《襄陽耆舊傳》（寫本）

《敬鄉錄》（寫本）

《廬陵九賢事實始末》（寫本）

《宋遺民廣錄》（寫本）

《草莽私乘》（寫本）

《忠貞錄》（寫本）

《欽定聖朝殉節諸臣錄》（清嘉慶刊）

《保越錄》（寫本）

《僞齊錄》（寫本）

史鈔類

《兩漢博聞》（明嘉靖刊）

《漢雋》（明嘉靖刊）

《南北史識小錄》（寫本）

載記類

《越絕書》（明刊）

《華陽國志》（明嘉靖刊）

《鄴中記》（清刊）

《十六國春秋》（明萬曆刊）

《蠻書》（寫本）

《釣磯立談》（寫本）

《九國志》（寫本）

《江南野史》（寫本）

《三楚新錄》（清刊）

《蜀檮杌》（寫本）

《南唐書》（明嘉靖刊、明刊）

《馬陸合刻南唐書》（清刊）

《裔夷謀夏錄》（寫本）

《安南志略》（寫本）

《後梁春秋》（寫本）

《十國春秋》（清乾隆刊）

地理類

《三輔黃圖》（明弘治刊）

《元和郡縣圖志》（寫本）

《元和郡縣志》（清刊）

《元和郡縣補志》（清乾隆刊）

《元豐九域志》（清刊）

《輿地廣記》（清嘉慶刊）

《輿地紀勝》（寫本）

《欽定滿州源流考》（寫本）

《吳郡志》（寫本）

《水經注》（清武英殿本及寫本）

《吳中水利書》（清刊）

《吳中水利全書》（明崇禎刊）

《治河圖略》（清刊）

《浙西水利書》（明弘治刊）

《河防一覽》（明萬曆刊）

《敬止集》（明萬曆刊本）

《欽定河源紀略》（清紀昀、陸錫熊等奉敕撰，清乾隆本）

《治河奏績書》（清靳輔撰，寫本）

《直隸河渠志》（清陳儀撰，寫本）

《太湖備考》（清金友理撰，清乾隆十五刊本）

《水道提綱》（清齊召南撰，武英殿本）

《海塘錄》（清翟均廉撰，寫本）

《籌海圖編》（明嘉靖刊本）

《鄭開陽雜著》（清康熙三六刊）

《邊防議》（寫本）

《南嶽小錄》（寫本）

《南嶽總勝集》（清嘉慶本）

《金華赤松山志》（寫本）

《仙都志》（寫本）

《西湖遊覽志》（明萬曆刊）

《西湖志纂》（清梁詩正等撰，清乾隆刊）

《桂勝》（寫本）

《欽定盤山志》（清蔣溥奉敕撰，清乾隆刊）

《吳地紀》（寫本）

《長安志》（影元寫本）

《雍錄》（明嘉靖刊）

《汴京遺蹟志》（寫本）

《江城名蹟》（清陳宏緒撰，寫本）

《石柱記箋釋》（清武英殿本）

《關中勝蹟圖志》（清畢沅撰，清乾隆刊）

《荊楚歲時記》（寫本）

《桂林風土記》（寫本）

《嶺表錄異》（清武英殿本）

《東京夢華錄》（寫本）

《六朝事蹟編類》（寫本）

《會稽三賦》（明初刊）

《中吳紀聞》（清刊）

《桂海虞衡志》（寫本）

《莆陽比事》（明刊）

《益部談資》（寫本）

《菰成文獻考》（寫本）

《鄢陵文獻志》（清同治刊）

《顏山雜記》（清康熙刊）

《臺海使槎錄》（清乾隆刊）

《使遼語錄》（寫本）

《遼東行都志》（寫本）

《長春眞人西遊記》（寫本）

《遊志續編》（寫本）

《徐霞客遊記》（清嘉慶刊）

《島夷志略》（寫本）

《星槎勝覽》（寫本）

《咸賓錄》（寫本）

《赤雅》（清道光刊）

《皇清職貢圖》（清乾隆刊）

《中山傳信錄》（清徐葆光編，清康熙刊）

《琉球國志略》（清周煌撰，清武英殿本）

《藩部要略》（清祁韻士撰，清道光刊）

《蒙古遊牧記》（清張穆撰，清同治刊）

《欽定新疆事略》（清徐松撰，清道光刊）

職官類

《大唐六典》（明正德刊）

《麟臺故事》（清武英殿本、寫本）

《翰苑群書》（盧文弨手校本）

《南宋館閣錄》（寫本）

《中興館閣錄》（寫本）

《宋宰輔編年錄》（明萬曆刊）

《祕書志》（寫本）

《土官底簿》（寫本）

《御製人臣敬心錄》（清刊）

政書類

《西漢會要》（清武英殿本）

《東漢會要》（清武英殿本）

《唐會要》（清刊本、寫本）

《五代會要》（清刊本、寫本）

《宋朝事實》（清武英殿本）

《建炎以來朝野雜記》（清武英殿本）

《太平寶訓政事紀年》（寫本）

《通典》（元刊補寫、清光緒刊本）

《通典詳節》（元刊）

《文獻通考》（清乾隆刊）

《大元典章》（寫本）

《漢官儀》（寫本）

《大唐開元禮》（寫本）

《大唐郊祀錄》（寫本）

《太常因革禮》（寫本）

《政和五禮新儀》（寫本）

《慶元條法事類》（寫本）

《大金集禮》（寫本）

《大金德運圖說》（寫本）

《廟學典禮》（寫本）

《萬壽盛典》（清康熙中敕撰，清康熙刊）

《欽定皇朝禮器圖式》（清乾隆中敕撰，清乾隆刊）

《元海運記》（寫本）

《錢通》（明刊）

《馬政記》（寫本）

《八旗掌故》（寫本）

《唐律疏義》（影元寫本）

目錄類

《隋書經籍志考證》（清章宗源撰，寫本）

《宋崇文總目》（明寫本）

《祕書省續編到四庫闕書目》（寫本）

《江蘇採輯遺書目錄》（寫本）

《遂初堂書目》（清勞季言校，寫本）

《范氏天一閣藏書總目》（清嘉慶十三刊）

《千頃堂書目》（寫本）

《百川書志》（寫本）

《恬裕齋藏書目錄》（寫本）

《直齋書錄解題》（清武英殿本）

《經義考》（清朱彝尊撰，清乾隆刊）

《宋元舊本書經眼錄》（清刊）

金石類

《金石錄》（寫本）

《絳帖平》（清武英殿本）

《石刻鋪敘》（寫本）

《蘭亭考》（寫本）

《寶刻叢編》（寫本）

《輿地碑記目》（寫本）

《名蹟錄》（寫本）

《歷代帝王法帖釋文考異》（明刊本）

《欽定淳化閣帖釋文》（清刊本）

《淳化祕閣法帖考正》（清王澍撰，清刊）

《求古錄》（寫本）

《關妙齋金石文考略》（清李光英撰，清雍正刊）

《分隸偶存》（清萬經撰，清道光刊）

《虛舟竹雲題跋》（清王澍撰，清乾隆刊）

《授堂金石文字續跋》（清武億撰，清嘉慶本）

《隋軒金石文字》（清徐渭仁撰，清道光刊）

《粵東金石略》（清翁方綱撰，清刊）

《京畿金石考》（清孫星衍撰，寫本）

《越中金石志》（清杜春生撰，清刊）

《濬縣金石志》（清熊象階撰，清刊）

《志桂金石略》（清江重華撰，清刊本）

《益都金石記》（清段松苓撰，清光緒刊）

《海東金石存考》（清劉喜海編，寫本）

史評類

《史通》（寫本）

《史通通釋》（清蒲起龍撰，清光緒刊）

《唐鑑》（明弘治刊）

《唐書直筆》（寫本）

《通鑑問疑》（寫本）

《經幄管見》（寫本）

《皇朝大事記講義》（影宋寫本）

《舊聞證誤》（寫本）

《小學史斷》（明刊）

《歷代名賢確論》（明弘治刊）

《歷代通略》（明刊）

《十七史纂古今通要》（影寫元本）

《學史》（明嘉靖刊）

《遊志續編》（寫本）

三、皕宋樓藏書

皕宋樓藏書以宋元舊槧爲主，是陸心源藏書的精華，清末江南地區無出其右者，其後因所有卷帙均售予日本靜嘉堂文庫而名噪一時，爲進一步了解皕宋樓藏書性質，僅將藏書來源、版本、流布分析於下：

（一）藏書來源

明清有五百多位藏書家，且彼此間存在著藏書淵源相承之關係，即所謂「藏書鏈」〔註64〕，古籍之聚散總是在藏書家手中輾轉流傳，所以藏書源流之考訂是書林掌故及清代私家藏書志撰寫特色之一，陸心源的藏書志即充分顯示其藏書來源之記載，根據藏書之藏書印、跋文、手記等著錄其藏書來源，在書志中著錄古籍共有一千一百一十一部，其中來自明清收藏家者四百一十三部，佔皕宋樓藏書的二分之一，其餘均未著錄藏書來源者佔多數。茲依據《皕宋樓藏書志》所著錄各書來源，統計來自各藏書家之數量，其概況如表三，然爲尊重藏書志原始資料，本統計表僅於藏書來源下方簡要敘述各藏書家本名、字號、藏書室等，並於備註欄中著錄陸心源宋元刊本數量，以了解藏書家、藏書室與皕宋樓宋元槧本之間的關係：

表三：《皕宋樓藏書志》藏書來源一覽表

序號	藏　書　來　源	經部	史部	子部	集部	合計	備　　註
1	黃蕘圃 士禮居 黃丕烈，字紹武，號蕘圃，藏書室爲「士禮居」「百宋一廛」。	1 1	7 0	7 0	8 1	23 2	宋刊 7， 元刊 2
2	毛子晉 汲古閣 毛晉，字子晉，藏書室「汲古閣」。	0 2	0 3	1 3	0 15	1 23	宋刊 4， 元刊 4

〔註64〕嚴佐之，《近三百年古籍目錄舉要》（上海：華東師範大學出版社，1993 年），頁 4。

							備註
3	鮑以文	0	1	2	6	9	
	鮑淥飲	0	1	1	4	6	
	知不足齋	0	1	1	4	6	
	鮑廷博，字以文，號淥飲，清桐鄉縣人，其藏書處為「知不足齋」。						
4	朱竹垞	3	4	2	8	17	宋刊1
	曝書亭	0	2	0	1	3	
	朱彝尊，號竹垞，藏書室「曝書亭」。						
5	馬笏齋	3	3	4	3	13	元刊2
	馬玉堂	1	0	1	2	4	
	馬玉堂，字笏齋，清海鹽人						
6	季滄葦	5	0	1	8	14	宋刊4，元刊6
	季振宜，號滄葦，藏書室「靜思堂」。						
7	張月霄	3	4	3	3	13	宋刊2，元刊4
	張金吾，字慎旃，別字月霄，清江蘇常熟人，以「愛日精廬」藏書聞名。						
8	吳兔床	1	2	2	1	6	宋刊1，元刊2
	拜經樓	0	0	1	2	3	
	吳葵里	0	0	0	1	1	
	吳槎客	1	0	0	0	1	
	吳騫，字槎客，一字葵里，號兔床，清代人，「拜經樓」係其藏書處。						
9	葉石君	0	1	4	5	10	元刊1
	葉樹廉，字石君，清吳縣人						
10	徐興公	0	0	2	7	9	元刊2
	徐幔亭	0	1	0	0	1	元刊1
	徐燉，其藏書印有「幔亭峰長」、「晉安徐興公家藏書」。						

11	吳尺鳧 繡谷亭 瓶花齋 吳焯，字尺寬，號繡谷，清錢塘人，以「瓶花齋」、「繡谷亭」藏書聞名。	0 0 0	0 0 0	3 1 0	5 0 1	8 1 1	
12	錢遵王 述古堂 錢曾，字遵王，號也是翁，清常熟人，所居為「述古堂」。	3 1	0 0	1 1	1 2	5 4	宋刊 1
13	璜川吳氏 吳銓，字容齋，清長洲人，其書屋曰璜川。	0	2	1	6	9	元刊 1
14	曹倦圃 曹溶，字潔躬，又字秋岳，號倦圃，「惕靜堂」係其藏書處。	0	0	1	7	8	
15	汪啓淑 汪啟淑，字秀峰，號訒庵，清歙縣人，顏其廳事曰「飛鴻堂」。	2	0	0	5	7	
16	王蓮涇 王聞遠，字聲宏，號蓮涇，清蘇州人。	0	0	1	6	7	宋刊 1
17	文衡山 玉蘭堂 文徵明，別號衡山，明長洲人，玉蘭堂、梅溪經舍等為其藏書處。	1 0	1 0	1 0	1 1	4 1	宋刊 2， 元刊 1 元刊 1
18	盛百二 盛百二，字秦川，號柚堂，清浙江秀水人，春草堂、柚堂係其藏書處。	0	0	0	4	4	
19	丁月河	1	1	1	1	4	

序號	藏書家						備註
20	吳枚庵 古歡堂 吳翊鳳，字伊仲，號枚庵，古歡堂主人，清吳縣人。	0 0	0 1	1 0	3 0	4 1	
21	朱臥庵 朱之赤，字臥庵，清蘇州人。	1	0	2	1	4	宋刊3
22	五硯樓 袁壽階 袁廷檮，字又愷，又字壽階，清吳縣人，其「五研樓」儲書萬卷。	1 1	1 1	1 0	1 0	4 2	宋刊4
23	勞季言 勞格，字季言，其藏書處為丹鉛精舍。	0	2	2	0	4	
24	周松靄 周春，字芚兮，號松靄，清海寧人。	3	1	0	0	4	元刊1
25	謝在杭 小草齋 謝肇淛，字在杭，明長樂人，藏書處為「小草齋」。	1 0	0 0	1 0	1 1	3 1	宋刊1
26	周九松 周良金，《楹書隅錄》載「宋本後漢書有毘陵周氏九松迂叟藏書記，周良金印。」明毘陵人。	2	0	0	1	3	宋刊3
27	傳是樓 徐建庵 徐乾學，字原一，號健庵，清江蘇人，「傳是樓」係其藏書處。	0 0	0 0	1 0	2 1	3 1	宋刊1
28	王述庵 王昶，字德甫，號述庵，清江南清浦人。	1	2	0	0	3	宋刊1，元刊1
29	吳方山 吳岫，字方山，明吳縣人。	0	1	2	0	3	

30	錢竹汀 錢大昕，字曉徵，號竹汀，清江蘇嘉定人，藏書處有「十駕齋」、「潛研堂」。	0	3	0	0	3	
31	菉竹堂 葉盛，字與中，號蛻庵，明崑山人，其藏書處稱「菉竹堂」。	0	2	1	0	3	宋刊1
32	錢求赤 錢孫保，字求赤，清常熟人，書藏「懷古堂」。	0	0	0	3	3	
33	沈辯之 沈與文，字辯之，明吳縣人。	0	0	0	2	2	宋刊1
34	丁月湖 丁寶書，號月湖，浙江湖洲人，室名「月河精舍」。	0	0	0	2	2	
35	鄭氏注韓居 鄭杰，字昌英，號注韓居士，清福建人，藏書處為「注韓居」。	1	0	0	1	2	
36	稽瑞樓 陳揆，字子準，清常熟人，其藏書樓為「稽瑞樓」。	0	0	0	2	2	元刊1
37	葉林宗 葉奕，字林宗，清人。	0	0	0	2	2	
38	孫淵如 孫星衍，字淵如，清江蘇人，「平津館」為藏書處。	0	1	0	1	2	宋刊1
39	章紫伯 章綬銜，字紫伯，又字子𤩽，浙江歸安人，藏書為「磨兒堅室」、「翼詵堂」。	0	1	0	1	2	
40	惠紅豆 惠士奇，字天牧，人稱「紅豆先生」，清江蘇人，惠棟之父。	0	1	0	1	2	

41	汪喜孫 汪喜筍，初名喜孫，字孟慈，汪中之子，清江蘇揚洲人，藏書處為「問禮堂」、「歲寒室」等。	0	0	1	1	2	
42	陳仲魚 陳鱣，字仲魚，清海寧人。	0	0	1	1	2	
43	文瑞樓 金檀，字星軺，清桐鄉人，築「文瑞樓」藏書。	0	0	0	2	2	
44	顧嗣立 秀野草堂 顧嗣立，字俠君，清長洲人，藏書於「秀野草堂」。	0 0	0 0	0 1	2 0	2 1	
45	池北書庫 王士禎，字貽上，號阮亭，清新城人，「池北書庫」為其聚書處。	0	0	0	2	2	
46	朱文石 朱之韶，字象元，號文石，明上海人，藏書室為「文圃」、「橫經閣」。	0	0	1	1	2	宋刊1
47	查初白 查嗣璉，字夏重，號他山，後更名查慎行，字梅余，號初白，別署悔庵、初白庵主人，清海寧人。	0	0	0	2	2	
48	惠定宇 惠棟，號松霭，世稱定宇先生，藏書處為「百歲堂」。	0	1	0	1	2	
49	千頃堂 黃虞稷，字俞邰，著「千頃堂書目」	1	0	0	1	2	

50	馬寒中 紅藥山房 馬思贊，字寒中，號南樓，清海寧人，儲書處稱「道古樓」、「紅藥山房」。	0 0	0 0	1 0	1 1	2 1	
51	袁忠徹 袁忠徹，字公達，明鄞人。	0	2	0	0	2	宋刊2
52	凌麗生 凌淦，字麗生，一字礵生，其藏書章有「吳江凌氏藏書」、「凌淦字麗生一字礵生」。	0	2	0	0	2	元刊1
53	小山堂 趙昱，字功千，號谷林，清仁和人，藏書於「小山堂」。	1	1	0	0	2	
54	懸罄室 錢谷，字叔寶，明吳縣人，晚年讀書懸罄，聞有異書，雖病必起，藏書印有「懸罄室」、「錢谷印」等。	0	2	0	0	2	元刊1
55	丁秋水	1	0	1	0	2	
56	趙凡夫 趙宦光，字凡夫，明吳縣人，構「小宛堂」藏書。	1	0	1	0	2	元刊1
57	何義門 何焯，字屺瞻，清長洲人，學者稱「義門先生」。	0	0	2	0	2	
58	秦酉岩 秦四麟，字季公，明常熟人，別號「酉岩山人」。	0	0	2	0	2	
59	陳白陽 陳道復，字復甫，別號「白陽山人」明代人。	0	1	1	0	2	宋刊2
60	澹生堂 祁承㸁，字爾光，明紹興人，其藏書處稱「澹生堂」。	0	1	0	1	2	

61	王弇州 王世貞，字元美，明太倉人，人稱「弇州山人」。	0	0	0	1	1	
62	王敬美 王世懋，字敬美。	0	0	0	1	1	宋刊1
63	張敦仁 張敦仁，號古愚，清山西陽城人，築「與古樓」藏書。	0	0	0	1	1	宋刊1
64	文伯仁 文伯仁，字德承，號五峰，為文徵明從子。	0	0	0	1	1	
65	勞巽卿 燕喜樓 勞權，字巽卿，與其弟勞格專攻群史，時有「二勞」之稱。	0 1	0 0	0 0	0 0	1 1	宋刊1
66	朱未英	0	0	0	1	1	
67	席玉照 席鑑，字玉照，清常熟人。	0	0	0	1	1	
68	項墨林 天籟閣 項元汴，字子京，號墨林，明秀水人。	0 1	0 0	0 2	1 0	1 3	宋刊 1，元刊1
69	毛豹孫	0	0	0	1	1	
70	顧千里 顧廣圻，字千里，號澗蘋，清元和人，喜校書。	0	0	0	1	1	
71	陳韜菴 陳蘭鄰 陳徵芝，字蘭鄰，號韜庵，清福建人，藏書處為「帶經堂」、「陶坊」等。	0 0	0 0	0 0	1 1	1 1	

72	笪江上 笪重光 笪重光，又名笪江上，有藏書章「笪印重光」、「江上」、「江上外史」。	0 0	0 1	0 0	1 0	1 1	
73	劉疏甫	0	0	0	1	1	
74	張揚園	0	0	0	1	1	
75	孫文靖	0	0	0	1	1	
76	楊文儆	0	0	0	1	1	宋刊 1
77	周亮工 因樹樓 周亮工，字元亮，清大梁人，「歡古堂」、「因樹屋」為藏書處。	0 0	0 0	0 0	1 1	1 1	
78	陸潤之 陸時化，字潤之，清太倉人。	0	0	0	1	1	
79	沈椒園 沈廷芳，字畹叔，號椒園，清浙江杭州人，藏書於「隱拙齋」。	0	0	0	1	1	
80	曹棟亭 曹寅，字子清，號棟亭，清奉天人，書藏「棟亭」。	0	0	0	1	1	
81	顧王霖	0	0	1	0	1	
82	金孝章 金俊明，字孝章，明蘇州人，書齋為「春草閒房」。	0	0	0	1	1	
83	厲樊榭 厲鶚，字太鴻，號樊榭，清錢塘人，藏書於「樊榭山房」。	0	0	0	1	1	
84	曹彬候 曹炎，字彬侯，清常熟人。	0	0	0	1	1	
85	王煙客 王時敏，字遜之，號煙客，江南太倉人。	0	0	0	1	1	

86	世學樓 鈕石溪，明會稽人，藏書於「世學樓」。	0	0	0	1	1	宋刊 1
87	安樂堂 弘曉，清聖祖第十三子怡賢親王允祥之子，別署冰玉主人，「樂善堂」、「安樂堂」為其藏書處。	0	0	0	1	1	
88	林吉人 林佶，字吉人，號鹿原，清侯官人，藏書於「樸學齋」。	0	0	0	1	1	
89	顧起元	0	0	0	1	1	
90	孔氏玉虹樓 孔繼涵，字體生，號洪谷，清曲阜人，「玉虹樓」為藏書室。	0	0	0	1	1	
91	楊夢羽萬卷樓 楊儀，字夢羽，明海虞人，聚書於「萬卷樓」，書齋為「七檜山房」。	0	0	0	1	1	
92	紀文達	0	0	0	1	1	
93	任濬	0	1	0	0	1	宋刊 1
94	汪氏傳書樓	0	1	0	0	1	宋刊 1
95	李安詩克齋	0	1	0	0	1	宋刊 1
96	抱經堂 盧抱經 盧文弨，字紹弓，號功父，清餘姚人，貯書處稱「抱經堂」。	0 0	1 0	0 0	0 2	1 2	
97	元靜江路儒學	0	1	0	0	1	宋刊 1
98	徐虹亭 徐釚，字電發，號虹亭，江蘇人，藏書處為「南州草堂」、「松風書屋」。	0	1	0	0	1	宋刊 1
99	孫慶增 孫從添，字慶增，號石芝，清常熟人，「上善堂」為聚書處。	0	1	0	0	1	宋刊 1

100	陸敕先 陸敕先，字貽芬，號儼庵。江蘇常熟人。	0	1	0	0	1	宋刊 1， 元刊 1
101	張　雋 張雋，字非仲，清吳縣人。	1	0	0	0	1	
102	洪稚存 洪亮吉，字君直，一字稚存。	0	1	0	0	1	
103	丁小疋 丁杰，字升衢，號小山，又號小疋，清浙江歸安人，著有《小酉山房文集》。	0	1	0	0	1	
104	王西庄 王鳴盛，字鳳喈，又號西庄，清浙江嘉定人。	0	1	0	0	1	
106	溫陵張氏	0	1	0	0	1	
107	張文貞	0	1	0	0	1	元刊 1
108	顧亭林 顧炎武，字忠清，清順治二年更名亭林，藏書印有「顧炎武印」、「亭林」。	0	1	0	0	1	
109	顧元慶 顧元慶，字大有，明長洲人，室名「大石山房」。	0	1	0	0	1	元刊 1
110	汪季青 汪柯庭 汪文伯，字季青，其藏書室為「摛藻之堂」，藏書印有「柯庭汪文柏」、「柯庭鑑定」等。	0 0	1 0	0 0	0 1	1 1	
111	翁覃谿 翁方綱，字正三，號覃谿，清順天人，「寶書齋」為其藏書室。	0	1	0	0	1	
112	趙素門 趙典，字素門，浙江錢塘人。	1	0	0	0	1	

113	秦文恭 秦蕙田，字樹峰，清無錫人，晚號味經，藏書室「味經書屋」，謚文恭。	1	0	0	0	1	
114	建安楊文敏公	1	0	0	0	1	
115	平江貝氏 貝墉，字既勤，號簡香，藏書室為「千墨庵」，藏書印有「平江貝氏文苑」、「貝枚」、「平江貝大」等。	1	0	0	0	1	
116	梁上佐	1	0	0	0	1	
117	呂氏	1	0	0	0	1	
118	錢氏	0	0	1	0	1	
119	孫馮翼 孫馮翼，字鳳埔，奉天承德人，藏書處為問經堂、萬卷堂。	0	0	1	0	1	宋刊 1，元刊1
120	高瑞南 高濂，字深甫，號瑞南，築山滿樓收藏古今書籍。	0	0	1	0	1	宋刊1
121	吳太初	0	0	1	0	1	
122	柳大中 柳僉，字大中，明代人。	0	0	1	0	1	
123	鄭、埜	0	0	1	0	1	元刊1
124	胡心耘 胡珽，字心耘，清仁和人。	0	0	1	0	1	
125	豐對樓	0	0	1	0	1	
126	陳眉公 陳繼儒，字仲醇，明代人，藏書處為「寶賢堂」，著有《眉公全集》。	0	0	1	0	1	
127	恬裕齋 瞿紹基，字厚培，江蘇常熟人，藏書處為「恬裕齋」。	0	0	1	0	1	，元刊1

128	焦里堂 焦循，字里堂，清江都人，藏書處「雕菰樓」。	0	0	1	0	1	
129	嚴豹人 嚴蔚，字豹人，清江蘇吳江人。	0	0	1	0	1	
130	錢謙益 錢謙益，字受之，清常熟人，曾建「拂水山房」藏書，又建「絳雲樓」儲書，未幾，燬於火。	0	0	1	0	1	
131	文淵閣	0	0	1	1	2	宋刊2
132	文瀾閣	0	0	1	0	1	
133	嚴　嵩 嚴嵩，字惟中，明分宜人。	0	0	1	0	1	
134	陸香圃 陸芝榮，字香圃，清蕭山人。	0	0	1	0	1	
135	謙牧堂 納蘭揆敘，字愷功，原名德容，號惟實居士，清滿洲人，藏書處為「謙牧堂」、「益戒堂」，藏書印有「謙牧藏書記」等。	0	0	1	0	1	
136	半舫齋	0	0	1	0	1	
137	何夢華 何元錫，字夢華，清錢塘人。	0	0	1	0	1	
138	宋禮部官書	0	0	1	0	1	宋刊1
	合　　計	53	75	71	214	413	

備註：凡藏書家姓名、別號及藏書室、堂、樓，屬同一人則記錄於同一欄。

　　由上表顯示陸心源藏書概況如下：

1、陸心源藏書來源非常多，然陸心源藏書來源著錄體例不一，部分藏書家之本名、字號及藏書室名分開著錄，其著錄方式係依藏書章，例如：

（1）《皕志》分別著錄「鮑淥飲舊藏」、「鮑以文舊藏」及「知不足齋舊藏」，實則鮑淥飲、鮑以文為同一人，且其室名為「知不足齋」。

（2）《皕志》分別著錄「袁壽階舊藏」及「五硯樓舊藏」，五硯樓即袁壽階室名。

（3）《皕志》分別著錄「黃蕘圃舊藏」及「士禮居舊藏」，士禮居即黃蕘圃室名。

（4）《皕志》分別著錄「顧嗣立舊藏」及「秀野草堂舊藏」，秀野草堂即顧嗣立之堂名。

（5）《皕志》分別著錄「毛子晉舊藏」及「汲古閣舊藏」，汲古閣即毛子晉藏書處。

（6）《皕志》分別著錄「錢遵王舊藏」及「述古堂舊藏」，述古堂乃錢遵王（錢曾）室名。

（7）《皕志》分別著錄「吳兔床舊藏」、「吳槎客舊藏」、「吳葵里舊藏」及「拜經樓舊藏」，實則吳兔床（吳騫）、吳槎客及吳葵里為同一人，且其藏書室稱拜經樓。

（8）《皕志》分別著錄「朱竹垞舊藏」及「曝書亭舊藏」，朱竹垞即朱彝尊，其藏書處為曝書亭。

（9）《皕志》分別著錄「吳尺鳧舊藏」及「繡谷亭舊藏」、「瓶花齋舊藏」，瓶花齋即吳尺鳧（吳焯）室名，而繡谷亭為其所構築之園亭。

（10）《皕志》分別著錄「馬玉堂舊藏」及「馬笏齋舊藏」，馬玉堂即為馬笏齋。

（11）《皕志》分別著錄「徐健庵舊藏」及「傳是樓舊藏」，傳是樓即徐健庵（徐乾學）之藏書樓。

2、依上表藏書量統計，陸心源藏書得自明清各收藏家者達四百一十三部，藏書家達一百三十七人，如將藏書家及其藏書室名合併統計之，陸心源藏書中來源較多者依次為：為黃蕘圃（士禮居）二十五部、毛子晉（汲古閣）二十四部、朱竹垞（曝書亭）二十部、鮑淥飲（鮑以文、知不足齋）二十一部、馬笏齋（馬玉堂）十七部、季滄葦十四部、張月霄十三部、吳兔床（吳槎客、吳葵里、拜經樓）十一部、葉石君十部、吳尺鳧（繡谷亭、瓶花齋）十部、徐興公九部、曹倦圃八部、汪啓淑七部、王蓮涇七部、袁壽階（五硯樓）六部，錢遵王五部，顧嗣立（秀野草堂）、丁月河、文衡山、吳枚庵、朱臥庵、勞季言、周松靄各四部，謝在杭、周九松、王述庵、吳方山、錢竹汀、茶竹堂、天籟閣各三部，沈辯之、文瑞樓、丁月湖、鄭氏注韓居、稽瑞樓、葉林宗、孫淵如、惠紅豆、知不足齋、馬寒中、袁忠徹、凌麗生、小山堂、錢馨室、丁秋水、趙凡夫、何義門、秦酉巖、陳白陽各二部，餘皆一部，而藏書志中未著錄藏書來源者佔全書二分之一。

又以四部（經、史、子、集）數量分別計之，則經部來自季滄葦者最多，計五部，其次馬笏齋四部，張月霄、朱竹垞、周松靄各三部；史部則來自黃蕘圃最多，計七部，其次為馬笏齋五部，張月霄四部；子部來自黃蕘圃最多七部，其次為馬笏齋五部，葉石君及吳尺鳧四部；集部來自汲古閣最多，計十四部，其次是，黃蕘圃及朱竹垞九部，季滄葦八部，鮑以文七部，吳尺鳧六部，馬笏齋五部，吳

兔床四部。

3、陸心源蒐藏古籍特嗜宋元槧本，爲了解其皕宋樓宋元版本藏書來源，筆者從《皕宋樓藏書志》中所著錄之宋元版本及藏書來源兩相對照，並依宋元版數量依序排列，以明皕宋樓珍貴古籍之來源概況：

（1）季滄葦舊藏

　　皕宋樓藏書宋刊元本間接得自季滄葦（振宜）舊藏者最多。上表顯示，皕宋樓藏書來源中，得自季滄葦藏書十四部，其中宋元版書佔十部，爲所有藏書來源之冠，足證季滄葦藏書品質之佳。季振宜（1630～1677？），字詵兮，號滄葦，清揚州泰興人。順治丁亥進士，受蘭谿令，歷刑戶兩曹，擢御史。家本豪富，江南顧家之書多歸之，精本最富。有《季滄葦書目》、《靜詩堂詩集》。滄葦書目，載宋元版刻以致鈔本幾於無所漏略，〈述古堂書目序〉有云：「舉家藏宋刻之重複者，折閱售之泰興季氏。」是季氏書半出錢氏，而古書書目較諸錢氏所記更詳。藏書印有吾道在滄州朱記，又有桂下史方印，又有「得之千載外正賴古人書」十字長印，又有宋本橢圓印〔註65〕。以下謹列陸心源得自季滄葦之宋元版書目供參考：

　　《三蘇先生文粹》（七十卷　宋蜀大字本）

　　《纂圖互助禮記》（二十卷，禮記舉要一卷　宋刊宋印本）

　　《毛詩舉要圖》（一卷　宋刊本）

　　《金壺記》（三卷　宋刊本）

　　《蒼崖先生金石例》（十卷　元至正刊本）

　　《秋澗先生大全文集》（百卷一　元刊元印本）

　　《吳禮部文集》（二十卷　元刊本）

　　《古文苑》（二十一卷　元刊本）

　　《禮書》（一百五十卷　元刊本）

　　《四書纂疏》（二十六卷　元刊元印本）

（2）黃蕘圃舊藏（含士禮居）

　　表三顯示，皕宋樓藏書二十五部得自黃蕘圃舊藏，其中宋版七部、元版二部，僅次於季滄葦，其中《吳志》版本極佳，日本將之列爲重要文化財。黃丕烈（1763～1825），字紹武，號蕘圃，清吳縣人。乾隆戊申舉人，喜藏書，每獲一書必親自讎校，研索求是，或延聘專家相助，如顧廣圻、夏文燾等都曾爲其西賓。一書遇有殘

〔註65〕楊蔭深等著，《中國藏書家考略》（臺北：新文豐出版社，民國 67 年 9 月初版），頁128。

缺，必覓本鈔補，破損者不吝修補。嘗購得宋刻百餘種，顧純言其室曰「百宋一廛」，顧千里爲之賦，復得虞山毛氏藏北宋本陶詩，繼又得南宋本湯氏注陶詩，不勝喜，又名其居爲「陶陶室」。刊《士禮居叢書》，爲收藏家所重，其藏書後爲汪士鐘、楊以增所得。乾、嘉之際，東南藏書家以士禮居爲大宗，光緒間，潘祖蔭爲刻《士禮居題跋記》六卷，江標又刻《蕘翁年譜》，訪百宋遺文者，以此爲淵藪。著有《百宋一廛賦注》、《求古居書目》、《百宋一廛書目》、《續百宋一廛書目》、《所見古書錄》、《元明藏書家小傳》、《書史精華》、《蕘言》、《卯須集》、《士禮居藏書題跋記》等書〔註66〕。道光五年（1825）八月卒，年六十三。陸心源得自黃堯圃之宋元版書目如下：

《史記》（殘本九十九卷　宋淳熙耿秉刊）

《吳志》（二十卷　宋咸平刊本）

《石林奏議》（十五卷　宋開禧刊本）

《會稽三賦》（三卷　宋刊本）

《孫眞人千金方》（三十卷　宋刊配元明刊本）

《春秋經傳集解》（三十卷　宋相臺岳氏配明覆本）

《陸宣公奏議》（殘本二卷　宋刊細字本）

《新編翰林珠》（五六卷　元刊元印本）

《陳眾仲文集》（十卷　元刊本）

（3）毛子晉舊藏（含汲古閣）

　　䶖宋樓藏書得自汲古閣舊藏計共二十四部，其中宋版四部，元版四部。汲古閣爲毛子晉印書之所，毛晉初名鳳苞，晚年更名晉，字子晉，生於明萬曆二十六年，卒於清順治十六年，性嗜卷軸，湖州書舶雲集於門，當地人有句話；「三百六十行生意，不如鬻書於毛氏。」積書達八萬四千冊，於宋元刊本之精者，以宋本元本橢圓式印別之，又以甲子印黔其首，購汲古閣及目耕樓庋藏，多以「汲古閣」名義刊行，其中以《十三經注疏》、《十七史》、《六十種曲》、《文選李善注》、《漢魏六朝百三家集》、《津逮秘書》最爲有名，流布天下，所藏善本後歸季振宜，再轉徐乾學，書版亦流散各處，陸心源則大部分得自季振宜〔註67〕。

《東萊先生分門詩律武庫前集》（十五卷後集十五卷　宋刊本）

《新刻指南錄》（四卷　宋刊本）

《王荊公唐百家詩選》（殘本十一卷　宋刊本）

〔註66〕楊蔭深等著，《中國藏書家考略》（臺北：新文豐出版社，民國 67 年 9 月初版），頁259。

〔註67〕同上，頁 35～36。

《書小史》（十卷 宋刊本）

《小戴記纂言》（三十六卷 元刊元印本）

《書蔡氏傳纂疏》（六卷 元泰定刊本）

《伊川擊壤集》（二十卷 元刊本）

《白虎通德論》（十卷 元刊大字本）

（4）張月霄舊藏

　　皕宋樓藏書得自張月霄舊藏十三部，其中宋版三部、元版四部。張金吾（1787
～1829），字愼旃，別字月霄，清昭文人，年二十二，補博士弟子員，即棄去，篤志
儲書，合先人舊有都八萬餘卷，編成《愛日精廬藏書志》四十卷，與同里陳揆善，
嘗刊行《詒經堂續經解》，都一千四百三十六卷，《金文最》一百二十卷，即《續資
治通鑑長編》等書，撰書至二百餘卷〔註68〕。

《漢書》（一百二十卷 宋刊元修本）

《後漢書》（一百二十卷 宋刊元修本）

《遼史》（一百十六卷 元人抄本）

《六書統溯源》（十三卷 元刊本）

《新刊惠氏御藥院方》（二十四卷 元至元刊本）

（5）文衡山舊藏

　　皕宋樓藏書得自文衡山舊藏四部，其中宋版一部、元版二部。文衡山即文徵明
（1470～1559），明長州人，初名璧，以字行，別號衡山，幼不慧，稍長，穎異挺發，
學文於吳寬，學書於李應禎，學畫於沈周，與祝允明、唐寅相切蹉，名日益著，卒
於嘉靖三十八年，年九十〔註69〕，築室於舍之東，曰玉磬山房，其藏印甚多，有江
左二字長方印，停雲圓印，即玉蘭堂、翠竹齋、梅華屋、梅溪精舍、煙條館、悟言
室、惟庚寅吾以降諸印，著有《浦田集》〔註70〕。

《陳書》（三十六卷 宋刊宋印本）

《夷堅志》（甲志二十卷 乙志二十卷 丙志二十卷 丁志二十卷 宋刊本）

《說文解字篆韻譜》（五卷 元刊本）

〔註68〕楊蔭深等著，《中國藏書家考略》（臺北：新文豐出版社，民國 67 年 9 月初版），頁
　　　　197～198。

〔註69〕（清）張廷玉《明史》（臺北：洪氏出版社，民國 64 年 11 月），卷 287 列傳 175，頁
　　　　7361～7362。

〔註70〕楊蔭深等著，《中國藏書家考略》（臺北：新文豐出版社，民國 67 年 9 月初版），頁
　　　　34。

（6）吳兔床舊藏（含吳槎客、吳葵里、拜經樓）

　　皕宋樓藏書得自吳兔床舊藏十一部，其中宋版一部、元版二部。吳騫（1733～1813），字槎客，一字葵里，號兔床，清時人。海寧藏書，舊稱「道古樓」馬氏，「得樹樓」查氏。騫祖籍休甯，流寓海甯尖山之陽，曰新倉里。時值馬查遺書散佈人間，偶得其殘帙，每繫跋語以寄慨慕。博綜好古，勤於搜討，與同邑周松靄陳簡莊賞奇析疑，獲一秘冊，則共爲題識歌施以紀其事，且於吳門武林諸藏書家，互相鈔校。臨江鄉魏小洲得蜀石經毛詩殘序，爲摹副本，並著考異二卷。得宋槧百家注東坡集，錢曉徵壽吳槎客七十詩，所謂「手摹離墨前朝字，家有淳熙善本書」是也。又嘗得宋本《咸淳臨安志》九十一卷，《乾道志》三卷，《淳祐志》六卷，刻一印曰：「臨安志百卷人家。」騫既篤嗜典籍，遇善本則傾囊購之，弗惜，所得不下五萬卷，築拜經樓藏之，晨夕坐樓中，展誦摩挲，非同志，不得登也。嘉慶癸酉卒，年八十有一。著有《愚谷文存正續》、《拜經樓詩集》、《詞話》、《校刊拜經樓叢書》、《海昌麗則》等書〔註71〕。

　　《新刊音點性理群書句解》（二十三卷　宋麻沙刊本）

　　《大廣益會玉篇》（三十卷　元刊本）

　　《地理葬書集註》（一卷　元刊本）

（7）朱臥庵舊藏

　　皕宋樓藏書得自朱臥庵舊藏四部，其中宋版三部。朱之赤（1686～），字臥庵，清蘇州人。康熙甲辰某月，常熟毛斧季與葉林宗往訪之，見其榻有亂書一堆，大都廢曆及潦草醫方也。而殘帙中有繕整一冊，抽視之，乃《西崑酬唱集》，爲之一驚。卷末行書一行云：「萬曆乙丑年九月十七日書畢。」下有功甫印，乃錢功甫手鈔也。因借歸。次日林宗入城，宣傳得此，最先匍匐而來者，馮定遠也，倉忙索觀，陳書於案，叩頭無數而後開卷，朗吟竟日，索酒痛飲而罷。寇陷江寧，時方官浙中，慨收藏之灰燼，因取旅次所存數十篋，日夕閱覽，撥其大旨，筆於別簡，其假自友朋者，亦爲題記，嘗曰：「吾集與甘泉鄉人稿相類，無空言也。」所著有《續宋文鑑》、《中論注》、《論語義證》、《金陵舊聞》、《金陵詩匯》、《筆譜》、《曹子建集考異》、《昌國典詠》、《續棠陰比事》、《北山集》、《開有益齋集》、《讀書志》、《金石文字跋尾》〔註72〕。

〔註71〕楊蔭深等著，《中國藏書家考略》（臺北：新文豐出版社，民國67年9月初版），頁83～84。

〔註72〕楊蔭深等著，《中國藏書家考略》（臺北：新文豐出版社，民國67年9月初版），頁63～64。

《愧郯錄》（十五卷　宋刊本）

《自警編》（不分卷　宋刊本）

《文選》（六十卷　宋贛州學刊本）

（8）周九松舊藏

　　皕宋樓藏書得自周九松舊藏三部，皆宋刊。周九松即周良金，明毘陵人，嘉慶三十年歲貢，光祿寺署丞，愛宋本書，《楹書隅錄》載：宋本《後漢書》，有毘陵周氏九松迂叟藏書記、周良金印、周氏藏書之印、周誥之印，又卷中，每於字旁識以朱點，眉間黔一印，印作兩重，上重眞書曰：古義。下重篆書曰：七十三老生記朱文。著有《金石書畫所見記》、《鐵琴銅劍樓書目》載：《四書》，宋刊本，有「毘陵周氏九松迂叟藏書記」、「周良金印」、「周笈私印」〔註73〕。

　　《論語集註》十卷、《孟子集註》七卷（宋刊本）

　　《大學章句》一卷、《大學或問》一卷、《中庸章句》一卷、《中庸或問》二卷（宋刊本）

　　《朱文公校昌黎先生文集》四十卷、外集十卷、集傳一卷、遺文一卷（宋麻沙刊本）

（9）袁壽階舊藏（含五硯樓）

　　皕宋樓藏書得自袁壽階舊藏六部，其中宋版五部。袁壽階（1762～1809），清代藏書家，又名廷檮，字又愷，一字壽階，號授階。江蘇吳縣人（今蘇州市）。嗜好藏書，又精校勘考據。與周錫瓚、黃丕烈、顧之逵合稱藏書四友。家傳先世所遺三硯，又得清客居士、谷虛先生所用硯，於是名其藏書之所爲五硯樓，蓄書萬卷，皆宋槧元刻、秘籍精鈔。又多金石碑版法書名畫之屬，其鈔書用綠格印紙，版心下有「貞節堂鈔」字樣，可知其樓又名貞節堂。得徐健庵留植於金氏聽濤閣下之紅蕙，種之階前，因名其室曰：紅蕙山房。雖善讀書，不治生產，晚年家道中落，奔走江、浙間。著有《金石書畫所見記》、《紅蕙山房吟稿》等〔註74〕。

　　《皇朝編年備要》（二十五卷　宋刊抄補本）

　　《補刊編年備要》（五卷　宋刊抄補本）

　　《禮書》（一百五十卷　宋刊元修本）

　　《詩集傳》（二十卷　宋刊本）

　　《重修事物紀原》（二十六卷目錄二卷　宋刊本）

〔註73〕同上，頁124～125。
〔註74〕同上，頁180。

（10）陳白陽舊藏

　　皕宋樓藏書得自陳白陽舊藏二部，皆宋版。陳白陽即陳道履，陳道履字復甫，明代人，少從文徵明游，所棲曰：「五湖田舍」。士禮居著錄《中吳紀聞》，標陳白陽山人手校；皕宋樓著錄湖北茶鹽司新刊《漢書》一百二十卷，有陳道履印、陳淳私印，道履是初名，「白陽山人」其別號也〔註75〕。

　　《湖北提舉茶鹽司新刊前漢書》（一百二十卷　宋淳熙刊本　號稱史部第一精品）

　　《普濟本事方殘本六卷》（宋刊宋印本）

（11）明文瀾閣舊藏

　　皕宋樓藏書得自文淵閣舊藏二部，皆宋版。

　　《太平預覽殘本》（三百六十六卷　北宋刊本）

　　《白氏六帖類聚》（三十卷　北宋刊本）

（12）袁忠徹舊藏

　　皕宋樓藏書得自袁忠徹舊藏二部，均宋刊本。袁忠徹字公達，明鄞（今寧波市）人，陳敬宗〈符臺外集序〉稱：忠徹退朝之暇日，與縉紳文士磨石諷詠，故其收藏亦富。靖康之後，官尚寶少卿，卒年八十三〔註76〕。

　　《漢書》（殘卷八卷　宋蜀大字本）

　　《後漢書》（殘本六十卷　宋刊蜀大字本）

（13）楊文徵舊藏

　　皕宋樓藏書得自楊文徵舊藏一部，爲宋版。

　　《晦庵先生朱文公文集》（宋刊大字本　一百卷續集十卷別集十一卷）

　　《東萊呂太史外集》（四卷，宋刊本）

（14）王述庵舊藏

　　皕宋樓藏書得自王述庵舊藏三部，其中宋元版二部。王昶（1725～1806），字德甫，號述庵，一字欄泉，又字琴德，清江南青浦人，生於雍正三年，卒於嘉慶十二年，乾隆甲戌進士，富藏書，有一印，長至數十字，文云：「二萬卷，書可貴，一千通，金石備，購且藏，劇勞勩，願後人，勤講肄，敷文章，明義禮，習典故，兼游藝，時整齊，勿廢置，如不材，敢賣借，是非人，犬豕類，屏出族，加鞭箠〔註77〕。」

〔註75〕楊陰深等著，《中國藏書家考略》（臺北：新文豐出版社，民國67年9月初版），頁213～214。

〔註76〕同上，頁176。

〔註77〕楊陰深等著，《中國藏書家考略》（臺北：新文豐出版社，民國67年9月初版），頁36～37。

《說文解字》（十五卷　宋刊宋印小字本）

《汲塚周書》（十卷　元刊本）

（15）陸敕先舊藏

　　皕宋樓藏書得自陸敕先舊藏四部，其中宋元版二部。陸貽典字敕先，明末清初藏書家。一字胎芬，號覿庵。江蘇常熟人。約生於明萬曆四十五年（1617），自幼即喜讀書，學問有根柢。及長，博學工詩，又精書法，尤善漢隸。與毛晉同遊於錢謙益之門，結成兒女親家。精校讎，富於藏書。自錢氏絳雲樓付之一炬，江南文獻並稱者，有錢曾述古堂、毛晉汲古閣等，陸氏元要齋亦居其一，互通有無。其藏書室名尚有「山徑老屋」、「松影堂」等。著有《陸敕先詩集》〔註78〕。

《國語》（二十一卷　宋刊本）

《戰國策》（十卷　元至正刊本）

（16）天籟閣舊藏

　　皕宋樓藏書得自天籟閣舊藏三部，其中宋元版二部。

《儀禮經傳通解續祭禮》（十四卷　宋刊本）

《白虎通德論》（十卷　元刊大字本）

（17）馬笏齋舊藏（含馬玉堂）

　　皕宋樓藏書得自馬笏齋舊藏十七部，其中元版二部。馬玉堂，字笏齋，清海鹽人。道光辛巳副貢。性耽書籍，聞善本必輾轉購錄，顏儲書處曰漢唐齋，庋藏秘冊甚多。兵燹後散出，大都為陸氏皕宋樓、丁氏八千卷樓所收。著有《讀書敏求續記》、《十國春秋補傳論》、《書目絕句》，餘多失傳〔註79〕。

《洞霄詩集》（十四卷　元刊元印本）

《至大重修宣和博古圖》（三十卷　元刊本）

（18）徐興公舊藏

　　皕宋樓藏書得自徐興公舊藏九部，其中元版二部。徐興公名勃，字惟起，閩縣人，萬曆間與曹能始狎主閩中詩盟，聚書至數萬卷〔註80〕。

《藝文類聚》（一百卷　元宗文堂刊本）

《檜亭稿》（九卷　元刊本）

（19）朱竹垞舊藏（含曝書亭）

〔註78〕同上，頁239。

〔註79〕楊蔭深等著，《中國藏書家考略》（臺北：新文豐出版社，民國67年9月初版），頁178。

〔註80〕陸心源著，《儀顧堂續跋》（臺北：廣文書局，民國57年3月），卷十，頁462。

　　皕宋樓藏書得自朱竹垞舊藏二十部，其中宋版一部。朱彝尊（1629～1709），字錫鬯，號竹垞，清浙江秀水人。康熙中舉鴻博，授檢討，與修明史。富藏書，家有「曝書亭」，「潛采堂」。中年，好鈔書。通籍以後，於史館所儲，京師學士大夫所藏者，必借錄之。有小史能識四體書，日課其傳寫，每入史館，私以楷書手王綸自隨，錄四方經進書，掌院牛鈕劾其漏洩，吏議鐫一級，時人謂之美貶。及歸田，家無恆產，聚書三十櫝，自謂老矣，不能遍讀也，而銘之曰：「奪儂七品官，寫我萬卷書，或默或語，孰智孰愚？」且皆鈐印於卷之首葉，一面刻朱文戴笠小像，一面鐫白文十二字曰：「購此書，頗不易，願子孫，勿輕棄。」即鐘鼎文之子孫永寶意也。卒年八十一。著有《曝書亭全集》，又輯《經義考》、《明詩綜》、《詞綜》、《日下舊聞》等書，又有《瀛洲道古錄》，《五代史注》，《禾錄》，俱屬稿未成〔註81〕。

　　《咸淳臨安志》（九十五卷　宋刊本）

（20）周松靄舊藏

　　皕宋樓藏書得自周松靄舊藏四部，其中元版一部。周春（1729～1815），字芑兮，號松靄，清海寧人，生於雍正七年，卒於嘉慶二十年，年八十七，乾隆甲戌進士，芩溪知縣，嘉慶庚子重赴鹿鳴，潛心著述，所居著書齋，終歲不掃除，凝塵滿室，插架環列，臥起其中者三十餘年，四部七略，靡不瀏覽，刊有《松靄遺書》八種行世〔註82〕。

　　《周議程朱先生傳易附錄》（二十卷　元刊本舊藏）

（21）李安詩克齋舊藏

　　皕宋樓藏書得自李安詩舊藏一部，為宋版。李安詩是何人，陸心源根據宋刊本《唐書》卷中多有會稽李安詩題語，自景定甲子迄咸淳丁卯點完（景定為理宗年號，咸淳為度宗年號），判定李安詩為宋季人，又根據宋嘉定壬申刊本大事記，末有記「免解進士充府學直學李安詩同校正」之銜名，而嘉定壬申距景定甲子五十二年，應當是李安詩所屬年代〔註83〕。

　　《唐書》（一百五十卷　北宋杭州刊本）

（22）謝在杭舊藏

　　皕宋樓藏書得自謝在杭舊藏三部，其中宋版一部。謝肇淛，字在杭，明長樂人。萬曆壬辰進士，除湖州推官，累遷公佈郎中。博學能詩，收藏宋人集頗富。著有《五

〔註81〕楊蔭深等著，《中國藏書家考略》（臺北：新文豐出版社，民國 67 年 9 月初版），頁72～73。

〔註82〕同上，頁 121。

〔註83〕陸心源著，《儀顧堂題跋》（臺北：廣文書局，民國 57 年），頁 124～125。

雜俎》、《文海披沙》、《西吳枝乘》、《滇略》、《百粵風土記》、《支提山志》、《長溪瑣語》、《小草齋稿》、《游燕集》〔註84〕。

《增修互註禮部韻略》（五卷　宋刊本）

（23）徐虹亭舊藏

䞇宋樓藏書得自徐虹亭舊藏一部，爲宋版。

《通鑑紀事本末》（殘本二十九卷　宋刊細字本）

（24）孫淵如舊藏

䞇宋樓藏書得自孫星衍舊藏二部，其中宋版一部。孫星衍（1753～1818），字淵如，號季逑，又號伯淵、薇隱，江蘇陽湖人，少與洪亮吉、袁枚文學相齊，袁枚品其詩「天下奇才」，與訂忘年交，星衍雅不欲以詩名，深究經、史、文字、音訓之學，旁及諸子百家，星衍博極群書，勤於著述，又好聚書，聞人家藏有舊本，借鈔無虛日，金石文字，靡不考其原委〔註85〕。爲清代中葉著名之藏書家與刻書家，閱歷豐富，頗勤於購訪海內秘籍，交友碩學名儒，傳鈔、餽贈亦多，據其藏書總日《祠堂書目》所載，即有2300種之多。分別藏於「祠堂」（又名廉石居）、「平津館」、「岱南閣」，及「一等藏書樓」。太平年間，星衍藏書散盡，後多歸蔣鳳藻及袁芳瑛廬。藏書雖然不存，卻留下三部最有名之目錄：《孫氏祠堂目錄》內編四卷、外編三卷，《館鑒藏書籍記》三卷、續編一卷、補遺一卷，《廉藏書記》內編卷、外編卷，不僅得藉以考見書藏概況，於目錄學上亦甚有貢獻。星衍處於樸學鼎盛之乾隆時期，沈潛經學博覽百家，收藏又富，又適逢四庫開館，所見書益加以處於交通便利，物力殷富之金陵蘇杭刻鎮，遂開啓其刻書事業。其刻書不爲謀利，而所刻遍及經、史、子、集四部〔註86〕。

《通鑑紀事本末》（四十二卷　宋寶祐刊本）

（25）孫慶增舊藏

䞇宋樓藏書得自孫慶增舊藏一部，爲宋版。孫從添（1692～1767），字慶增，一字石芝，江蘇常熟人，清代初年著名之藏書家。孫氏生平從醫，頗有聲名。行醫之餘，又喜好藏書，常郡藏書家互相參閱善本，校勘異同，對於版本優劣、抄本粗細無所不

〔註84〕楊蔭深等著，《中國藏書家考略》（臺北：新文豐出版社，民國67年9月初版），頁256。

〔註85〕趙爾巽《清史稿》（臺北：洪氏出版社，民國70年8月），卷481列傳268，頁13225～13226。

〔註86〕楊蔭深等著，《中國藏書家考略》（臺北：新文豐出版社，民國67年9月初版），頁157。

知，更能分辨眞僞，著名藏書家黃丕烈譽之爲「兼收藏、賞鑑兩家」。其藏書室稱「上善堂」，藏書數量在萬卷以上，以經史爲主，子集次之。編有《上善堂書目》一卷；同時，更累積藏書管理之經驗，並參考各家整治圖書之方法，撰成《藏書紀要》一卷，黃丕烈評之爲「甚詳且備」，孫氏即以此書聞名於世。根據黃丕烈刻印《士禮居叢書》對《藏書紀要》一書所作跋語，孫氏藏書散出後，黃氏曾收得數十種〔註87〕。

《國語》（二十一卷　宋刊本）

（26）高瑞南舊藏

皕宋樓藏書得自高瑞南舊藏一部，爲宋版。高濂，字深甫，號瑞南。明仁和人。嘗築「山滿樓」於跨虹橋，收藏古今書籍。其印記，曰「妙賞樓藏書」，曰「高氏鑑定宋刻版書」，曰「武林高深父妙賞樓藏書」，又有五嶽眞形印，每冊飾皆用之。嘗刻《外科秘方》，序云：「余少志博習，得古今書最多，更喜集醫家書。」著有《南曲玉簪記》、《雅尚齋詩草》、《遵生八箋》〔註88〕。

《外臺祕要方》（四十卷　北宋刊印本）

（27）任濬舊藏

皕宋樓藏書得自任濬舊藏一部，爲宋刊元修本。

《宋書》（一百卷　宋刊元修本）

（28）元靜江路儒學舊藏

皕宋樓藏書得自元靜江路儒學舊藏一部，爲宋版。《儀顧堂題跋》載「靜江府宋屬廣南西路，靜江路元屬湖廣省，即今廣西桂林府」〔註89〕。

《資治通鑑》（殘本二百二十四卷　北宋刊大字本）

（29）錢遵王舊藏（含述古堂）

皕宋樓藏書得自錢遵王舊藏九部，其中宋刊一部。錢曾（1629～1701），字遵王，號也是翁，清常熟人，其〈述古堂書目序〉言其竭二十餘年之心力，食不重味，衣不完采，捆檔家資，悉藏典籍中，生平酷嗜宋槧本〔註90〕，少受學於錢謙益，謙益謂能紹其績。所居爲「述古堂」，所藏皆古槧名刻，著有《述古堂書目》等書〔註91〕。

《增廣注釋音辨唐柳先生集》（四十三卷年譜一卷別集二卷外集二卷附錄一卷，宋

〔註87〕同上，頁158。
〔註88〕同上，頁179～180。
〔註89〕陸心源著，《儀顧堂題跋》卷三（臺北：廣文書局，民國57年），卷三，頁138。
〔註90〕錢曾，《述古堂書目》（臺北：廣文書局，民國58.2初版），頁1～4。
〔註91〕楊蔭深等著，《中國藏書家考略》（臺北：新文豐出版社，民國67年9月初版），頁288。

刊本）

（30）楊文敏舊藏

　　皕宋樓藏書得自楊文敏舊藏者一部，為宋刊。

《三山陳先生樂書》（二百卷目錄二十卷　宋刊本）

（31）燕喜樓舊藏

　　皕宋樓藏書得自燕喜樓舊藏一部，為宋刊。

《廣韻》（五十卷　宋刊明修本）

（32）汪氏傳書樓舊藏

　　皕宋樓藏書得自傳書樓舊藏一部，為宋刊。

《北齊書》（五十卷　宋刊明修本）

（33）徐乾學舊藏（含傳是樓）

　　皕宋樓藏書得自徐乾學舊藏四部，其中宋刊一部。「傳是樓」即徐乾學之藏書樓，徐乾學（1631～1694），字原一，號建庵，清江蘇崑山人，康熙庚戌（1690）進士，官刑部尚書，築樓於所書之後，凡七楹，斲木為廚，貯書若干萬卷，部居類彙，各以其次，素標緗帙，啓鑰爛然，與其子登斯樓而詔曰：吾何以傳如曹哉？嘗慨為人父祖者，每欲傳其土田貲財，而子孫未必能世富也，欲傳其金玉珍玩鼎彝尊窮之物，而又未必能世寶也，欲傳其園池臺榭歌舞輿鳥之具，而又未必能世享娛樂也，吾方鑒此，則吾何以傳汝曹哉？因指書而欣然笑曰：所傳者為是矣，遂名其樓為「傳是」〔註92〕。

《白孔六帖》（殘本三十八卷　宋刊本）

（34）葉石君舊藏

　　皕宋樓藏書得自葉石君舊藏十部，其中元版一部。葉石君即葉樹廉，清時人，性嗜書，世居吳縣洞庭山，常游虞山，樂其山水，所至必聚書，常以衣食之資易而購之，多至數千卷，明末清初兵燹之際，盡失其財，獨還洞庭，又復居虞山，益購書，倍多於前，所好與世異，每遇宋元鈔本，雖零缺單卷，必重購之，所得書，條別部居，精辨真贗，手識其來由，識者皆以為當，有三子，時誡之曰：若等無務進取，但能守我書，讀之足矣〔註93〕。

《資治通鑑》（二百九十四卷　元刊本）

（35）趙凡夫舊藏

〔註92〕楊蔭深等著，《中國藏書家考略》（臺北：新文豐出版社，民國 67 年 9 月初版），頁164。

〔註93〕同上，頁 256。

　　皕宋樓藏書得自趙凡夫舊藏二部，其中元版一部。趙宧光，字凡夫，明吳縣人。隱居支硎之南，構小宛堂，藏書其中。《寒山志》載：「凡夫有廬曰尺宅，署曰：遠上寒山石徑斜，白雲深處有人家。其內院曰蝴蝶寢，寢前佛閣，可藏三車經籍，曰悉曇章閣，悉曇章者，華梵互稱五天大藏之祖，萬國文字皆從流出也〔註94〕。」

　　《漢隸分韻》（七卷　元刊本）

（36）顧元慶舊藏

　　皕宋樓藏書得自顧元慶舊藏一部，為元版。顧元慶字大有，號大石山人，明長州人，所居曰顧家青山，在大石左麓，山中有勝蹟，皆自為之記，名其堂「夸白」，藏書萬卷，擇其善本刻之，署曰：「陽山顧氏文房」〔註95。〕是位雅士，以圖書自娛，年七十五猶不倦，其志趣與倪瓚相近，著有《雲林遺事》一卷、《瘞鶴銘考》、《移白齋詩話》〔註96〕。

　　《幽蘭居士東京夢華錄》（十卷　元刊元印）

（37）凌麗生舊藏

　　皕宋樓藏書得自凌麗生舊藏二部，其中元版一部。'

　　《伊洛淵源錄》（十四卷　元刊本）

（38）璜川吳氏舊藏

　　皕宋樓藏書得自吳銓舊藏九部，其中元版一部。吳銓，字容齋，清長州人。於雍正年守吉安，歸田後居瀍川逐初園，讀書其中，架上萬卷多秘笈。因題書屋曰「璜川」，以其生於新安之璜源，隨父僑居松江之上海，老而自松遷蘇，以故里題其讀書懷舊之思也〔註97〕。

　　《圖繪寶鑑》（四卷補遺一卷　元刊本）

（39）明徐幔亭舊藏

　　皕宋樓藏書得自徐幔亭舊藏一部，為元版。

　　《晏子春秋》（八卷　元刊本）

（40）張文貞舊藏

　　皕宋樓藏書得自張文貞舊藏一部，為元版。張文貞即張玉書，字素存，丹徒人，

〔註94〕同上，頁267。
〔註95〕同上，頁319。
〔註96〕（清）永瑢、紀昀等撰，《四庫全書總目提要》第二冊史部，（〈雲林遺事〉，臺北：臺灣商務印書館）卷六十，頁2～327。
〔註97〕楊蔭深等著，《中國藏書家考略》（臺北：新文豐出版社，民國67年9月初版），頁82～83。

順治辛丑進士，改庶吉士，官至大學士，諡文貞，著有《張文貞集》、《張文貞外集》
〔註 98〕。

《金陵新志》（十五卷　元刊元印本）

（41）錢馨室舊藏

　　皕宋樓藏書得自錢馨室舊藏二部，其中元版一部。

《文獻通考》（三百四十八卷　元刊元印本）

（42）孫馮翼舊藏

　　皕宋樓藏書得自孫馮翼舊藏二部，其中宋版一部。

《眞文忠公政經》（一卷心經一卷　宋刊宋印本）

（43）宋禮部官書

　　皕宋樓藏書得自宋禮部官書舊藏一部，爲宋版。

《六韜》（六卷　宋刊宋印本）

（44）朱文石舊藏

　　皕宋樓藏書得自（明）朱文石舊藏二部，其中宋版一部。

《米元章書史》（一卷　宋刊本）

（45）朱未英舊藏

　　皕宋樓藏書得自朱未英舊藏一部，爲宋版。

《迂齋先生標註崇古文訣》（二十卷　宋刊本）

（46）王蓮涇舊藏

　　皕宋樓藏書得自王蓮涇舊藏七部，其中宋版一部。王聞遠（1663～1741），字
聲宏，號蓮涇，清蘇州人，生於康熙二年，著有《金石契》，敘其知交七十八人，皆
奇人逸士，藏書最多，有《孝慈堂書目》傳世〔註 99〕。

《新編通用啓箚截江網》（七十四卷　宋刊本）

（47）葉文莊公菉竹堂舊藏

　　皕宋樓藏書得自葉盛之菉竹堂舊藏三部，其中宋版一部。葉盛，字興中，號蛻
庵，明崑山人，正統十三年進士，吏部左侍郎，成化十年卒，諡文莊，生平嗜書，
手自讎錄，至數萬卷，嘗欲作堂以藏之，取「衛風」淇澳學問自修之義，名曰「菉
竹」，有《菉竹堂書目》六卷，刻入《粵雅堂叢書》，服官數十年，未嘗一日輟書，

〔註 98〕（清）永瑢、紀昀等撰，《四庫全書總目提要》（臺北：臺灣商務印書館），第二冊史
　　　　部，卷一七三，頁 4～593。
〔註 99〕楊蔭深等著，《中國藏書家考略》（臺北：新文豐出版社，民國 67 年 9 月初版），頁
　　　　48。

雖持節邊徼，必攜鈔胥自隨，每鈔一書，輒用官印識於卷端〔註100〕。

《揮塵前錄四卷》（後錄二卷三錄三卷　宋刊本）

（48）王敬美舊藏

　　皕宋樓藏書得自王敬美舊藏一部，為宋版。

《李太白文集》（三十卷　北宋蜀刊本）

（49）張敦仁舊藏

　　皕宋樓藏書得自張敦仁舊藏一部，為宋版。《清史稿》循吏傳載張敦仁（1754～1834），字古愚，山西陽城人，乾隆四十年進士，精於吏事，有循聲，敦仁博學，精考訂，公暇即事著述，所刻書多稱善本〔註101〕，其藏書多以易米，藏書印有「張敦仁讀過」、「文章太守」、「陽省張氏省訓堂經籍志」等，所刻之書多稱善本〔註102〕。

《昌黎先生集殘本》（十卷　北宋刊本）

（50）沈辯之舊藏

　　皕宋樓藏書得自沈辯之舊藏二部，其中宋版一部。沈辯之即沈與文，明吳縣人，好藏書，士禮居跋《邵氏聞見錄》云：「吳中杉瀆橋，嘉靖時有沈與之頗蓄書，刻《詩外傳》」〔註103〕。

《王黃州小畜外集》（七卷　宋刊本）

（51）世學樓舊藏

　　皕宋樓藏書得自世學樓舊藏一部，為宋版。世學樓是鈕石溪之藏書樓，鈕石溪富藏書，明會稽人，黃宗羲的《天一閣藏書記》載：「古今書籍之厄，不可勝計，以余所見言之，越中藏書之家，鈕石溪世學樓其著也，余見其小說家目錄亦數百種，商氏之《稗海》，皆從彼借刻，崇禎庚午間，其書初散，余僅從故書舖中得十餘部而已〔註104〕。」

《新雕皇朝文鑑》（一百五十卷　宋刊明修本）

（52）稽瑞樓舊藏

　　皕宋樓藏書得自稽瑞樓舊藏一部，為宋版。陳揆（1780～1825），字子準，清

〔註100〕楊蔭深等著，《中國藏書家考略》（臺北：新文豐出版社，民國67年9月初版），頁254。

〔註101〕趙爾巽等，《清史稿》（臺北：洪氏出版社，民國70年8月），卷478列傳265，頁13049～13050。

〔註102〕鄭偉章著，《文獻家通考》（上）（北京：中華書局，1999年6月），頁517。

〔註103〕楊蔭深等著，《中國藏書家考略》（臺北：新文豐出版社，民國67年9月初版），頁117～118。

〔註104〕同上，頁236～237。

常熟人，陳揆無子，歿後書亦散，翁同龢以重值收其藏本，僅得三四。潘祖蔭於《稽瑞樓書目》中云：

> 嘉慶年間，陳子準先生及張氏金吾先生並以藏書稱，沒後書亦盡散，吾師翁文瑞公與子準厚，既恤其身後，以重值收其藏本，僅得三四，散失者已不少矣。今稽瑞樓書目，蔭從翁叔平假得刊之，庶可與張氏《愛日精廬藏書志》並傳〔註105〕。

《須溪先生評點簡齋詩集》（十五卷　元刊本）

（53）玉蘭堂舊藏

　　玉蘭堂為杭州聖因寺文瀾閣藏書處，皕宋樓藏書得自玉蘭堂舊藏一部，為元版。

《國朝文類》（七十卷目錄三卷　元刊元印本）

（54）恬裕齋舊藏

　　皕宋樓藏書得自恬裕齋舊藏一部，為元刊。「恬裕齋」係瞿紹基之藏書室名。瞿紹基（1772～1836），字厚培，喜讀書，廣購圖書，亦喜收集金石，聚書十萬卷，朝夕閱覽，手不釋卷，曾繪「檢書圖」以表示其志趣，適逢城中稽瑞樓、愛日精廬藏書日益流散，瞿紹基選購近半數之宋元善本，其藏書質量成為蘇州地區首屈一指〔註106〕。

《纂圖互註老子道德經》（二卷　元刊本）

（55）鄭垶舊藏

　　皕宋樓藏書得自鄭垶舊藏一部，為元版。

《冷齋夜話》（十卷　元刊本）

　　從以上資料顯示，陸心源藏書來源可歸納為五個特點，即：詳考藏書來源、宋元版書得自季振宜藏書最多、以地緣關係取得藏書、藏書來源廣大、藏書蒐訪不易，茲分別言之：

（一）藏書來源廣大

　　陸心源皕宋樓藏書中所著錄之藏書來源頗多，達一百餘家舊藏，可見其蒐藏範圍廣大，幾涵蓋當時江南地區大小藏書家，且多是輾轉得到，亦可見陸心源畢生致力於古籍之蒐藏，實不遺餘力。

（二）地緣關係取得藏書

〔註105〕陳揆《稽瑞樓書目》（臺北：廣文書局，民國61年7月），頁1～2。
〔註106〕徐雁、王雁均主編，《中國歷史藏書論著讀本》（成都：四川大學出版社，1990年7月），頁727。

歷來江南藏書家多集中在杭州或湖州，陸心源身居湖州，自然蒐藏以江浙一帶為主，從上述藏書家之籍貫與舊藏，可以充分印證前述陸心源藏書來源是有一脈相承之地緣關係，並顯示各藏書家間古籍承傳所形成之「藏書鏈」，確實存在中國藏書文化之中。例如其藏書來源與陸心源有地緣關係者如：文衡山（長州人）、柳大中（吳縣人）、顏元慶（長州人）、吳方山（吳縣人）、沈辯之（吳縣人）、趙凡夫（吳縣人）、金孝章（吳縣人）、吳尺鳧（杭州人）、葉石君（吳下人，世居吳縣洞庭山）、朱臥庵（蘇州人）、季滄葦（揚州人）、惠紅豆（長州人）、鮑以文（杭州人，室名「知不足齋」）、顧嗣立（長州人）、王蓮涇（吳郡人）、璜川吳氏（即吳容齋，長州人）、金檀（吳中人，藏書於文瑞樓）、吳枚庵（吳縣人）、黃丕烈（吳縣人）、胡心耘（居吳下）、毛子晉（常熟人）、錢遵王（常熟人，室名「述古堂」）、瞿紹基（常熟人，室名「恬裕齋」）等〔註107〕。至於「藏書鏈」關係，最明顯者係陸心源之藏書泰半得自郁松年，而郁松年部分藏書得自曹棟亭〔註108〕，又陸心源部分藏書得自恬裕齋（瞿紹基），而瞿紹基部分藏書則得自「稽瑞樓」、「愛日樓」兩家〔註109〕，凡此種種，其來源錯綜複雜，亦歷歷顯示藏書家之藏書來源確實存在「藏書鏈」關係。

（三）詳考藏書來源

陸心源於記載各藏書來源時，除確知該書來源，有清晰記錄者外，其他則因陸心源博覽群籍，憑其詳盡的考訂，並依據藏書章、序跋語、刊記等審定其藏書來源，但仍有諸多古籍未能確定藏書源流。

（四）宋元版藏書以得自季振宜藏書最多

陸心源皕宋樓藏書宋元版書間接得自季振宜最多，計有十部，其次為黃蕘圃舊藏八部、汲古閣八部、張月霄六部，其中有極為珍貴、罕見之宋刊本，例如：黃蕘圃舊藏之《史記》（殘本九十九卷，宋淳熙耿秉刊）、《吳志》（二十卷，宋咸平刊本），張月霄之《漢書》（一百二十卷，宋刊元修本）、《後漢書》（一百二十卷，宋刊元修本）、文衡山之《陳書》（三十六卷，宋刊宋印本），陳白陽之湖北提舉茶鹽司新刊《前漢書》（一百二十卷，宋淳熙刊本），此書號稱史部第一精品，王述庵之《說文解字》（十五卷，宋刊宋印小字本），徐乾學之《白孔六帖》（殘本三十八卷，宋刊本）等。

（五）藏書蒐訪不易

〔註107〕收於徐雁、王雁均主編，《中國歷史藏書論著讀本》（成都：四川大學出版社，1990年7月第一版）蔣鏡寰、瞿冕良編著，張杰校點《吳中藏書錄兩種》，頁643～730。

〔註108〕楊蔭深等著，《中國藏書家考略》（臺北：新文豐出版社，民國67年9月初版），頁151。

〔註109〕同上，頁305。

　　陸心源宋元版書來自各藏書家，或購或贈或交換，頗費財貨，而島田翰所云泰半宋元版書得自郁松年之宜稼堂，在〈皕宋樓藏書源流考〉中似乎刻意否定陸心源蒐求藏書之辛勞。

（二）藏書量與藏書品質

　　陸心源藏書豐富無庸置疑，版本絕佳者不少，皆是其自鳴得意之處，根據陸心源給瞿浚之的書函中云其藏書宋元槧本數百種，達《四庫全書》的十分之九，亦有四庫未收之書達數十種，猶汲汲營營，蒐訪不懈。其函云：

> 浚之尊兄大人左右，別經五載，……弟投劾歸田，奉侍之餘，惟以書籍自遣，近所得宋刊書已及百種，元刊約二百種，以四庫目錄相比較，約得十分之九，奇秘之書，為阮文達所未進呈者約四十種，殘缺之書，擬向尊處借抄者約三數種，日內天氣清和，擬放酌虞山，登堂求教，暢敘一切，先此奉聞，於此即請大安，小弟陸心源頓首〔註110〕。

根據其子陸樹藩統計所有藏書，皕宋樓藏書有二十餘萬卷、守先閣藏書有十二萬二千餘卷。藏書中精善之本，例如經部之宋蜀大字本《周禮》殘本、蜀大字本《春秋經傳集解》、北宋刊本《爾雅疏》；史部之宋淳熙耿秉刊《史記》殘本、宋蜀大字本《漢書》殘本及《後漢書》殘本、集部之宋刻宋印本《周益文忠公集》殘本、宋蜀大字本《三蘇先生文粹》等均為季振宜之舊藏，所謂明後佚書，流傳不多之罕見本。又如宋刊楊齋修定本《續儀禮經傳通解》、北宋槧本汴刻《說文》、宋本《白氏六帖類集》等，更為罕見，已是世間僅存孤本，都是陸心源聞名之秘笈。而售予靜嘉堂文庫之宋元本，計有北宋刊本十六部，六百九十二冊；宋刊本一百一十一部，二千三百一十七冊；元刊本一百三十四部，二千一百五十二冊。

　　李宗蓮在〈皕宋樓藏書志序〉中，對陸心源藏書之豐盛，備極推崇，並謂：

> 天下藏書家，為人人推服無異辭者，莫如四明天一閣，然視先生所藏，其不如也有五〔註111〕。

茲分別敘述如下：

1、就藏書數量言：「天一書目祇五萬卷，皕宋則兩倍之」〔註112〕，皕宋樓總藏書量是天一閣的兩倍。

〔註110〕仲偉行、吳雍安、曾康編著，《鐵琴銅劍樓研究文獻集》（上海市：上海古籍出版社，1997 年 7 月），頁 255。

〔註111〕陸心源編，《皕宋樓藏書志・續志》李宗蓮序文（臺北：廣文書局，民國 57 年），頁 1。

〔註112〕同上，頁 1。

2、就善本多寡言：「天一宋刊不過數種，元刊四百餘種；皕宋後三、四百年，宋刊至二百餘種、元刊四百餘種」〔註 113〕，皕宋樓宋元版本質量均佳，遠勝天一閣所藏。

3、就藏書內容言：「天一所藏丹經道籙，陰陽卜筮不經之書，著錄甚多；皕宋則非聖賢之書不敢濫儲也」〔註 114〕，即天一閣有藏丹經、陰陽、卜筮等類書籍，皕宋樓皆聖賢之書。

4、就管理而言：「范氏封局甚嚴，非子孫齊至，不開鎖；皕宋則守先別儲，讀者不禁，私諸子孫，何如公諸士林」〔註 115〕，即謂天一閣較爲保守封閉，不輕易與人觀看，即使子孫亦同，而皕宋樓來者不拒，其書願慷慨借人。

5、就收藏的時代言：「范氏所藏，本之豐學士萬卷樓，承平時舉而有之猶易；若皕宋，則掇拾於兵火倖存，搜羅於蟫斷炱朽，精粗既別，難易懸殊」〔註 116〕，即天一閣收藏於承平時代，皕宋樓則拾掇於兵火中，兩者難易懸殊。

李宗蓮曾爲陸心源「參定同異」、「繙緝疏錄」，完成《皕宋樓藏書志》一百二十卷，其以藏書數量、善本多寡、藏書內容、經營方法，及收藏時代等五方面，比較皕宋與天一兩藏書家之成就。島田翰則持不同的看法，批判如下：

（一）天一閣藏書得之不易且恩澤學術，陸心源藏書易且價廉。島田翰謂：

> 人翁晚得心疾，潦倒於書淫墨癖之中，凡宋槧與寫本，爲門生輩竊去者幾十之六，又遭大火，所存無幾，堯卿侍郎，從人翁鈔書，至是購其倖存之餘，又稍從王元美小酉館互鈔以增益之，是以甬上之藏，鈔本爲多，而黃太沖、徐健庵、萬季野及阮伯元之倫，皆就閣中鈔書，而一時好事者皆相仿效，乾隆中四庫開館，多徵佚書於天一與大典，文淵、文溯、文源、文津、文匯、文宗、文瀾七閣之成，取範於茲，甬上之惠被學術，豈可計量哉。……而心源則捆載書於郁氏，當時所購去，今案其目，總四萬八千餘冊，三千二百元，況喪亂之際，世家巨室之藏，星散雲飛，等於廢紙，而心源舉群有廉獲之，若元本《玉海》直五十元，汪刻《唐書》直三十二元，天水蒙古且然，餘可知矣，其難易輕重，果何如也〔註 117〕。

〔註 113〕同上，頁 1。
〔註 114〕同上，頁 1。
〔註 115〕同上，頁 1。
〔註 116〕同上，頁 1。
〔註 117〕島田翰撰，〈皕宋樓藏書源流考〉，(《皕宋樓藏書志・續志》，臺北：廣文書局，民國57 年)，頁 11。

（二）天一閣多異書，陸心源則不及之。島田翰謂：

> 書以佚爲貴，有異同次之，心源所得宋元二刻，其佚者多有仿雕，或
> 名人已爲之點定，而天一則不然，其鈔本之富，正所以多異書，而宗蓮以
> 其宋刊不過十數種，元刻僅數百種詆之，適見其無識耳〔註118〕。

至於陸心源以「皕宋」爲藏書樓命名，乃因所藏宋本有二百種，意在顯示凌駕嘉慶
年間吳縣黃丕烈以藏有百種宋本而構築之「百宋一廛」。島田翰指出皕宋樓之命名用
意有誇大之處。〈皕宋樓藏書源流考〉云：

> 原皕宋所以名樓，謂儲宋本二百種。今合併原目所載，分析一書爲數
> 種，以充二百種。……實不過宋本百十部，元本百五十五部，約四千餘冊；
> 而更嚴汰其假宋板、仿本、修本，當減其三之一〔註119〕。

島田翰（東瀛日人，1829～1915），字彥楨，其父爲當時日本著名之漢學家，受父影
響，自幼即埋頭漢籍版本研究，在漢學家竹添井的指導下，從事宮內省圖書寮所藏
宋元古版本及明代善本、日本古寫本的調查，董康游日本時，與其交識，稱其「博
學強識」、「于隋唐遺卷、宋元舊槧之原委，洞悉靡遺。」著有《古文舊書考》四卷、
《群書點勘》十六冊及〈皕宋樓藏書源流考〉等〔註120〕。島田翰所比較天一閣及皕
宋樓藏書異同、價值，實有誇大之處，因兩者在不同時代具有不同意義與價值，非
可任意論斷，何況島田翰是日本漢學家，深知陸心源藏書之價值所在，否則不會促
成靜嘉堂購買陸心源藏書，造成中國藏書史上所謂「皕宋樓事件」。至於批評陸心源
命名「皕宋樓」之用意尙屬合理，因批評者不只島田翰一人，如張篔齋云：「陸心源
自稱皕宋，實則明本充宋者居多〔註121〕。」葉德輝《書林清話》之「近人藏書侈宋
刻之陋」大肆嘲諷陸心源自欺欺人，其文載：

> 藏書固貴宋元本以資校對，而亦何必虛僞，如近人陸心源之以皕宋樓
> 名，自誇有宋本書二百也，然析《百川學海》之各種，強以單本名之，取
> 材亦似太易，況其中有明仿宋本，有明初刻似宋本，有誤元刻爲遼金元本，
> 有宋板名南監印本，存眞去僞，合計不過十之二三，自欺欺人，毋乃不可
> 〔註122〕。

〔註118〕同上，頁8。

〔註119〕同上，頁12。

〔註120〕楊憲華〈日本漢籍版本目錄學研究源流概述〉，（《文獻季刊》，55期），頁241。

〔註121〕楊陰深等著，《中國藏書家考略》（臺北：新文豐出版社，民國67年9月初版），頁237。

〔註122〕葉德輝，《書林清話・書林餘話》（湖南：岳麓書社，1999年4月第一版），頁225。

近人喬衍琯則云：

> 陸氏樓名皕宋，所儲實未能符之，蓋中有翻刻，且將殘不全宋本《百
> 川學海》拆散以充數〔註123〕。

天一閣與皕宋樓相較，皕宋樓唯一不及天一之處，則為天一藏書歷史悠久，自明以
來，已歷四百餘年，而皕宋則如曇花一現，於陸氏歿後，即舶歸日本，誠為國人之
大痛。

總之，陸心源藏書量之多居江南之冠，至於藏書品質，雖說陸心源部分藏書版
本推定有誤，亦非其他藏書家所可比擬。

（三）、輯刊《皕宋樓藏書志》

陸心源喜好藏書，也好校勘古籍，即使同治六年丁憂歸鄉，空暇時亦近抄遠訪，
蒐訪不倦，日積月累，終成江南知名之藏書家。其藏書中不乏舊刻精抄，為世所罕
見，乃抄錄其序跋，校讎其異同，於光緒八年，在同鄉好友李宗蓮協助之下，仿朱
竹垞、張月霄藏書志體例，刊為《皕宋樓藏書志》一百二十卷及《續志》四卷，藏
書書目盡公諸於世，李宗蓮在序中謂：

> 余方放浪湖山，無以消日力，先生則出巨橐三尺許，屬為參定同異，
> 乃編輯疏錄，從事黃墨者三閱月，又七閱月而梓成〔註124〕。

此志初稿當為陸心源所撰，而大部分校訂工作，則賴幕客李宗蓮完成，故日本漢學
家島田翰在〈皕宋樓藏書源流考〉認定本書為李宗蓮代撰。又編製一套萬卷之書，
僅花十個月時間校訂，顯然有點倉促，無怪乎陸心源此後陸續撰寫《儀顧堂題跋》
及《儀顧堂續跋》二書，以補《皕宋樓藏書志》之不足。

皕宋樓藏書貯藏宋元舊槧及名人精抄、手校本將近兩百種，所編《皕宋樓藏書
志》一百二十卷，《續志》四卷，以宋元刊本六百餘種為主。書卷首有李宗蓮序言，
次為例言。篇目分類，排列先後，完全依照四庫總目，全書計經部九類二百九十三
種，史部十三類三百七十二種，子部十二類六百八十五種，集部五類一百二十種，
總計為三十九類，著錄二千五百五十二種。該書載其體例仿張金吾的《愛日精廬藏
書志》，此書是張金吾於嘉慶二十五年所撰，共有三十六卷，續四卷，撰寫體例係於
書名下先註明刻本和版本，然後輯錄各家序跋，再做考證與校讎，最後提出見解，
匯為解題，體例清晰，為後人仿效。《皕宋樓藏書志》仿其體例，並作修改，體例重

〔註123〕陸心源編，《十萬卷樓叢書》初編（光緒刊本，臺灣大學圖書館藏），頁2。
〔註124〕同上，頁2。

點如下：〔註 125〕

1、收錄範圍斷自明初

仿張金吾《愛日精廬藏書志》，載舊槧舊鈔之流傳罕見者，惟張氏以元爲斷，此則斷自明初，以兵燹之後膪囊，蓋亡佚更多，不得不略寬其例，其習見之書概不登載。

2、凡四庫著錄者，仿《遂初堂書目》及《郡齋讀書志》體例，附有解題，敍其流別

我朝文治修明，典籍大備，伏讀《欽定四庫全書總目》，考核源流，折衷至當，何敢復贊一詞，其或出較後，未經採入四庫，而爲阮氏所續進，張氏所收錄者，均采其說，著之于編，有爲阮氏、張氏所未見者，仿晁、陳兩家例，略附解題，以識流別。

3、各書序跋已刊者從略

書目之載序跋自馬氏《經籍考》始，是編仿載諸書序跋，凡世有刊本暨作者有專集通行，如北宋二范、歐陽、曾、王、三蘇，南宋之朱子、放翁、益公，元之研源清容九靈之類，其序跋已載集中，及經部之見於《通志堂經解》，唐文之見於《全唐文》，並書已刊入《十萬卷樓叢書》者，均不更錄，餘則備載全文，俾一書原委，燦然俱陳。

4、所錄序跋斷自元人

所載序跋斷自元人止，明初人之罕見者，間錄一二，至先輩時賢手蹟題識、校讎歲月，皆古書源流所繫，悉爲登錄，其收藏姓氏印記，間錄一二，不能備載。

5、時賢所考，以「案」字識別

先輩時賢手跋，以某氏手跋曰五字冠之，愚間有考識則加「案」字別之。

6、宋元版書著錄較詳盡

宋元刊本備載行款、缺筆，以便考核。

7、保留原書真面目

所載序跋，或鈔帙轉輾傳寫多舛僞，或槧本字蹟蠹落間有缺失，凡無別本可據者，悉仍其舊，雖顯然亥豕，不敢以一知半解妄下雌黃。

8、標題依原書

標題一依原書舊式，所增時代及撰著等字，以陰文別之。

此志主要內容實爲宋元舊槧之序跋總集，可供研究宋元時期各家著述之參考。

〔註 125〕陸心源編，《皕宋樓藏書志・續志》例言（臺北：廣文書局，民國 57 年），頁 7～10。

由於本書之編輯係以藏書內涵出發，編製各項類目與內容提要，所提供的資料是嚴格有組織的，達到「即類求書」之目的，除記版本、行款、字體紙張、校勘、刻者、收藏印記、刊刻牌記等外，並收錄明初以前之序跋，悉載年月，而明以後之書序，則略加選汰，習見序跋，亦不錄其文，僅存其目，以備稽考；因之既便於查檢，又可省篇幅。然此法亦非盡善，有些書之著錄但云其有自序，而未收錄其序文，致使吾人之研究需遠至日本靜嘉堂文庫查證原書，是始料未及之事。總之，本書應屬版本目錄學，不僅記錄版本，而且詳述內容要旨，考版本源流，在清末是一部詳盡的目錄書籍。

本書之作，毀譽均有之，如〈皕宋樓藏書源流考〉撰者島田翰評陸心源題跋文集多有藍本，且失考之處不一而足，其文云：

> 心源著書九百四十餘卷，名爲《潛園總集》，其間言及校勘者，有《皕宋樓藏書志》並續、《群書校補》、《儀顧堂題跋》並續，及《儀顧堂文集》。
>
> 《藏書志》爲其客李宗蓮所撰，題跋文集又多有藍本，且失攷不一而足，……〔註126〕。

《中國目錄學史》撰者姚名達評之爲：「漫鈔序跋，時作誇詞，比較最差。」〔註127〕譽之者如葉德輝，各家評論可謂見仁見智，所見不同。

（四）《皕宋樓藏書志》版本分析

（以《皕宋樓藏書志・續志》爲依據，分經、史、子、集分別統計）

表四：《皕宋樓藏書志》版本一覽表

版　本 ＼ 類　別	經　部	史　部	子　部	集　部	合　計
宋　刊　本	15	41	93	39	188
宋刊宋印本	1	3	12	3	19
宋刊宋印小字本	1				1
宋刊細字本		1			1
宋刊中字本		1			1

〔註126〕島田翰撰，〈皕宋樓藏書源流考〉，（《皕宋樓藏書志・續志》，臺北：廣文書局，民國57年），頁10。

〔註127〕姚名達，《中國目錄學史》（臺北：臺灣商務印書館，民國54年），頁416。

宋刊大字本		1		2	3
宋刊十行本	9				9
北宋蜀刊本				1	1
宋蜀大字本	2	2		1	5
宋刊建大字本	1				1
宋刊巾箱本	1				1
宋刊元修本	1	3	1		5
宋刊元印本		1			1
宋刊明修本		5		1	6
宋刊配元覆本		1			1
宋刊配明覆本	1	1			2
宋刊配元明覆本			1		1
宋刊抄補本		3		1	4
影宋本	1		1	33	35
影寫宋刊本	3	13	9	25	50
影寫宋刻本		1			1
影抄宋本	1	1	1	1	4
覆宋本			1	1	2
金刊本			4	4	8
影寫金刻本		1		1	2
元刊本	28	23	43	28	122
元刊元印本	10	14	9	12	45
元刊大字本			3		3
元刊細字本		4			4
影寫元刊本	3	11	2	7	23
元鈔本				1	1
影元抄本			1		1
明刊本	63	68	169	229	529

明刊九行本	9				9
明刊十行本	1				1
明刊十行二十字本		1			1
明刊十行二十一字本		1			1
明刊小字本			1		1
明刊細字本			1		1
明巾箱本				1	1
明翻唐本		1			1
明仿宋本		5	18	3	26
明覆宋本	5	2	12	2	21
影宋抄本			3	2	5
明覆宋本				1	1
影元抄本				1	1
明覆宋小字本	2				2
明覆金刊本			1		1
明覆本	1				1
明覆宋十一行大字本	1				1
明覆元本		1	2	1	4
明刊校宋本			1		1
明抄本	3	7	30	15	55
明影鈔宋本	1				1
明影寫宋本		1			1
明影寫道藏本	1		1		2
明道藏本			1		1
明支那本			6	1	7
明補刊本				1	1
影寫宋刊本	1	2	1	2	6
影寫金刊本			1		1

影寫元刊本	3	1	1	5
影寫明刊本	1		1	6	8
活字本			1	2	3
舊刊本				1	1
舊鈔本	57	98	120	393	668
舊鈔校宋本				1	1
精抄本		1	2	3	6
抄本	13	10	20	47	90
手抄補足本				1	1
文瀾閣傳抄本	26	19	26	106	177
校本	1	9	14	38	62
校寫本			1		1
校宋本	4	5	10	9	28
校元本				1	1
批點本				1	1
校道藏本			1		1
影寫遼刊本	1				1
影寫宋抄本	1				
影寫元鈔本	1				1
校抄本		1		1	2
校刊本				1	1
稿本	1	1	1		3
東洋刊本	2	4	8	4	18
日本刊本	1		1	3	5
日本舊鈔本	1				1
東洋影寫宋刊本				1	1
東洋覆宋本	1		2		3
東洋覆元本			1		1
高麗刊本			1		1
合　　計	279	369	640	1039	2327

從上列版本觀之，皕宋樓藏書版本繁多，其中舊鈔本六百六十八部，明刊本五百二十九部，宋刊本一百八十八部，文瀾閣傳抄本一百七十七部，元刊本一百二十二部，抄本九十部，校本六十二部，明抄本五十五部，影寫宋刊本五十部，影宋本三十五部，校宋本二十八部，明仿宋本二十五部，影寫元刊本二十三部，明覆宋本二十一部，宋刊宋印本十九部。其餘版本則零散數部，然而《皕宋樓藏書志》所著錄之版本名稱極為細膩，如概括而論，藏書中宋刊本達二百五十部，元刊本一百七十四部，明刊本五百四十四部，宋元版本確實不少，無怪乎陸心源自詡其藏書為「皕宋」，雖說日本靜嘉堂文庫收藏皕宋樓藏書後，聲稱宋版圖書約一百二十種，然藏書中卻有十八種古籍被指定為「重要文化財」，顯示皕宋樓藏書具珍貴價值。

此外，尚可了解其藏書範圍廣泛，亦兼及海外刊本，其中東洋刊本收藏十九部，高麗刊本一部，且以子、集居多，茲將書名臚列如後：

《秦軒易傳》六卷、《尚書正義》二十卷、《論語集解》十卷、《唐才子傳》十卷、《東國通鑑》五十卷、《兩京新記》一卷、《臣軌》二卷、《理學類編》八卷、《難經集註》五卷、《備急千金要方》三十卷、《千金翼方》三十卷、《大德重校聖濟總錄》二百卷、《新刊續添是齋百一選方》二十卷、《瑞竹堂經驗方》十五卷、《東醫寶鑑》二十三卷、《目錄》二卷、《洪範皇極內外篇》五卷、《群書治要》五十卷、《蒙求》三卷、《左氏蒙求》一卷、《東萊先生詩集》二十卷、《崔舍人玉堂類稿》二十卷、《西垣類稿》一卷、《附錄》一卷、《文公朱先生感興詩註》一卷、《文館詞林殘本》四卷。

第三節　陸心源之藏書章

歷代藏書家皆有刻藏書章之習尚，鈐印在收藏書上，以求垂名遠播，各家之癖好志趣，從藏書章中躍然可觀，陸心源身為清末四大藏書家之一，其藏書章種類及風格亦別樹一格。陸心源去世後，其子陸樹聲在皕宋樓藏書賣給日本靜嘉堂文庫前，將所有的書上鈐印藏書章，如「臣陸樹聲」、「歸安陸樹聲叔桐父印」、「歸安陸樹聲所見金石書畫記」、「歸安陸樹聲藏書之記」。茲將其藏書章分述如後：

（一）姓名印

如「陸心源印」（有兩種，一為朱文，一為陰文）、「陸印心源」、「湖州陸氏所藏」。

（二）別名字號印

如「存齋」、「存齋讀過」、「字剛父」（朱文方印）、「陸氏伯子」「歸安陸心源字剛父印」。

（三）齋室名印

如「皕宋書藏」（朱文長方）、「吳興陸氏皕宋樓珍藏印」、「守先閣」、「十萬卷樓」、「皕宋樓」、「儀顧堂」、「存齋又稱潛園」、「潛園鑑賞」、「穠梨館主」。

（四）職官印

如「領南東道兵備使者」。

（五）讀校印

如「存齋過眼」（朱文橢圓印）、「存齋讀過」、「歸安陸心源審定」。

（六）捐書印

如「光緒戊子湖州陸心源捐送國子監之書匱臧南學」（朱文長方）、「前分巡廣東高 廉道歸安陸心源捐送國子監書籍」（朱文長方）。

（七）祈福印

如「存齋大利」、「心源長壽」、「存齋四十五小像戊寅二月某石并刊」。光緒五年（陸心源四十六歲），陸心源於〈重刻葬書集註序〉曾經提到同治六年（陸心源三十四歲）因葬其先祖於城南三十里之逸村，葬師爲之定穴，將下窆矣，啓土一尺，水泉湧出，有云數年之後必喪家長，人人都爲其母或陸心源擔心〔註128〕，陸心源雖云不信葬師之言，其實其心理應有所忌諱，此外，陸心源之父陸銘新逝世於五十二歲、其弟陸性源十八歲病逝、其長子陸樹曾三歲去世、次子陸樹生二歲去世、四子陸樹穀數月即殤，這些都造成陸心源某種程度之威脅，在內心暗自祈福，乃有藏書印如「存齋大利」、「心源長壽」、「存齋四十五小像戊寅二月某石并刊」等，應與其子嗣及家族享年有密切關係。

（八）鑑賞印

如「潛園鑑賞」。

〔註128〕〈地理葬書重刻葬書註序〉（陸心源輯，《十萬卷樓叢書》，光緒年間歸安陸氏刻本，臺灣大學圖書館藏）。

圖十八：陸心源藏書章〔註129〕

存齋又稱潛園

皕未樓

歸安陸心源字剛父印

陸心源印

存齋讀過

存齋

潛園鑑賞

陸心源印

歸安陸心源審定

十萬卷樓

存齋四十五歲小像

〔註129〕靜嘉堂文庫編，《靜嘉堂文庫宋元版圖錄・圖版篇》（東京：汲古書院，平成四年〔1992〕四月一日初版）

第四節　陸心源藏書之散佚

一、捐贈國子監

陸心源對培育後學之心意，早在廣東高廉道任官時已表露無遺，除修復書院外，亦為學子增膏火，備受高廉道父老愛戴，故有關陸心源捐書國子監一事，當是其義不容辭之行動，不僅受到學者讚賞，亦受清皇褒揚獎賞，詳細情形請參考本章第二節。

二、流布日本——售予靜嘉堂文庫

（一）皕宋樓事件

1、緣　由

中國藏書史上所謂「皕宋樓事件」是指陸心源畢生心血，慘淡經營之皕宋樓、十萬卷樓、守先閣之藏書四萬餘冊，於光緒三十三年（1907）六月間，舶載東去，藏書計四千一百七十二部，四萬三千九百九十六冊，盡歸於東京近郊之岩崎氏靜嘉堂文庫，成為該文庫宋元版書之主軸〔註130〕。時去陸氏之歿，僅十三年而已。

事實上，陸樹藩售書之舉有其苦衷，亦曾努力保全古籍，光緒三十年左右（1904）曾向兩江總督端方及上海工部局建議籌設藏書樓，均未獲允。至於陸氏子孫最後何以將藏書售予日本，1996 年徐楨基於《潛園遺事》中指出陸心源曾在上海開設絲行、繅絲廠，以及錢莊、當舖，光緒二十年（1894）陸心源去世後，其絲廠交由陸樹藩管理、錢莊交由陸樹屏管理、當舖由湖州管家配合陸樹聲管理，繅絲廠一切帳務係委託沈聯芳管理，光緒三十年（1904）左右，因日本發明人造絲，並大量傾銷東南亞，造成蘇杭等地諸多生絲廠紛紛倒閉，陸樹藩因絲廠佔用錢莊大量資金，亦隨之破產，乃變賣上海不動產，仍不足以解圍，於是考慮出售珍貴古籍〔註131〕。

2002 年徐楨基對於售書問題又有新的看法，他依據嚴佐之《近三百年古籍目錄舉要》提及陸樹藩因成立「京津救濟善會」賑捐賠資之故而售書，乃花費三年時光翻閱 1899 至 1907 年《申報》，並研讀陸樹藩之《救濟日記》及《救濟文牒》，充分了解「京津救濟善會」在當時的狀況，發現 1902 年救濟會因募款不足，陸樹藩先支

〔註130〕靜嘉堂文庫編，《靜嘉堂文庫宋元版圖錄・解題篇》（東京：汲古書院，平成四年四〔1992〕月一日初版），頁 136。

〔註131〕徐楨基，《潛園遺事》（上海：上海三聯書店，1996 年 6 月第一刷），頁 106～107。島田翰撰，〈皕宋樓藏書源流考〉，（《皕宋樓藏書志・續志》，臺北：廣文書局，民國 57 年），頁 7～8。

墊銀，終至負債累累，爲此只好出售部分古董，仍不足抵，最後被迫出售家藏古籍給日本，而被世人所貶〔註132〕。

2、經　過

　　皕宋樓藏書流入日本經過，根據日本漢學家島田翰描述其過程，根據他自己的描述是光緒三十一、二年間，因前來中國，有江南之遊，曾數度登臨陸氏皕宋樓，覽讀陸心源豐富的藏書，親眼看到珍貴古籍，由於書已被落塵所封，甚至爲書蠹所蝕，因見陸氏子孫未能愛惜先人藏書，遂起覬覦之心，且因日本所藏我國古籍多屬經書、子書，獨缺史、集兩部，有待補足。又因明治維新之際，日人專意西化，唾棄舊學，光緒初年，宜都楊守敬，隨黎庶昌駐節日本，嘗以廉價購得大批善本，運載歸國，貯於湖北黃州，屋數十間，盡充其棟；今傳《古逸叢書》、《日本訪書志》等，皆爲此一成就之記錄，日人常引爲一代之憾。故島田翰自云：

　　　　登陸氏皕宋樓，悉發其藏讀之，太息塵封之餘，繼以狼籍，舉凡異日之部居類彙者，用以飽蠹魚。又歎我邦藏書家未有能及之者，願使此書在我邦，其補益文獻非鮮少，遂慫恿其子純伯觀察樹藩，必欲致之於我邦，而樹藩居奇，需值甚昂，始號五十萬，次稱三十五萬，後稍減退至二十五萬圓，時丙午（1906）正月十八日事也，二月反樣，歸而謀諸田中青山先生，不成，先生曰：能任之者，獨有岩崎氏耳，於將言之，而余亦請重野成齋先生，今茲丁未（1907）三月，成齋先生有西歐之行，與樹藩會滬上，四月，遂議訂爲十萬圓，五月初二日，吾友寺田望南赴申浦，閏六月，陸氏皕宋樓、十萬卷樓、守先閣之書，舶載盡歸於岩崎氏靜嘉堂文庫〔註133〕。

島田翰居中促成此樁買賣後，心中非常得意，故云：

　　　　陸氏之書，雖缺其四庫附存本，道藏及明季野乘，不無遺憾，而予知今之所獲，倍蓰於昔日所失也，然則此舉也，雖曰於國有光可也〔註134〕。

從以上島田翰所述，顯示島田翰對於昔日楊守敬在日本大肆收購善本，心中頗爲遺憾，促成陸氏藏書售日係其願望，故有「於國有光」之語。至於當時陸心源之藏書爲塵埃所封，情況極爲糟糕，可見陸心源後代雖知這些古籍是相當貴重，但未重視古籍之保管，甚至極少研讀，任其沾滿灰塵，雖然陸心源藏書中諸多有陸樹聲藏書章，然未眞正喜好古籍，故逢陸氏子孫需款孔急，乃無法守住藏書，出價五十萬兩，

〔註132〕徐楨基〈陸樹藩其人其事〉（《湖州文史》，第21期，2002年4月），頁41～42。
〔註133〕島田翰撰，〈皕宋樓藏書源流考〉，（《皕宋樓藏書志・續志》，臺北：廣文書局，民國57年），頁14。
〔註134〕同上。

變賣古籍解決事業危機，當時滿清政府因國內革命聲勢高漲，無暇顧及保護文化遺產，私人又無能力收購，於是島田翰基於這些文獻可補日本文獻之缺，遂慫恿其子陸樹藩售予日本，乘機居間媒介，於光緒卅二年（1906）二月返日，與田中青山謀畫，而籲請重野成齋赴上海與陸樹藩訂議，終以日幣十一萬八千元之代價售予日本。

　　日本方面，靜嘉堂文庫對於陸心源藏書入庫一事非常謹慎，根據當時《文庫日誌》記載，陸氏之書係明治四十年（1907）二月二十日先由文庫員調查皕宋樓藏書目錄，二月二十二日彌之助為購入此批書而到文庫商議，當天《文庫日誌》有載：「二十二日重野成齋老師出勤，岩崎男（彌之助）來館」三月，文庫收入島山重禮先生遺書，四月又收竹添井本之書；七月，陸氏藏書抵日，運至高輪彌之助的宅邸，和田蘇氏和文庫員一起檢查，這時彌之助身體不適已久，九月三十日手術後情況稍穩定，隔年（明治四十一年）仍臥病在高輪，在病床上閱讀一部皕宋樓藏書，三月二十五日《文庫日誌》記載彌之助於午後六點二十分永眠於高輪宅邸，故關心陸心源藏書入藏靜嘉堂文庫的岩崎彌之助，事實上只閱讀一部陸氏藏書，其餘藏書均未開封。大正十七年（1924），小彌太氏繼承父志，並於其父逝世後十七周年，於現在東京世田谷區岡本的納骨塔建設現在之文庫，放置陸心源藏書，陸續編輯《靜嘉堂文庫漢籍分類目錄》、《靜嘉堂秘籍誌》、《靜嘉堂文庫宋元版圖錄》等書〔註135〕。

3、售價問題

　　由於缺乏當時留下的交易契約，有關售價問題諸多說法，例如：

（1）日本島田翰在〈皕宋樓藏書源流考〉云：售價十萬圓〔註136〕。

（2）董康在〈皕宋樓藏書源流考題識〉云：島田彥楨馳書相告岩崎文庫以日金十一萬八千圓購陸氏書〔註137〕。

（3）靜嘉堂文庫編《靜嘉堂文庫宋元版圖錄》載：樹藩初要求五十萬圓，後遞減為日金十二萬圓〔註138〕。

（4）徐楨基在《潛園遺事》云：整個售書活動，在極保密情況下進行，當時管家沈聯芳回湖州時亦云十萬圓，陸家人以為價格與島田翰所云相同，沒有產生疑問，然平成四年靜嘉堂文庫於《靜嘉堂文庫宋元版圖錄》中稱十二萬元，多出

〔註135〕增田晴美〈靜嘉堂文庫宋元版圖錄──編集餘滴〉（《汲古》第 21 期），頁 90 ～91。
〔註136〕島田翰撰，〈皕宋樓藏書源流考〉，（《皕宋樓藏書志・續志》，臺北：廣文書局，民國57 年），頁 8。
〔註137〕同上，頁 15。
〔註138〕靜嘉堂文庫編，《靜嘉堂文庫宋元版圖錄》（東京市：汲古書院，平成四年四月一日）解題篇，頁 138。

的二萬元懷疑是作為佣金〔註139〕。

（5）丁國鈞《荷香館瑣言》載：十萬八千銀元〔註140〕。

（6）王紹曾《近代出版家張元濟》載：十一萬八千元〔註141〕。

（7）王海明〈皕宋樓藏書流入東瀛揭秘〉云：靜嘉堂文庫以十萬元之價（折合日金十一萬八千元）成交〔註142〕。

（8）民國八十年林師慶彰曾親訪靜嘉堂文庫，文庫管理者增田晴美小姐云：售價為十萬五千銀元。

綜觀上述價格之差異，筆者認為靜嘉堂文庫係屬三菱集團，其帳目進出較有憑據，故書價應是十二萬元，其中包含二千元額外支出，故大約可知上述所稱十萬圓係中國銀元，轉換為日金則為十一萬八千元，島田翰之語完全可信，惟他未指出是否有從中抽取傭金。

至於日金十一萬八千元是否是一筆為數不小之金額，根據週刊朝日編《價格年表》記載日本教師起薪1900年為十至十三圓、1918年為十二至二十圓，警察初薪1906年為十二圓、1912年為十五圓，〔註143〕另蕭其來於〈一百年來日本物價的波動〉一文中指出：日本白米十公斤，於1896年八十九錢，1916年為一元二七錢五厘，麵十人份，1896年二錢，1916年四錢〔註144〕；如教師和警察月薪以十五元計，則其年薪為一百八十圓，十一萬八千圓在1907年（皕宋樓藏書出售之年）對公教人員及民生物資而言，確是一筆可觀數目。

中國方面，清光緒二十九年（1903）成都地區米一斗價格一千五百餘文（即一兩五之銀）〔註145〕，光緒三十三年（1907）長寧縣鹽一斤六十四文，豬肉一斤九十文〔註146〕，因此，十一萬八千日金在中國亦是大金額，對陸樹藩之事業不無小補，然而先賢輾轉流傳之文化瑰寶豈能以金錢俗物衡量？

4、影　響

陸心源之藏書流入日本，在中國並非第一樁，早在日本古代社會中，日本人對

〔註139〕徐楨基著，《潛園遺事》（上海：上海三聯書店，1996年6月第一刷），頁110。

〔註140〕丁國鈞著，《荷香館瑣言》（台北縣板橋：藝文印書館，民國60）

〔註141〕王紹曾著，《近代出版家張元濟》（北京市：商務書局，1984年）

〔註142〕王海明，〈皕宋樓藏書流入東瀛揭秘〉（《中國典籍與文化》第二期，1993年），頁40。

〔註143〕右吉盛清著、魏廷朝譯，《日本殖民下的臺灣與沖繩》（臺北市：前衛出版社，民國86），頁62。

〔註144〕蕭其來，〈一百年來物價的波動〉，《日本研究》，129期，頁22～23。

〔註145〕譚文熙著，《中國物價史》（武漢市：湖北人民出版社，1994年8月第一版），頁260。

〔註146〕同上，頁268。

中國文化之渴望一直沒有停止過，在不同的時期各有不同的傳播方式，中國的文獻典籍就是在這一背景下傳入日本的，不僅構成中日兩大民族文化交流的重要內容，亦創造了輝煌的東亞文明，對整個世界文化之發展有不朽的貢獻。其實，究竟古籍流落異邦是可悲或可喜，實難有定論。

　　當時，國內文化界得知皕宋樓售書日本之消息後，至爲震驚，並爲我國文史學術成就，必將落後於日本，而感無限隱憂。汾陽宿儒王儀通曾撰有七絕十二首，充分表達當日知識分子對此之沈痛心情。其詞云：

意輕疏雨陋芳椒，賓客文章下筆驕，割取書城歸舶載，蘋風悽絕駱駝橋。

儀顧堂前子弟佳，一家志趣尚難諧，清風輝映吳興錄，晉石庵承皕進齋。

丁董羅陳嗜好偏，書亡同損一宵眠，重思獻縣達心語，泡影山河祇偶然。

翁潘大雅今銷歇，江費風流並寂寥，坐使靜嘉騰寶氣，人生快事讓君驕。

疏草重尋一涕洟，藏書初願總參差，雷塘弟子思前夢，親見盧懷討論時。

調停頭白范純仁，俯仰千秋獨愴神，有客爲書曾乞命，湘濱宿草已三春。

巴陵方與歸安陸，一樣書林厄運過，雁影齋空題跋在，流傳精槧已無多。

海外琳瑯亞漢京，客探秘笈品題精，微聞東士傳新語，翻案來朝畏後生。

歐化東行漢籍摧，書生有志力能回，竹添餘論篁村教，家學師承造此才。

未窺舊籍談新理，不讀西書恃譯編，亞槧歐鉛同一映，千元百宋更懵然。

三島於今有酉山，海濤東去待西還，愁聞白髮談天寶，望贖文姬返漢關。

如海王城大隱深，遺經獨抱幾沈吟，白雲蒼狗看無定，難遣牆東避世心。

〔註 147〕

武進董康在〈皕宋樓藏書源流考題識〉中慨言曰：

按陸氏藏書志所收，俱江、浙諸名家舊本，古芬未墜，異域言歸。反不如臺城之炬，絳雲之爐，魂魄猶長守故都也，爲太息者累日。從前日本收藏書籍，僅知寶貴唐卷之本，而四部之中，惟注意於經、子。自楊星吾在日本助黎純齋星使梓《古逸叢書》，而宋元版始重。今陸氏書籍，舶載而東，而史、集部始重。近年日本學者，研究歷史，覃思冥索，進步可駭。茲復驟增秘籍，單詞隻義，孤證是求，溫故知新，必爲史學別生途徑。而我國淺躁之士，方且藉新學之名，以便其不學之實。拙塞者視書之存亡，淡然漠然，無與於己。其猖狂恣肆者，直欲投書一炬而後快……。思之能

〔註 147〕楊家駱主編，《藏書記事詩》（臺北：世界書局，民國 69 年 10 月），頁 16～18。

無懼歟〔註 148〕！

陸氏管書人李适適亦嘗於書樓上追思往年盛景，發出「武夷山中晝鬼哭」〔註 149〕之哀歎。

其實當年國內著名的學者張元濟先生曾企圖力挽狂瀾，當他得知皕宋樓藏書可能流入域外時，曾親往湖州囑陸樹聲勿售予別人，但當他在上海籌資十萬再赴湖州時，皕宋樓藏書已售往東瀛。張元濟購書不成，深以爲憾。民國十七年，張元濟親赴日本靜嘉堂文庫，將國內已絕跡的孤本《說文解字》拍成照片，回國後在《四部叢刊》裡影印出版，讓國人可以看到皕宋樓的精品。此外，爲挽救一些重要的藏書樓，兩江總督端方曾請著名藏書家繆荃孫先生趕赴杭州，以七萬元洽購八千卷樓全部古籍，歸藏南京江南圖書館，避免「皕宋樓事件」重演。

關於陸心源藏書，子孫不能善用、善守，於陸心源歿後的光緒三十三年（1907）售予日本靜嘉堂文庫，曾引起國人極大震撼，亦引起清政府的重視，方開始關注私家藏書之典藏問題。

日本方面，靜嘉堂文庫收藏的二十多萬冊中，漢籍佔三分之二，又以收買皕宋樓舊藏精品最多，前此，島田翰曾云靜嘉堂文庫最爲缺乏史部、集部，自從得到皕宋樓藏書後，彌補了四部之缺，根據靜嘉堂文庫統計，其所擁有經史子集宋元版書共一百三十三部，合計二千九百九十七冊，其中陸心源藏書佔一百二十四部，共二千七百七十九冊，佔百分之九十五；經史子集元版書共一百三十一部，合計二千三百四十一冊，其中陸心源藏書佔一百一十六部，共二千零七十冊，佔百分之八十八〔註 150〕。可見靜嘉堂文庫若非收藏陸心源藏書，文庫所藏幾乎乏善可陳，誠如島田翰所描述：

> 靜嘉舊藏幾十萬冊，合之今所獲陸氏之書，共十五萬冊，連茵接屋，
> 如訪酉陽之逸典，如發委宛之遺文，如紬金匱石室之藏，如探天祿蘭臺之
> 秘，足以與丁楊二家之書，徐董盛三氏之籍，列爲三統，何其盛也。……
> 然則此舉也，雖曰於國有光可矣〔註 151〕。

島田翰促成此事不僅認爲於國有光，而且大快人心，云：

〔註 148〕陸心源著，《皕宋樓藏書志·續志》（董康：〈皕宋樓藏書源流考題識〉，臺北：廣文書局，民國 57 年）頁 15～16。

〔註 149〕同上，頁 1。

〔註 150〕島田翰撰，〈皕宋樓藏書源流考〉，（《皕宋樓藏書志·續志》，臺北：廣文書局，民國 57 年），頁 8

〔註 151〕同上，頁 13～14。

　　　　若以皇國出於隋唐之鈔本，加之以海外宋元舊槧名鈔名校，及我邦所
　　　缺史集二部，然後藏書之能事始畢，而吾平生之素望於此，何意當我世而
　　　見之，不亦人世之大快事乎〔註152〕。
對於島田翰在〈皕宋樓藏書源流考〉所撰內容，語多傲慢，深爲學者所惡，傅增湘
於〈靜嘉堂文庫觀書記跋〉有云：
　　　　島田翰曾著〈皕宋樓藏書源流考〉一篇，於存齋平生搜訪之勤，古籍
　　　流傳緒次，述之纂詳，並歷舉某書得自誰氏，其爲值幾何，窮源竟委，推
　　　波助瀾，氾濫至七千餘言，其文盛字衿詡，於前輩多致譏彈，武進董君綬
　　　金聞而傷之，刊成小記，遍貼知交，有古芬未墜，異域言歸，轉不如臺城
　　　之炬，絳雲之爐，魂魄猶長守故都一語。汾陽王君書衡，復題詩十二章以
　　　詠其事。今檢點敝篋，短冊猶存，取付卷末，既免余爾繷之煩，且藉知彼
　　　時士夫悼歎之情，役足爲後人之殷鑑也，至島田翰所述，是非得失，觀者
　　　當自得之，無待余之辨質矣〔註153〕。
島田翰雖批評陸心源藏書之缺點甚多，乃其高傲性格使然，從其文中可以想見其自
鳴得意之態，亦可印證日本靜嘉堂文庫確實獲得一批稀世珍寶，無怪乎岩崎小彌太
氏說過：「本文庫的書不出門外。」之遺言〔註154〕。
　　　陸樹藩售書東瀛，古籍流落異邦，此舉誠不可見諒，其行爲如葉德輝於《書林
清話》中引唐杜暹題其藏書卷末云：
　　　　清俸實來手自校，子孫讀之知聖道，鬻及借人皆不孝〔註155〕。
又引元趙孟頫書藏書卷後云：
　　　　吾家業儒，辛勤置書，以遺子孫，其志何如，後人不讀，將至于鬻，
　　　頹其家聲，不如禽犢，苟歸他室，當念斯言〔註156〕。
上述之言，彷彿是責難陸心源子孫之不肖。然而古籍流落異邦，固然顯示國人對文
化資產的漠視，也是文化資產的悲哀，然往者已矣，願以開闊的胸襟達觀此事，其
實能在異國看到中國的文化資產被珍藏著，未嘗不是中國人之驕傲，如蔣復璁所云，
則能擴大胸襟，發達人之論：

〔註152〕同上，頁14。
〔註153〕傅增湘撰，〈靜嘉堂文庫觀書記跋〉《皕宋樓藏書志・續志》，臺北：廣文書局，民
　　　　　國57年），頁17～18。
〔註154〕增田晴美，《《靜嘉堂文庫宋元版圖錄》編集餘滴》，（《汲古》第21期，平成四年六
　　　　　月），頁90。
〔註155〕葉德輝，《書林清話・書林餘話》（湖南：岳麓書社，1999年4月第一版），頁240。
〔註156〕同上。

今日吾人赴日，可見陸氏之書，而日本來賓，如遊台中，亦可見楊氏
舊藏。遙遙相對，真可比美，也可說中、日溝通文化的事實〔註157〕。

（二）靜嘉堂文庫典藏陸氏藏書

1、靜嘉堂文庫簡史

日本靜嘉堂文庫是三菱財團第二代社長岩崎彌之助（1851～1908）及其子小彌
太（1879～1945）父子兩代創立，在日本明治年間利用其豐厚財力，不遺餘力收集
中國和日本古籍。其所以稱「靜嘉」，是採《詩經‧大雅》既醉篇之「籩豆靜嘉」之
句，亦即潔淨美好之意，初設於東京駿河臺的岩崎氏私宅，陸續買進和漢書籍，明
治四十年（1907），買進陸心源皕宋樓藏書後，擴大規模，新建堂舍於紅葉岡〔註158〕。

小彌太偶爾贊助在中國的留學生諸橋轍次（1883～1982，新潟人，為東京文理
科大學名譽教授，都留文科大學校長。大正十年（1922）年擔任靜嘉堂文庫二代文
庫長，直到昭和三十年（1955）。著《大漢和辭典》。文學博士，昭和四十年（1965）
獲頒文化勳章。）於大正十年（1920）回國後立刻被聘為文庫長，且聘請宮內省圖
書寮的職員飯田良平為圖書管理員，改變當時圖書管理方式，其後研究漢學的長澤
規矩也相繼加入調查陣容，昭和四年（1929）靜嘉堂文庫編輯《圖書分類目錄》，次
年出版。靜嘉堂文庫除將收藏的古籍供研究學者閱覽，昭和八年（1933）亦舉行第
一次宋刊本的展覽會，同時刊行《靜嘉堂宋本影本》一冊，將文庫珍藏之陸氏宋版
書公諸於世。此後數年，陸續出版稀有版本的複製書，漢籍包括宋版本的《唐詩百
家選》、《皇朝編年綱目備要》、《金壺記》、元版本《東京夢華錄》、清朝錢大昭所著
《廣雅疏義》，日本古籍則有鎌倉寫本的《平仲物語》。

昭和十五年（1940），係日本建國二千六百年，過去文庫屬岩崎家所有，為紀
念這一年，小彌太將所有的藏書及基金捐出，設立「財團法人靜嘉堂」，用來管理書
籍，以蒐藏中日典籍資料為目的，小彌太親自擔任財團的理事長，希望能夠充實及
發展財團。但財團成立未久，第二次世界大戰爆發，小彌太之理想未能獲得充份發
展，於昭和二十年（1945）病逝，享年六十七歲。（小彌太，少年時號為東海，後改
為竹浦，並以巨陶為別號。是三菱第四代的管理人，除了稱霸經濟商圈及文書之外，
尚設立成蹊學園，致力於文化事業的發展。不僅愛讀書，亦學禪修，涉獵各種藝術。

〔註157〕蔣復璁撰，〈中日書緣〉，（《珍帚齋文集》二，臺北市：臺灣商務印書館，民國 74
年），頁 296。

〔註158〕島田正郎撰，王芳雪譯，〈日本有關東洋學之中國學的研究資源〉，（漢學研究資料
及服務中心編《海外漢學調查錄》，民國 71 年 10 月），頁 44。

擅於書畫，書畫拜前田青為師，詩句則請益高濱虛子，後集結成《巨陶集》及《寒梅》二書。還向表千家惺齋大師門下的久田宗也學習茶道，可謂興趣廣泛，眼光獨到之人。）

　　小彌太去世後，雖是由其養子忠雄的生父林雅之助擔任第二任的財團理事長，財團的實際經營者是戰前在小彌太時代擔任三菱總公司的總務部長，後為三菱地所股份有限公司的會長的石黑俊夫。但經歷第二次世界大戰後，社會經濟混亂、財閥陸續解體的影響下，財團持續經營日益困難，適逢國會圖書館在昭和二十三年（1948）創立，靜嘉堂文庫自同年九月開始，成為國會圖書館編制下的分館，繼續將收藏的圖書提供大眾閱覽。

　　靜嘉堂文庫在國會圖書館的隸屬下歷經了二十二年，昭和四十五年（1970）三月，三菱公司籌款將靜嘉堂收回，脫離國會圖書館，恢復財團經營模式，此期間管理者計有飯田良平、丸山季夫、片寄鈴枝及黑岩義嗣。

　　隸屬國會圖書館期間，中文庫曾於昭和二十六年（1951）續編《靜嘉堂文庫中文書籍分類目錄》、昭和三十一年（1956）編輯《日文圖書分類目錄續刊》，且中文書籍於室町時代抄寫了《毛詩》鄭箋第一卷（清原宣賢加點）、宋版《王右丞文集》，日文書籍則平安時代所著的《日漢朗誦抄》（太田切）、《是則集》、鎌倉時代的《金葉和歌集》（初奏本）、《拾遺和歌抄》、《西行物語》、室町時代的正徹本各種、江戶時代著作的《鸚鵡抄》、鎌倉時代的繪卷三種的複製、建部綾足的翻刻宋朝《水滸傳續編》。並將珍藏的日本書籍作成歸檔，編製成以下諸書，由雄松堂 FILM 出版有限公司提供給全國各大學及圖書館：

　　　　昭和四十八年（1973）　國語學資料集成
　　　　昭和五十一年（1976）　歌學資料集成
　　　　昭和五十三年〜五十八年（1978〜1983）　小說文學書集成六編
　　　　昭和六十年（1985）　古辭書資料集成
　　　　昭和三十四年（1959）　諸橋轍次舊藏書　中文書(春秋關係書)174 部　1200
　　　　冊的贈書。

　　昭和四十五年（1970）年，靜嘉堂文庫又從廣島大學名譽教授佐藤清太博士處得到清代康有為的親筆遺書、陳鴻壽及陸心源的尺牘等十餘種的贈書。佐藤博士是福島的教育學學者，所贈資料皆為昭和十年（1935）左右在中國留學時所蒐集的。

　　靜嘉堂文庫自創立以來，藏書已達二十餘萬冊。其中漢籍十二萬冊，經、史、子、集一應俱全，和漢書則有八萬冊，包含了國語國文學、歷史地理及其他各類著作。昭和五十九年（1984），靜嘉堂文庫為紀念創立九十週年舉行「日本的書蹟展」，

又於六十二年（1987）年舉行「宋元版展」，將珍藏的書籍介紹給更多的人，平成四年文庫成立逾百年，並已成爲舉世皆知的漢學中心。

至於靜嘉堂文庫的宋元版本書，則有舊金澤文庫所傳的宋版《南華眞經注疏》及《錦繡萬花谷》，自朝鮮傳來的宋版《重修廣韻》，雖有部分日本早期傳世作品，但大都是清末四大藏書家之一陸心源的遺書。

總之，宋元版在中國的學術，或文獻學上都是相當珍貴的，至今仍是無法比擬。靜嘉堂文庫宋元版本佔有二百五十部，計五千冊，獨佔鰲頭的古籍係以北宋版的《白氏六帖事類集》及南宋刊蜀大字本《周禮》最爲首要，是世間僅存孤本，亦堪稱爲現今最古老的版本。在明治年間，金澤文庫傳來本的《南華眞經注疏》被黎庶昌及楊守敬請人（名工、四代木村嘉平）覆刻收入《古逸叢書》。其後民國二十四年（昭和十年）時《太平御覽》被收入《四部叢刊》第三編，然後張元濟將《名公書判清明集》收編於《續古逸叢書》中，隨著文庫的穩定發展，到文庫參訪華人學者持續增加，其目的大多爲觀賞宋元版本。碩學傅增湘之子傅熹年即是其中之一。傅增湘於昭和四年（1929）到文庫拜訪後，撰〈靜嘉堂文庫觀書記〉一文，並將閱覽心得詳細地記載於《藏園群書經眼錄》，其子更公開發表〈參觀靜嘉堂文庫札記〉。其間相隔一甲子，父子竟做相同的一件事，誠爲難能可貴。最特別的是陸心源的後代徐禎基先生，曾致賀文庫成立百年紀念。迄今陸氏藏書收入文庫已近百年，陸氏遺族更將陸氏其他的著作捐給文庫典藏。

靜嘉堂文庫收藏的宋版書有十八種被指定爲重要文化財（其中陸心源藏書十六種，日本傳世本二種）。文庫以這些書爲中心，這些寶藏永久提供給學者、研究人員使用，希望藉此建立中日兩國友好的橋樑〔註159〕。

靜嘉堂文庫是國際漢學中心，藏書中漢籍根據其出版品記載，文庫歷來蒐藏的主要的藏書如下：〔註160〕

（1）明治二十七年	青木信寅眼舊藏書	和書 240 部	1033 冊
（2）明治二十九年	上海購入	漢籍 82 部	4473 冊
（3）明治三十一年	中村敬宇舊藏書	和漢書 1562 部	13181 冊
（4）明治三十二年	宮島騰吉舊藏書	和漢書 635 部	1608 冊

〔註159〕靜嘉堂文庫編，《靜嘉堂文庫宋元版圖錄》（東京：汲古書院，平成四年〔1992〕四月一日初版），頁140～148。

〔註160〕〈靜嘉堂文庫簡介〉（2001年3月12日取自日本東京世田谷區靜嘉堂文庫）。

（5）明治三十四年	楢原陳政舊藏書	漢籍 384 部	4811 冊
（6）明治三十五年	田中賴庸舊藏書	和書 412 部	2139 冊
（7）明治三十六年	小越幸介舊藏書	漢籍 385 部	1570 冊
（8）明治三十六年	山田以文舊藏書	和書 648 部	1490 冊
（9）明治三十七年	色川三中舊藏書	和書 1374 部	4939 冊
（10）明治四十年	竹添光鴻舊藏書	漢籍 515 部	7204 冊
（11）明治四十年	島田重禮舊藏書	漢籍 44 部	944 冊
（12）明治四十年	陸心源舊藏書	漢籍 4146 部	43218 冊
（13）大正十三年	木內重四郎舊藏書	朝鮮本 84 部	1021 冊
（14）昭和六年	購入《欽定古今圖書集成》	漢籍 10000 卷	2788 冊
（15）昭和十年	松井簡治舊藏書	和書 5902 部	17016 冊
（16）昭和十八年	大規如電舊藏書	洋學關係書 811 部	1876 冊
（17）昭和三十四年	諸橋轍次舊藏書	漢籍（春秋關係）174 部	1200 冊

2、編輯藏書目錄

陸氏藏書流入東瀛後，日本漢學家先後編輯《靜嘉堂秘籍志》與《靜嘉堂文庫漢籍分類目錄》、《靜嘉堂文庫宋元版圖錄》，從這些書看來，不難看出岩崎彌之助對陸氏藏書收購的決心，不禁令人感到萬分佩服。這三本書是陸氏藏書歸屬靜嘉堂文庫後，成為研究最直接可以參考的資料。茲分別敘述其書特質：

（1）《靜嘉堂秘籍志》

《靜嘉堂秘籍志》於明治四十三年（即宣統二年，1917 年），由河田羆氏將所購陸氏藏書，復根據《皕宋樓藏書志》加以點檢，編成《靜嘉堂秘籍志》五十卷。全書分為兩部分，前十二卷係皕宋樓舊藏，即所藏宋元刊本，後三十八卷係十萬卷樓舊藏，即明以後刊本及名人手抄手校本。今以該《秘籍志》與《藏書志》兩相對勘，得知：《秘籍志》之皕宋樓部分較《藏書志》多出十五種，計經部有宋刊婺州本《九經》等五種，史部有元刊與堂槧《續編年通鑑》一種，子部有元刊《黃氏日抄》等四種，集部有元刊《王右丞集》等三種；十萬卷樓部分較《藏書志》多出一〇三六種，計經部有武英殿板《十三經注疏》等一二九種，史部有抄本《史記疑問》等二一六種，子部有汲古閣刊《孔子家語》等二二五種，集部有清刻本、蕭尺本《離騷天問圖》等四六六種。其分類與《皕宋樓藏書志》不盡相同，如史部分為正史類、

編年類、紀事本末類、別史類、雜史類、詔令奏議類、傳記類、史鈔類、地理類、政書類、史評類。本書據《藏書志》記其著者及古書原委，標題悉依原目志，文則依原本，舊志詳於序跋，本書省其繁，略其文，惟抄有關於刊行體裁者，及校讎歲月、舊藏名家印記，又檢點諸書，復低一格，加案字以補足之；對於《藏書志》有謬誤者。不隨意妄改，於欄外及條下糾正之。

又根據呂藝〈靜嘉堂秘籍志的學術價值〉一文指出，該書補充《皕宋樓藏書志》之著錄闕遺，如遺漏之印記、序跋、作者、卷數、版式等，有助於對陸心源原藏的了解〔註161〕。

（2）《靜嘉堂文庫漢籍分類目錄》

《靜嘉堂文庫漢籍分類目錄》編於昭和四年（1961），收錄昭和三年十二月以前靜嘉堂所有的漢籍，而以陸心源舊藏（皕宋樓、十萬卷樓、守先閣）以及日本諸家舊藏（中村敬宇、綠靜堂、楢原陳政、山田以文、青木信寅、日尾荊山、竹添井井、宮島藤吉、木內重四郎、小野幸助、色川三中、島田簧村、田中賴庸）為主，其目錄之分類大體仿《四庫全書》，但多少有些取捨，著錄方式依次為書名、編著者名、版本寫本性質、卷數與冊數等。本書出版後，靜嘉堂文庫又根據學者研究調查刪除其中數種宋元版書。

（3）《靜嘉堂文庫宋元版圖錄》

一九九二年又編《靜嘉堂文庫宋元版圖錄》，分為三冊，共計有二百五十三部，五千零四十二冊。這套《靜嘉堂文庫宋元版圖錄》收錄文庫現藏的宋版一百二十三部（含金版圖）、元版一百三十部，共計二百五十三部的圖版及解題，以陸心源的皕宋樓藏本為中心，亦收錄陸心源以外的版本，清楚記錄舊藏書人的名字。本書特點如下：

① 漢字則全部採用繁體字。所用的簡體字、異體字等都改為繁體字。

② 著錄古籍的尺寸、序目、跋語、識語、刊記、刻者姓名、諱號、藏書印等，凡因缺字、蠹損而無法判讀的字皆著錄。

③ 刻者姓名的唸法以中文用五十音順序排列，並於書後附「刻者姓名索引」。

④ 書後附「書名索引」、「中國宋金元代紀年表」、「宋代避諱字表略」等。

日本京都大學教授竹沙雅章評本書之價值為：

> 宋元版本不僅是重要的教科書，而且是開版以來數百近千年來貴重的
> 文化資產。這其間經過數位藏書家之手，但大約可知有清初的錢曾、季振

〔註161〕呂藝，〈靜嘉堂秘籍志的學術價值〉，（《文獻》第 12 期，1988 年 4 月），頁 256～264。

宜至乾嘉時期的黃丕烈曾經收藏，而後又大多分散於清末四大藏書家之手。陸氏皕宋樓藏書佔靜嘉堂所藏宋元版大部分，就是其中一支。在這承傳期間，錢大昕、黃丕烈的書籍出借，與當代學術有相當密切關係。這樣的傳承經過，雖然有文化人交流的題跋及藏書章，但一直以來藏書志的採集就不十分完整，節略不少部份。關於這一點，本書解題篇有明確的記錄，不但是清朝文化史的重要資料，而且本書內容豐富，不管是在版本學上，活用於各種學術都是十分受用的〔註162〕。

又靜嘉堂文庫為慶祝文庫百週年，曾舉辦該文庫宋元版書展，這些展品即收錄於本書者，根據慶應義塾大學教授尾崎康描述當時展覽盛況：

一九八七年十月靜嘉堂文庫舉辦了宋元版本展。其展出自北宋刊《白氏六帖事類集》等百餘名品，其中以陸氏皕宋樓之名早就遠近馳名，可以將這麼多的藏書一本一本拿到手中拜讀，而且場面著實十分地壯觀。這次展覽圖錄的企畫係經過五年嚴密地查證及準備。為紀念文庫創立百年，網羅了二百五十餘部被公開承認的正式《宋元版圖錄》，不論是質或量都是無與倫比的善本圖錄〔註163〕。

（4）陸心源部分藏書珍貴刊本被列為日本「重要文化財」〔註164〕

靜嘉堂文庫中有十八種古籍被指定為重要文化財，其中二種為日本傳世本，陸心源藏書則有十六種，更可珍貴者係陸心源藏書中有兩種（北宋版《白氏六帖事類集》與南宋刊蜀大字本《周禮》）已是世間獨一無二的「孤本」，成為靜嘉堂文庫的寶藏，這十八種重要文化財題名如下：

經 部

《周禮》（孤本，陸心源藏書，存二卷，漢鄭玄注，南宋刊本，二冊）

《爾雅疏》（單疏本，陸心源藏書，十卷，宋邢昺奉敕撰，南宋前期刊本，宋、元、明初遞修，五冊）

《說文解字》（孤本，陸心源藏書，十五卷，漢許慎撰、宋徐鉉奉敕校，南宋初期刊，宋、元遞修，八冊）

《廣韻》（陸心源藏書，五卷，宋陳彭年等奉敕重修，宋孝宗朝初期刊，五冊）

〔註162〕汲古書院編，《靜嘉堂文庫宋元版圖錄簡介》（2001年3月12日取自日本東京世田谷區靜嘉堂文庫）。

〔註163〕同上。

〔註164〕汲古書院編，《靜嘉堂文庫宋元版圖錄》（東京：汲古書院，平成四年〔1992〕四月一日初版），頁1～70。

史　部

《漢書》(陸心源藏書，一百卷，漢班固撰，宋紹興刊，四十冊)

《吳書》(陸心源藏書，二十卷，晉陳壽撰、劉宋裴松之注，南宋初期刊南宋前期修，六冊)

《唐書》(陸心源藏書，存一百八十八卷，首目二卷，宋歐陽修等奉敕撰，宋紹興刊南宋前期修，九十冊)

《皇朝編年綱目備要》(陸心源藏書，即《宋九朝編年備要》，三十卷首目一卷，宋陳均撰，南宋末刊抄補，三十冊)

《歷代故事》(陸心源藏書，即《諸史節要》，十二卷，宋楊次山編，宋嘉定五年序刊，十二冊)

子　部

《名公書判清明集》(陸心源藏書，不分卷，編人缺，南宋刊，八冊)

《外臺秘要方》(陸心源藏書，四十卷首目一卷，唐王燾撰，南宋刊，四十二冊)

《白氏六帖事類集》(孤本，陸心源藏書，三十卷，唐白居易撰，北宋刊，十二冊)

《錦繡萬花谷》(日本舊金澤文庫舊藏，存二卷，編者未詳，南宋刊，一冊)

《南華真經註疏》(日本舊金澤文庫舊藏，存五卷，晉郭象注，唐成玄英疏，南宋刊，五冊)

集　部

《李太白文集》(陸心源藏書，三十卷首目一卷，唐李白撰，南宋初期刊，十二冊)

《王右丞文集》(陸心源藏書，十卷，唐王維撰，南宋初期刊，二冊)

《文選》(陸心源藏書，六臣註本，六十卷首目一卷，梁昭明太子蕭統編，唐李善等六臣註南宋前期刊，宋、元、明遞修，六十一冊)

《三蘇先生文粹》(陸心源藏書，七十卷，宋蘇洵、蘇軾、蘇轍撰，南宋刊抄補，三十二冊)

　　日本對文化財之保護措施，始於明治以後，除成立審議會、研究所外，亦給與法律保障，其文化財保護之體系如下：

表五：日本文化財保護體系簡表〔註165〕

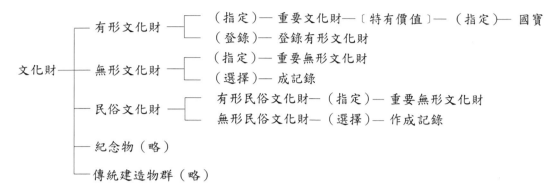

其有形文化財包括繪畫、雕刻、工藝品、書蹟、典籍、古文書、考古資料、歷史資料。至平成十年（1997）止，書蹟、典籍（含國書、漢籍、佛書、洋書）、古文書被指定為重要文化財者計二千二百二十八件，其中指定為國寶者二百七十七件〔註166〕，又中國典籍屬重要文化財者共三百八十六件，其中唐以前十七件、唐代五十八件、五代十國一件、宋元時期三百零八件、明清時期二件〔註167〕，陸心源之十六種藏書係屬宋代典籍重要文化財。

臺灣及大陸地區對文化資產保護體系與日本大同小異，其概況如下：

表六：臺灣文化資產保護體系〔註168〕

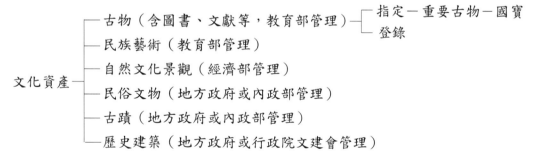

〔註165〕中村賢二郎著，《文化財保護制度概說》（東京：平成十二年八月二版，1999年），頁7。
〔註166〕中村賢二郎著，《文化財保護制度概說》（東京：平成十二年八月二版，1999年），頁48。
〔註167〕中村賢二郎著，《文化財保護制度概說》（東京：平成十二年八月二版，1999年），頁49。
〔註168〕行政院文建會編，《文化資產保存法》（民國89年2月9日修正）（臺北市：行政院文建會，民國88年3月）

　　臺灣地區古物凡經鑑定為國寶、重要古物者，登記列管並發給證明，私人所有之古物得申請教育部鑑定登記，重要古物不得移轉於非中華民國之人，然而文建會及教育部至今尚未擬定一套古籍鑑定制度，目前各典藏善本資料之單位，僅自行認定善本等級，如國家圖書館認定其國寶級古籍有十二件，重要古籍四百三十六件，尚有待相關單位努力，落實古籍之保護管理以及全民珍視古籍之共識。

表七：大陸文物保護體系〔註 169〕

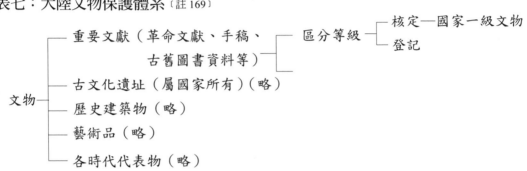

　　目前大陸地區對古舊圖書資料之保護措施亦採嚴格管理制度，除嚴格建立地方與中央列檔管理外，並嚴格限制售於外國人。故清末尚未建立文化資產保護制度前，陸心源之藏書售於日本乃輕而易舉之事，現今各國均嚴格管控，文化資產大量流失異邦已不可能再發生了。

（5）中日合作覆刊佳本

　　為達到文化交流之目的，靜嘉堂文庫允許中國方面覆刊部分佳本，如民國二十四年（昭和十年）時《太平御覽》被覆刊入《四部叢刊》第三編，靜嘉堂文庫亦於昭和十年（1936）陸續影印宋版《唐家百詩選》、《金壺記》、《皇朝編年備要》、元版《東京夢華錄》，提供學界參考。後因中日戰爭爆發而終止覆刊工作，直至昭和五十二年（1977），靜嘉堂文庫影印《王右丞文集》傳世，昭和六十三年（1988）允准古典研究會叢書出版《吳書》，中國方面則出版《冊府元龜》。其後，中國學人亦陸續拜訪靜嘉堂文庫一睹宋元版本真面目〔註 170〕。

（三）「䣓宋樓事件」的省思

　　䣓宋樓事件發生於一九○六年，距今將屆百年，漢籍外流始終是藏書家心中的

〔註 169〕陳長文主編，《中國大陸法規彙編》（臺北市：五南出版公司，民國 81 年 10 月初版），頁 23012～2305。

〔註 170〕靜嘉堂文庫編，《靜嘉堂文庫宋元版圖錄》（東京：汲古書院，平成四年〔1992〕四月一日初版），頁 147。

遺憾，亦是中國文獻史上的重要事件，想當年珍貴古籍何以未能留存國內，也許是許多客觀因素註定了佰宋樓藏書的命運，必須在古籍鈐上「靜嘉堂文庫珍藏」之印記。根據文獻記載出售佰宋樓藏書之陸樹藩曾經努力籲請國家典藏這批珍貴書籍，然而清末內憂外患頻仍，無暇顧及文化財之保護，是造成本事件發生的主要因素，尤其清末圖書館事業尚未發達，圖書館對於典藏文化遺產的責任與價值觀尚未形成，且國人保護文化資產觀念普遍淡薄，只有靠少數文獻學家努力奔波是無濟於事的，直至佰宋樓事件發生後才喚醒國人的覺知，方使後來的八千卷樓藏書倖免於流落異域，全數歸藏江南圖書館，以及民初嘉業堂藏書歸藏浙江圖書館，亦顯示我國圖書館事業的發展與國人對文化資產的保護觀念之提昇有密切關係，古籍惟賴圖書館妥善的典藏，閱覽功能方得以流傳千古，並達到文化傳播之目的。

去年（2000）四月，中國大陸上海圖書館向美國收買一批翁同龢遺留之善本古籍，讓中國人同感到驕傲，也讓富裕的臺灣感到汗顏，何以我們無法取得這批文化資產？是有關單位事前毫無所聞，未善盡蒐訪古籍之責？亦是漠視這批遺產？是否國人在物慾橫流的社會裡，對文化資產的價值觀已經動搖了？也許這是無解的答案。

反觀日本漢學界熱衷於珍藏中國典籍，如今與中國大陸、臺灣鼎足而立，成爲世界漢學重心之一。漢籍是中國文化遺產，卻數百年來受到日本的重視，考日本對漢學之珍視，如阿部隆一所云：

> 源自聖德天子到江戶時代末期，很多學問是以漢字爲主，所以對漢籍的需求以這段時期爲全盛期〔註171〕。

林慶彰師於〈日本漢學研究近況〉一文中云：

> 自十六、七世紀之交起，是所謂江戶時代，儒學發展成朱子學、陽明學、古學、折衷學、考證學等學派，各學派從中國儒學家吸取養分，也逐漸形成自己的儒學傳統，這些儒學家，幾乎都會做漢詩文，所以既是儒學家，也是漢詩文專家，這一段可說是日本漢學最興隆燦爛的時期。明治初期，受西洋思潮的影響，漢學被認爲是阻礙現代化的絆腳石，漢學研究也走下坡，明治後期，對歐化主義重新評估，逐漸發現傳統文化之優點。因此，當時各個大學也紛紛設立漢學科，……明治、大正年間，日本大部分漢學家，都受過嚴格的外國語訓練，也有留學經驗，他們除研究傳統的經學之外，也將哲學、文學從經學的附庸中獨立出來，這是研究現代日本漢

〔註171〕阿部隆一《阿部隆一遺稿集》（東京：汲古書院，1985 年 11 月）第三卷，解題篇二，頁 76。

學最應注意之大轉變〔註172〕。

連清吉亦於〈日本漢學的特徵〉一文中指出：

江戶時代（1603～1866）的漢學發展分為三階段，第一期（1603～1716）

係朱子學勃興時期，第二期（1716～1787）係朱子學興隆時期，第三期（1787

～1866）係朱子學一尊時代，漢學絢爛時期〔註173〕。

除蒐藏中國漢籍外，日本亦收藏朝鮮的漢籍，朝鮮受到中國各皇朝學風影響亦深，唐代以前朝鮮是沒有韓文書的，所以日本所傳承之漢籍，其內容之豐富性是遠勝於朝鮮的，因此日本對於如何保存這些珍貴文化財是非常重視的〔註174〕。

日本除了對文化資產重視外亦付諸具體保護制度，於昭和二十五年擬定一套文化財保護制度，成立文化財保護審議會，進行有形與無形文化財保護措施，陸心源珍藏之宋刊本古籍就在這個制度下有十六種被列為「重要文化財」，受到國家珍視與管理，而我國雖為漢學重心之一，所有珍貴文化資產皆在各圖書館妥善典藏，至今卻並未受到全民的珍視或國家整體列管。

然而發生近百年之「皕宋樓事件」，如捐棄狹隘的民族意識，而以更寬闊的心胸看待皕宋樓事件及翁同龢古籍事件，其實在清末民初動盪不安的時代，誰都無法預知皕宋樓藏書的命運會如何，是否會毀於一旦，如今皕宋樓藏書卻安然被珍藏在日本靜嘉堂文庫，受到妥善的保存，幸與不幸實難判定，也同樣的如果翁同龢的善本古籍在上海圖書館被珍藏著，絲毫未被損壞，且透過資源共享的理念，提供研究者參考，未嘗不是一件美事。何況近年來漢學界除將現存各單位收藏之善本古籍編製聯合目錄外，亦將古籍文獻數位化，突破傳統閱覽、傳播方式，提供學者在遠端搜尋、查閱文獻，為學術研究帶來更寬廣的路，今日享受科技帶來的方便，也不免要感謝自古以來耗盡畢生歲月蒐訪古籍的藏書家，因為他們點點滴滴的奉獻都已成為今日漢學研究的重要資源。

（四）吳興圖書館典藏部分資料

陸心源藏書流入日本靜嘉堂文庫後，喚醒國人對古籍的重視，歸安沈杏野深以此事為憾，乃捐出私財數萬，創設吳興圖書館，收拾陸氏之殘本與當地學者藏書，

〔註172〕林慶彰，〈日本漢學研究近況〉（《台北市立師院應用語文學報創刊號》，民國 88 年 6 月），頁 65～66。

〔註173〕連清吉，〈日本漢學的特徵〉（《書目季刊》第 26 卷第 3 期，民國 81 年 12 月），頁 33。

〔註174〕阿部隆一，《阿部隆一遺稿集》（東京：汲古書院，1985 年 11 月）第三卷 解題篇二，頁 79。

重新整理入藏吳興圖書館，以免日後秘籍淪亡，也因此吳興圖書館曾依《清實錄》記載，編輯《守先閣捐助書目》，記錄陸心源捐國子監之經、史、子、集之書目，供後人參考。

第四章　陸心源之著述

第一節　陸心源之重要著作

　　陸心源除了喜歡藏書外，著述豐富，其所校、所撰、所輯、所考之書不少，可謂著作等身，議論純正，體裁、內容亦廣泛，除奏摺外，人物傳記、神道、題跋等均其專長，部分文章選載於《儀顧堂文集》中，俞樾讚美其文曰：「議論純正，根柢淵深〔註1〕。」其好友朱智亦對他的著作讚美有加，在書函中云：

　　　　存齋仁兄大人閣下：……承賜各書，日來悉紬繹，《元祐黨人傳》考
　　證詳明，蒐採精密，韓昌黎所謂：誅奸回于已死，發潛德之幽光者也。《吳
　　興金石記》彙生平之所見，詳如採據，足爲好古之圭臬，而補前志之闕遺。
　　《吳興詩存》以別裁風雅之才爲經，羅散佚之舉，因思吾杭與湖郡壤地毘
　　連，詩人亦古今輩出，顧國朝杭郡詩輯有初、二、三集，綜其大成，而自
　　漢及明尚無爲之搜羅者，豈竟無其人，抑知難而退，未即從事耶？乃益佩
　　閣下之精力爲不可及也。前贈諸書，弟讀之尚未終篇，今又獲三種，管窺
　　更擴足，見壽世著作與年俱增，等身之譽不讓古人矣〔註2〕。

　　　　……承惠大著，全帙拜領，謝謝。弟疾比稍間，于藥爐茗椀之旁，
　　再三捧誦《藏書志》，搜羅既博，考證亦詳覈，且皆宋元秘鈔本，稀世未
　　有之帙，足以補四庫之遺，下匡張阮之舛，匪特與范氏天一閣輝映，浙東

〔註1〕陸心源著，《儀顧堂集》（臺北：臺聯國風出版社，民國59年3月初版），卷十六，
　　　頁2。
〔註2〕陸心源輯，《晚清五十名家書札》（臺北：廣文書局，民國57年6月初版），頁187
　　　～188。

西巳藝文集一編，尤爲壽世之業，言學術則細密，言治術則宏通，直合亭林、竹垞爲一手，而文筆之堅凝，尤足以追蹤《南豐塼錄》及《金石學錄補》，出於餘力所成，而援據精詳，探擇宏富，閱之直如親見其物，親把其人。《疑年三續》雖承錢氏之遺，而義存勸善，足令讀者奮尚友之志與仰止之思，古人所云：維持風教，闡發幽光者，於此見之。《唐文拾遺》碎璧零珠，鉅細畢採，昔顧俠君選元詩，相去僅五百餘年，當昔尚夢友古衣冠者拜於門外，李唐去今已逾千祀，得大君子表章其遺文，九原有知，其呵護感激當更有甚者，《歸安縣志》詳而不蕪簡，……竊思閣下擅文史之富，極著作之娛，年未及杖鄉，而篇帙已高可等身，日後藏之名山，傳之其人，不朽何疑〔註3〕？

除《儀顧堂文集》外，另有諸多著作收錄於《潛園總集》：《皕宋樓藏書志》一百二十卷、《續志》四卷、《金石粹編續編》二百卷、《穰梨館過眼》四十卷、《續錄》十六卷、《唐文拾遺》八十卷、《唐文續拾》十六卷、《宋詩紀事補遺》一百卷、《宋詩紀事小傳補正》四卷、《千甓亭塼錄》六卷、《續錄》四卷、《古塼圖釋》三十卷、《群書校補》一百卷、《吳興詩存》四十卷、《吳興金石記》十六卷、《歸安縣志》四十八卷、《宋史翼》四十卷、《元祐黨人傳》十卷、《校正錢澥薌疑年錄》四卷、《三續疑年錄》十卷、《金石學錄補》四卷，共九百四十四卷，合稱爲《潛園總集》。

茲將其重要著作依考訂之著、校讎之著、賞鑑之著、方志之著、輯存之著、刊刻之著等性質分別臚列於後，以明其著作性質與內容：

一、考訂之著作
（一）《三續疑年錄》　　十卷附補遺

光緒五年，陸心源出版《三續疑年錄》十卷，附補遺。此書有陸心源自序，大約謂《疑年錄》本係嘉定錢氏考古今名人生卒年得三百餘人；海鹽吳氏續之，又得四百餘人；平湖錢氏又續之，又得四百餘人。大致詳於儒林、文苑，下至書畫之士。光緒五年，陸心源翻閱唐以後文集數百種，再以諸史傳記補充，又得一千二百餘人，編爲十卷，取名爲《三續疑年錄》。本書以名臣、名儒、氣節、文章爲主，旁及書畫、隱逸之流，而以女士、釋道之通文事者附於後，自漢張苞、賈誼至宋代張先均有著錄，且對每人之生卒、年歲、資料出處及計算方式均有說明〔註4〕。同時，在光緒

〔註3〕同上，頁189～191。
〔註4〕宋慈抱原著、項士元審定，《兩浙著述考》（杭州：浙江人民出版社，1985），頁830

六年，對錢椒撰《補疑年錄》重新校注後，以《補疑年錄》四卷作爲《存齋雜纂》之八，由陸心源自刻付印。本書完成後陸心源贈楊見山太守，並謂：

> 拙著《三續疑年錄》，從前草草付雕，疏於校對，今逐條校正，又補數十人，僅以一部奉上〔註5〕。

（二）《元祐黨人傳》　十卷

光緒十五年，陸心源完成《元祐黨人傳》十卷。楊峴序中云：

> 元祐黨人碑列名者凡三百九人，《宋史》有傳者不及百人，或附見而不盡詳，或舛僞訛誤焉，又或漏而不立傳。陸心源遍梭群籍，參伍考證，必允必備，可爲勣矣，……存齋此書，不第闡諸賢之幽，抑亦宋以後之千秋金鑑也〔註6〕。

元祐黨人之黨碑中載三百零九人，列入《宋史》者有七十六位，載於附傳者三十四位，其事蹟不詳者如趙彥若、王汾、吳安詩、劉唐老、范柔中、韓治、范正年等，陸心源均遍攷群書，補輯事蹟；凡《宋史》未列傳者，如楊康國、朱紱、鄧忠臣。秦希甫、蘇嘉、尹材、李深、李新、周鍔、黃隱、呂希績，陸心源亦攷補不厭其詳，凡《宋史》有舛誤者，均審正之，考宋哲宗、徽宗時黨禁始末，列於文末，別爲一卷。朱智評其書曰：

> 《元祐黨人傳》考證詳明，蒐採精密，韓昌黎所謂誅奸回于已死，發潛德之幽光者也〔註7〕。

李桓亦謂：

> 若黨人諸傳，則亦七百年學士大夫想像，旣慕長言，差歎零星散見，無慮數百篇，要皆本《宋史》，有傳旣身微而名顯者，其姓氏不著，向無粉本可資，則皆忽不加意，屏不見錄，未有盡數搜羅，蔚爲全璧者也，閣下高掌遠蹠，於古今載籍博覽約輯，大力盤旋，細心掇拾，補前賢所未有，詔後學以通徵，則尤一代不能有之文章〔註8〕。

（三）《唐文拾遺》　七十二卷

〜831。
〔註5〕陸心源著，《儀顧堂集》（臺北：臺聯國風出版社，民國59年3月初版），卷四，頁164。
〔註6〕陸心源撰，《元祐黨人傳》（《潛園總集》，清光緒十八年己秋七月刊本，臺灣大學圖書館藏），頁2。
〔註7〕陸心源輯，《晚清五十名家書札》（臺北：廣文書局，民國57年6月初版），頁187。
〔註8〕同上，頁158。

俞樾在本書序文中謂陸心源喜歡唐文，在唐文蟫斷炱朽中，偶得數句即錄存之，積久得二千篇，釐為七十二卷，加上目錄八卷，共八十卷，編成《唐文拾遺》、《唐文續拾》十六卷。凡已見於《全唐文》者，海內學士皆已循誦，因係拾遺，故不復錄。而內府所儲唐文一百六十冊。蒐采《永樂大典》、《古文苑》、《文苑英華》、《唐文粹》諸書搜羅采輯，竟得唐文一萬八千四百八十八篇，如此多唐文遺世，實出乎一般人想像，而陸心源又將之綴拾補益成此書，可知其涉書獵史之富，而收集之勤可謂極矣。

本書由陸心源主編，參與校訂者計有：仁和魏錫曾（稼孫）、海鹽徐用儀（小雲）、德清蔡右年（松勇）、德清傅雲龍（楙元）、吳縣蔣清翊（敬臣）、武進費念慈（屺懷）、歸安丁寶書（月河）、歸安凌霞（子與）、烏程李宗蓮（少青）、歸安陸學源（篤齋）、江陰繆荃孫（筱珊）參與校訂〔註9〕。

俞樾對陸心源蒐集唐遺文之豐，歸功於他涉書獵文之富，其序云：

> 君藏書為海內冠，而生年篤嗜唐文，……偶得數句則錄存之，積久得二千篇，釐為七十二卷，凡已見於《全唐文》者，海內函學之士皆已循誦，不復著錄，故以「拾遺」為名，伏念嘉慶時天子右文稽古書，內府所儲唐文一百六十冊，又於《永樂大典》、《古文苑》、《文苑英華》、《唐文粹》諸書蒐羅采輯，得文萬有八千四百八十八篇，有唐一代文苑之美畢萃於茲，讀唐文者歎觀止矣，而君又從而綴拾之、補置之，其視全唐文不獨以爝火而撥日月之光乎，然大備之後，又能成此巨觀，其涉書獵文之富，能編豪絡之勤亦之至矣，詔書所詔刊校古書，潛心著述如君者，真正以當之而不愧，異日教繕此書，進呈乙覽，安知不又有溫綸嘉獎乎，昔吾邑徐蘋村宗伯有《全唐詩錄》一百卷，今君又有此輯，兩書皆當於吾湖州藝林之盛事，亦梓里之光榮〔註10〕。

朱智曾云：

> 《唐文拾遺》碎璧零珠，鉅細畢採，昔顧俠君選元詩，相去僅五百年，當昔尚夢友古衣冠者拜於門外，李唐去今已逾千祀，得大君子表章其遺文，九原有知，其呵護感激當更有甚者〔註11〕。

〔註9〕陸心源撰，〈全唐文補遺序〉（《潛園總集》，清光緒十八年己秋七月刊本，臺灣大學圖書館藏），頁2～4。

〔註10〕陸心源撰，〈全唐文補遺序〉（《潛園總集》，清光緒十八年己秋七月刊本，臺灣大學圖書館藏），頁2～4。

〔註11〕陸心源輯，《晚清五十名家書札》（臺北：廣文書局，民國57年6月初版），頁190。

（四）《宋詩紀事補遺》　一百卷

陸心源為補清代樊榭之《宋詩紀事》，搜集宋代詩人作品，計三千餘人，八千餘首詩，於光緒十九年編《宋詩紀事補遺》一百卷。本書之作如《儀顧堂題跋》中〈宋詩紀事跋〉所云：

> 《宋詩紀事》一百卷，國朝屬鶚撰，樊榭熟于宋代掌故，二百年來幾無其匹，曹斯揀稗販譏其有遺珠是矣，惟所舉陳棣諸集，皆出《永樂大典》，非樊榭所得見也，然遺漏尚不止此，以余寡陋尚可補百餘家，至其舛誤之處，不下百餘條，……所錄三千八百一十二人，而不詳出處者一千五百有餘，……愚已攷得數百人，他日當為《宋詩紀事》補正，先書此，以當息壤〔註12〕。

其收錄重點原則為：〔註13〕

1、凡原集已亡，諸書所引，有出《永樂大典》外者，皆補收。

2、其人專輯雖存，而集外之詩，或得之金石遺文、僻書舊志，為前人所未甄錄者，亦為補錄。

3、其人存詩尚多，而屬書僅錄一二者，悉為補錄。

4、屬書無名者，雖一句一聯，悉皆補錄。

5、屬書小傳有仕履不詳、時代未著者，另寫《小傳補正》四卷，屬書或一人兩收，或名字舛誤，皆正之。

6、所收之詩，必註明出處，以徵所自。

7、所收之詩多得自宋元舊刊及明以前刊本，輾轉傳寫中，有亥豕悉存其舊，未敢妄改。

本書由陸心源主編，參與校訂的學者為：烏程周學濬（縵雲）、德清俞樾（蔭甫）、吳縣潘祖同（補琴）、吳縣潘祖蔭（伯寅）、錢塘丁丙（松生）、歸安楊峴（見山）、長興張度（叔憲）、武進費念慈（屺懷）、江陰繆荃孫（曉珊）、福山王懿榮（蓮生）、嘉魚劉心源（幼丹）、長白端方（午橋）、烏程李宗蓮（少青）、宛平徐仁鑄（申甫）、錢塘丁立誠（修甫）等人〔註14〕。

（五）《宋史翼》　四十卷

〔註12〕陸心源撰，《儀顧堂題跋》下（臺北：廣文書局，民國57年），頁626。

〔註13〕陸心源撰，〈宋詩紀事補遺凡例〉（《潛園總集》，清光緒十八年己秋七月刊本，臺灣大學圖書館藏）。

〔註14〕陸心源撰，〈宋詩紀事補遺凡例〉（《潛園總集》，清光緒十八年己秋七月刊本，臺灣大學圖書館藏）。

　　元代脫脫修《宋史》，成書四百九十六卷，史家認為失之繁蕪，且詳於北宋略於南宋，是《宋史》不足之處。錢竹汀曾云《宋史》有四弊，一是南渡諸傳不備，二是一人重複列傳，三是編次前後失實，四是褒貶不可信〔註15〕。《宋史翼》四十卷，刊於陸心源去世後的清光緒三十二年（1906）。陸心源輯錄前人相關資料，如宋代重要史籍（如李燾《續資治通鑑長編》、李心傳《建炎以來繫年要錄》）、宋人文集中有關之墓誌銘或行狀、方志、學案等，並將引用的資料註明出處，按諸臣、儒林、文苑、忠義、孝義、隱逸、方技、宦官、奸臣等分類，收《宋史》缺載人物四百八十七人，附載四十四人。正傳七百八十一人，附傳六十四人，大多是南宋人。其循吏傳收一百二十八人，附傳三人，凡一百三十一人，人次超過《宋史》循吏傳的十倍，再如儒林傳，《宋史》正傳六十七人，附傳十人，凡七十七人，而《宋史翼》正傳六十九人，附傳四人，凡七十三人，其所收人次均超過《宋史》，實彌補了《宋史》之不足與闕漏。

　　俞樾謂以前為陸心源《全唐文拾遺》一書作序時，已經歎為觀止，如今又為此書作序，見此書微顯闡幽之意，徵文考獻之資，又非《全唐文拾遺》綴拾一字一句於炱朽蟫斷之中而已，昔日厲樊榭著《遼史拾遺》二十四卷，《四庫全書》有著錄，陸心源所作精博過之，如四庫重開應與厲書同備天祿之藏〔註16〕。繆荃孫亦謂：

> 吾友陸存齋淹雅閎通，史才獨擅，初懝改編《宋史》，積篙至四五尺，後慮卷帙重大，而精力漸衰，乃刺取各書積錄應補之傳至七百八十一人，附傳六十四人，成四十卷，改名《宋史翼》。……先生之補《宋史》固其宜矣，蒐采之博淺，讀者其知之，翦裁之功，非深研者不知也，事增文省亦何讓《新唐書》乎，此與先生《宋詩紀事補遺》一百卷、《元祐黨人傳》十卷，皆天水氏一朝掌政之淵藪也，昔揭陽王昂撰《宋史》，補其書不傳，邵氏二雲《南都事略》，其儒學文苑一目載入《潛研養新錄》，而《宋史》以外，止增劉克莊一人，及令全書尚存，亦未必過於此書，然則是編也，即與《宋史》並列學官，亦復何媿，固非若錢文子補兵志及熊方之補年表，所可同日而語矣〔註17〕。

雖如此，《宋史翼》一書亦有疏失之處，如中華書局編輯部指出吳曾著有《新唐書糾繆》，是將吳縝誤作吳曾，又如奸臣廖瑩中傳，不取宋人周密的《癸辛雜識》和《志雅堂叢鈔》有關記載，卻取明初的《福建通志》，都是失檢之處，然尚不影響本書價

〔註15〕陸心源輯，《宋史翼》（北京：中華書局，1991年），頁1～2。
〔註16〕陸心源輯，《宋史翼》（北京：中華書局，1991年），頁1～2。
〔註17〕同上。

值〔註 18〕。

二、校讎之著作

(一)《群書校補》　一百卷

　　陸心源所輯之《群書校補》，共三十六種，計九十八卷，是陸心源重要的考訂之作。其中宋本十三種：李氏《易傳》一卷、劉克《詩說》二卷、賈昌朝《群經音辨》一卷、丁度《集韻》四卷、《古文四聲韻》一卷、賈思勰《齊民要術》一卷、王燾《外臺秘要方》九卷、徐堅《初學記》八卷、陸士衡《集士龍集》一卷、王禹偁《小畜集》二卷、《徐照集》三卷、《徐璣集》一卷、尤褒《文選考異》一卷〔註 19〕。餘尚有《周禮集說補》三卷、《春秋集傳纂例校》一卷、《春秋變疑校》一卷、《春秋讞義補》三卷、《朝野雜記校》一卷、《國朝名臣事略校》四卷、《神仙遺論補》一卷、《巢氏諸病源候總論校》一卷、《敬齋古今註補》五卷、《東觀餘論校》一卷、《論衡校》、《折獄龜鑑補》、《西溪叢語校》、《硯箋校》、《封氏聞見記校》、《唐語林補》、《稽神錄校補》二卷、《集異記校補》四卷、《道德眞經指歸校補》三卷、《錢塘集補》二卷、《臨川集補》一卷、《元豐類纂補》二卷《曲阜集補》三卷、《柯山集補》十二卷、《會稽綴英總集校》一卷、《續會稽綴英集校補》五卷。

(二)《儀顧堂題跋》　十六卷

　　光緒十六年，陸心源把歷年撰寫之題跋文輯爲一編，名爲《儀顧堂題跋》，凡十六卷，是陸心源重要著作，潘祖蔭爲之序，盛讚本書：

> 陸存齋觀察，博物瞻聞，深視宏覽四部七略，百宋千元，令適逸文，……
> 莫不簿錄精審……而板刻源流，收藏姓氏，剖析異同，如指諸掌……觀察
> 此書，意博群籍、名蹟、碑版，了以餘力，意惟思適居士庶幾能之〔註 20〕。

光緒十八年又出《續跋》四集。《題跋》一書，共十三卷。卷一爲經部書跋，卷二至五爲史部書跋，卷六至九是子部書跋，卷十至十三是集部書跋；十四至十五是碑帖信札，卷十六爲對金石書畫的題跋。全書共五百多篇跋文，其中書跋二百七十二篇，大都爲元明以前著述之題跋，且多珍善版本。檢其目錄冠以宋槧元槧、影宋影元者很多，還有不少名家抄校稿本，嚴佐之認爲本書特色有以下數端〔註 21〕：

〔註 18〕同上。
〔註 19〕陸心源撰，《群書校補目錄》(《潛園總集》，清光緒十八年己秋七月刊本本，臺灣大學圖書館藏)，頁 1～3。
〔註 20〕陸心源撰，《儀顧堂題跋》下(臺北：廣文書局，民國 57 年)，頁 1～2。
〔註 21〕嚴佐之撰，《近三百年古籍目錄舉要》(上海：華東師範大學出版社，1993 年)，頁 162

1、言之有物、考訂較全面，對圖書內容介紹及評論，對作者生平爵里的考究，對版本收藏、刊印源流、書林掌故等均論及。

2、補正《四庫全書總目提要》並考訂其未詳之處、舛誤之處。

3、考訂作者詳析，博採史乘，發隱鉤沉，使作者姓氏名號、家世仕履，一一昭明。

4、考訂版本，比《皕宋樓藏書志》詳實更具深度，並歸結一些規律性的東西。

　　本書刊出後，陸心源曾贈予好友，山東巡撫張曜見此書後深覺陸心源學問淵博，乃向皇帝推薦。當時陸心源對於是否再出仕極為矛盾，但仍居於家，終於在光緒十八年初完成《續跋》四卷，加上前十六卷，共為二十卷，合為一冊。在續跋中，陸心源自序：

　　　　歲在上章攝提格，予成題跋十六卷，郵寄京師就正於潘文勤，文勤既為之序，復書謂七百年來未有此作，隱然以黃伯思、洪景盧相推許，予謝不敢承，明年三月，張勤果專疏特薦，蒙恩內召，余深懼古人難進易退之義，又想一行作吏，此事且廢，棲息山園，未即北上，端居多暇，專意丹鉛，今夏又成題跋十六卷，題曰《儀顧堂續跋》〔註22〕。

余嘉錫在《目錄學發微》中讚美此書，謂：

　　　　陸心源《儀顧堂題跋》，蒐採作者事蹟最為精博，陸氏之學亦偏於賞鑑〔註23〕。

又云：

　　　　陸氏此書獨於提要所不足者，旁徵博考，輯錄成篇，略如列傳之體，可謂得向、歆之遺意，不失目錄家法者〔註24〕。

　　　　陸氏此書，在同時目錄家，可謂嶢然而出其類者，然其疏漏尚不免如此。蓋見聞或偶有不及，思慮意容有未周，考證之學，原非一人所能完成，端賴後人遞為糾駁，作古人之諍友，自不必曲徇以阿所好，但全書大體既佳，徵引亦富，其精博之處，固不以一書掩也〔註25〕。

嚴佐之於《近三百年古籍目錄舉要》中評其題跋方式創新，具學術價值：

　　　　就清代目錄學發展的角度來看，《儀顧堂題跋》、《儀顧堂續跋》是清代題跋體裁目錄類型發展的一個新台階，它擺脫了清初錢曾《讀書敏求記》

　　～164。
　〔註22〕陸心源撰，《儀顧堂續跋》（臺北：廣文書局，民國57年3月，初版），頁1。
　〔註23〕余嘉錫《目錄學發微》（臺北：藝文印書館，民國63年4月初版），頁42。
　〔註24〕余嘉錫《余嘉錫論學雜著》（臺北：河洛出版社，民國65年），頁626。
　〔註25〕同上，頁631。

以來，藏書題跋偏重版本，路子越走越窄的陰影，使題跋的「觸角」廣泛
地伸展到圖書內容、形式的各個方面，從而更有效地發揮題跋的目錄功用
〔註26〕。

（三）《儀顧堂文集》

本書匯集各類文章，與其後的藏書志、題跋文、雕刊古籍等有密切關係，是陸
心源思想之精華。本書寫於任高廉道時，陸心源為高州楊嶺愚所著《北行日記・南
還日記》作序後，乃整理以前保存之文章（包括對名物之解釋、考證、人物論，給
他人之書函，書文及事物之序，紀實、神道、傳記、題跋等）整理成冊，題名《儀
顧堂文集》，於同治六年（1867）在高州刊印，全書共二十卷。同治十三年（1873）
在福州以十六冊重刊，重刊本中對高州版文章有所選擇，而增添一些在同治六年到
十三年間所寫的文章。

本書共二十卷，卷首討論及解釋名物，卷二為考證之文，卷三為尊儒之議，卷
四書函，卷五重刊古籍序文，卷六序文，卷七序文，卷八碑記，卷九神道碑銘，卷
十賢良傳略，卷十一至十四湖州府志，卷十五友人記事，卷十六至二十藏書跋文。

本書立論深入，深受佳評，如卷一〈儉解〉，即受到陳廷經之欣賞，在信中提
及開卷第一篇即是絕妙文章，且具有亭林之風。郭筠仙對其〈原捐〉一文特為欣賞。
瞿鴻機認為〈原捐〉及〈酒課考〉具有亭林之文風。

光緒戊戌（1898）孟春陸心源之子純伯重刊本書，增加篇目至二百三十九篇，
比同治十三年版增加五十二篇，俞樾重序本書時，讚嘆不已，謂重開四庫館，本書
必定被甄錄，其文云：

> ……惟君往年曾蒙 天語褒嘉，有著作甚多，學問甚好之諭，然則異
> 時重開四庫館，此集必在甄錄之列，豈待余言為重，惟表君學術所從出，
> 使讀是集者，相與講求經世之學，勿使外人駕其異說，反笑我經術之迂疏，
> 此則吾道之光，亦世道之幸也〔註27〕。

本書呈現陸心源的撰寫風格，亦反映他揚善棄惡的性格，應是陸心源的代表作。是
書主要各文寫於咸豐末、同治初，顯示各時期作品不同的特色。

三、目錄之著作

〔註26〕嚴佐之撰，《近三百年古籍目錄舉要》（上海：華東師範大學出版社，1993 年），頁
　　　164。
〔註27〕陸心源著，《儀顧堂集》（臺北：臺聯國風出版社，民國 59 年 3 月初版），頁 3。

（一）《皕宋樓藏書志》　一百二十卷　《續志》　四卷

　　《皕宋樓藏書志》共一百二十卷，《續志》四卷，光緒壬午（1882）在潛園自刻，後託吳雲（平齋）在吳郡付印。陸心源一生酷嗜古籍，典藏有宋版、元版書數百種，藏諸於皕宋樓。陸氏號稱藏有兩百本宋版書，雖因對版本之推定有誤，遂遭後人指摘，但其所藏宋、元版書數量仍可傲視群倫。爲了彰顯其所藏古籍，他將其藏於皕宋樓之宋、元刊及名人手抄校者按《四庫書目》編序。凡《四庫全書總目》及阮氏《四庫未收書目提要》及張金吾《愛日精廬藏書志》未曾撰寫提要者，均仿馬貴與、朱竹坨、張月霄例，後附解題，以識流別，原書序跋未多見者，或先輩時賢題識亦爲收錄，自有所見爲考訂者，則加「案」字以別之，載刊本、行款、缺筆，以便考核，在清代藏書中可謂爲一大巨著。由於該書之整理工程浩大，其友人李宗蓮協助其事，遂爲後代學如日本漢學家島田翰指爲李宗蓮代筆，但無論如何，本書之出版確立了陸心源在版本學、目錄學的地位。例如國內目前出版的《清人書目題跋叢刊》中以本書爲叢刊的第一冊，足見陸心源在這方面對後世的影響。

（二）《千甓亭塼錄》　六卷

　　光緒七年，《千甓亭塼錄》六卷出版。陸心源喜藏古磚，收藏之富上及漢、晉各朝帝號之磚均有收藏，特別是漢磚，此書於光緒六年整理，七年出版《塼錄》；光緒十四年出版《續錄》四卷。其《塼錄》格式仿馮氏《浙江塼錄》。陸心源認爲金石文字可貴之處，在於能考古事，證異文，所以學者多珍視之，古磚亦是如此。清末塼錄之書頗多，例如：張燕昌著《三吳古塼錄》、徐熊飛著《古磚所見錄》、馮望府著《浙江塼錄》、陳宗彝著《古磚文錄》、丁芮模著《漢進塼文考異》、王獻呂著《寶鼎精舍古塼錄》、吳亭康著《慕陶軒古塼錄》、顏福基著《顏氏古塼錄》、陸增祥《皕磚硯齋塼錄》等，然陸心源此作，圖文對照，記錄詳實，尤爲特出。

　　吳雲於《千甓亭塼錄》一書序中描述本書搜羅豐富，攷定亦詳細，其文載：

> 不意兩年中蒐羅之富，竟五倍於星老，又於數月之間，整齊、排比、編輯書紀暨緣起，詳其出處，攷釋文字，語無鑿空，事必徵實，此不竭數十年之力，皓首亦未能書志，足下乙旦夕間成之〔註28〕。

陸心源自覺先前所著的塼錄說明殊有不足，且當時西法攝影術已傳入國內，陸心源乃命其子樹藩、樹屏及門人李延達對塼圖進行拍照并石印，對所印再作文字說明，並由其好友凌霞作序，仿馮氏體例，於光緒十七年又出版《千甓亭古塼圖釋》二十卷，輯錄上自漢代，下至元代的古磚拓圖，古磚字體既有篆文，又有人形、虎頭、

〔註28〕陸心源輯，《千覽亭古塼圖釋》（北京：中國書店，1991 年 4 月），頁 1。

魚形等，內容多為頌讚、祝詞，每一古磚均附有陸氏的詳細注釋，包含時代，產地、尺寸、內容、特點，圖形與文字對照，極具參考價值〔註29〕。

四、方志之著作

（一）《歸安縣志》　五十二卷

宋太平興國七年（982）烏程縣置歸安縣，民國元年兩縣合併為吳興縣。有關《歸安縣志》之撰寫，歷代有：1、明代《歸安縣志》：纂修者不明，本書見於《文淵閣書目》卷二十「新志類」著錄，與《烏程縣志》合併為一冊。2、明嘉靖《歸安縣志》：二卷，明知縣鄱陽劉塾修（《湖州府志》載劉塾字汝學，江西鄱陽人，進士，嘉靖十年知歸安縣），歸安唐樞纂，無傳本，見於《澹生堂藏書目》、《千頃堂書目》、《內閣藏書目錄》有著錄。3、清康熙《歸安縣志》：十卷，清知縣江寧何國祥等修，歸安盧經世所等纂，修於康熙十二年，刊本，四冊，《浙江通志》卷二百五十三有著錄。4、光緒《歸安縣志》：清知縣李昱修，歸安陸心源及丁寶書纂，修於光緒七年，光緒八年六月出版五十二卷，共十六冊，《中國方志叢書》有據原刊本影印〔註30〕。此書主要是重修原《歸安縣志》，以補舊志之不足，內有沈秉成、呂懋榮分別作序。

（二）《湖州府志》

《湖州府志》之重修係得到浙江巡撫楊昌濬之支持，及先後三任湖州知府宗源瀚、楊榮緒、郭式昌之指導（主修）。參與總編纂者為周學濬、陸心源及汪日楨。分纂為徐小豀、丁寶書。協助編纂者為施補華、章綬銜、張炳森。另孫祿增、周學洙、周官錦、王毓辰、張行孚、沈吾、陳首尊、何學鄭、李宗蓮、陳根培、陳詩、紐福弼、鈕福惇、王思儼等任採訪，秦如彪、紐家栖為參校，董事為邵棠，監刻為高鳳藻。由潯溪蔣海珊力籌經費。在編寫過程中，因知府更替，陸心源赴閩，汪日楨去會稽任教諭，徐小豀等以事牽連來去無定；而本書之編纂、始終不懈、完成此巨著者主要為丁寶書。丁君每完成一卷即寄宗源瀚及陸心源為其更正。聯繫事宜均由陸心源任之。全書於同治十三年秋付印出版，共九十四卷。本書參以正史、別史、稗官小說及宋元以來文集，旁徵博引，對前志之謬誤予以校正，因此《湖州府志》之完成，丁寶書及陸心源之編纂實貢獻卓著。

五、輯存之著作

〔註29〕同上。

〔註30〕洪煥椿編著，《浙江方志考》（杭州：浙江人民出版社，1984年6月），頁147～148。

（一）《金石學錄補》　　四卷

　　光緒五年（1879）之夏，沈秉成（仲復）因養病居蘇州，向陸心源借嘉興李遇孫著《金石學錄》四卷。李氏書係據閻氏、西沚王氏之說輯古今人之講求金石者而著。陸心源原有此書而未曾閱，因沈公借取而讀之，見其舛漏甚多。陸心源欲爲之補正，沈秉成支持此事。陸心源搜明以前補若干事，本朝以後又續若干事，而魏稼孫大令近時深於金石，陸心源也寫信詢之，得若干事，補一百七十人，編爲二卷，曰《金石學補錄》，於光緒五年出版。其後又得一百六十餘人，於光緒十二年出版。此書及其後所收集的《金石粹編》、《續編》二百卷，成爲陸心源在金石學方面的重要研究著作。

（二）《吳興詩存》　　四十卷

　　江南是人文薈萃之地，吳興詩人比比皆是，詩集之著亦自古有之，例如宋代倪祖義《吳興分類詩集》四十卷、明代邱吉《吳興絕唱集》四卷《續集》二卷、陸隅《吳興詩選》六卷，今皆不傳，清代湖州詩家已有陳無軒《湖州詩錄》、鄭柳風《湖州詩續錄》。陸心源爲存續吳興詩人之詩，收集自六朝至明代吳興人之詩，於光緒十六年（1890）編成《吳興詩存》四十卷，以人存詩，亦以詩存人。本書凡吳興詩人編纂自六朝，斷至明代，湖州詩人則自齊梁始著，以六朝至唐爲初集，宋人爲二集，元人爲三集，明人爲四集，清代因時代近流傳多，故不載錄。陸心源好友楊峴爲其作序曰：

　　　　……論語曰：詩可以興，可以觀，可以群，可以怨。夫詩豈徒然哉？
　　智者采風之使偏於四方，凡人情之貞淫、奢儉，與山川草木之奇態異狀，
　　史所不及紀之而不及詳者，皆於詩乎，……存齋棄官歸隱，著書再等身，
　　又取鄉里詩人自六朝迄前明，都若干家，釐爲四集授梓，廣搜博考，不遺
　　不漏，獨不錄國朝者，示不敢擊輕也，其選一郡之詩，而列代之詩人皆具，
　　則即史家編年例矣，荀子曰五寸之矩，盡天下之方，謂之詩史何多讓焉，
　　且其夫天生人而異，以有用之才而不竟其用而棄焉，其氣抑塞而不達，則
　　必藉撰述以發揮其幽異，賈生謫居新書出，楊雲被廢太元興，此物此志焉
　　〔註31〕。

（三）《吳興金石記》　　十六卷

　　陸心源又作《吳興金石記》十六卷。陸心源自幼即喜好蒐藏金石，認爲金石足

〔註31〕陸心源撰，《吳興詩存》（《潛園總集》，清光緒十八年己秋七月，臺灣大學圖書館藏）例言。

以徵史，不斷與愛好金石者交遊，且交換拓本相互鑑賞藏品，因此其收藏之拓本頗富。然而吳興地區雖有好古之士，卻鮮少著錄吳興之金石者，僅於《嘉泰吳興志》有〈碑碣〉一卷，以及乾隆中，胡、李兩《湖州府志》有〈碑板〉一門，然僅列其目。同治中，修《湖州府志》，丁寶書（月河）輯《金石略》，始載全文，然錯誤不少，起自三代，斷於宋、元。而陸心源開始搜訪吳興大族所藏鼎、彝、碑碣、磚瓦，對其文字均作詳細審閱，確定其朝代，從而編就《吳興金石錄》，對吳興金石之著錄具有重要的意義，並由楊峴作序。

　　由於陸心源對金石蒐藏興趣濃厚，計得金石碑版九千餘種，多為青浦王尚書未著錄者，作《金石粹編》、《續編》二百卷，已製版，但未付印。

（四）《穰梨館過眼錄》　四十卷

　　陸心源平日嗜好藏書，對書畫鑑賞的興趣係受其好友章紫伯的影響，他在本書敘言中謂：

> ……余性不善書更不知畫，同治甲戌，由閩鹺內召乞養，陳情棲息家巷，日與文人逸士游，而章紫伯明經為尤習，明經收藏書畫極富，朝夕過從，時時出以相賞，時余方著《罪言》一書，其末章言士大夫無論在朝在野，皆當講求當世利害、民生疾苦，出可安內攘外，處可守先待後，以無負天生先覺先知之意，聲色狗馬在所當遠，即文房清玩，亦不宜酷好深嗜，昔秦檜之一德格天閣、賈似道之悅生堂、嚴嵩之鈐山堂，非不古物充牣，終為下流之歸，君子不為也。明經見而飛之以書，規余曰：「子之論誠高矣，在京時得位者好之，行且計取，行且豪奪，無異乎元載之胡椒，童貫之理中圓也，若退而在野，模山範水賞玩流連，可以娛情，可以養年，玩物而不滯，於物夫何傷？今子欲以管商之術彊國庇民，無論無其時無其遇也，即以逢實際運者言之，長沙讜言而斥外士，安足食而終流平？半生再起再蹶，合不幡然變計從容乎？」……明經規我之言，為藥石也，……，就所過目，擇優記錄，積日累時，哀然成帙，發凡起例，命見子樹藩、樹屏門下室李延達編為四十卷付之梓〔註32〕。

　　本書光緒十八年寫成《穰梨館過眼錄》四十卷，共五百八十四幅書畫，其中梁朝一幅、唐代八幅、宋代三十二幅、元代五十一幅、明代三百四十九幅、清代四十

〔註32〕清陸心源著，《穰梨館過眼錄》（學海書局據光緒十七年八月吳興陸氏家塾刊本影印，民國 64 年 7 月出版），頁 1～3。

－173－

四幅。本書的特點如下：〔註33〕

　　1、本書以陸心源家藏書畫及朋友所藏而曾過目者爲主。

　　2、本書仿《江村消夏錄》、《吳越書畫錄》所見之例，備載紙絹、尺寸、印記、
　　　名人題跋，名人爵里，有專書則不贅述。

　　3、兵燹後名蹟尚存日少，凡《清河書畫舫》、《郁氏題跋記》、《江村消夏錄》、
　　　《書畫彙考》、《吳越書畫錄》，已載者一律登錄，以徵於他日。

　　4、清代名家多，以四王吳惲爲斷，乾隆以後俟續編。

　　5、本書所載尺寸均照《大清會典》工部營造尺。

　　其後又刊《續錄》十六卷，陸心源親自作序，描述收古畫的全部過程，計藏畫六百多幅。其後，陸心源之子陸樹藩又著《三續穰梨館過眼錄》。

　　上述陸心源考訂、校讎、目錄之著作，除《十萬卷樓叢書》外，均彙集在《潛園總集》中。《中國叢書綜錄》載《潛園總集》，共七百三十六卷，而俞樾所撰〈墓誌銘〉及其他資料常介紹《潛園總集》均載九百三十六卷，其間卷數差異爲《金石粹編》及《續編》二百卷。

六、輯刊之圖書

　　陸心源亦編輯數種叢書，其概況如下：

（一）《十萬卷樓叢書》

　　光緒五年，陸心源之《十萬卷樓叢書》初編開雕，該書自刻於潛園，託吳雲在吳郡付印。凡在《十萬卷樓叢書》中已說明之書，在其後的《皕宋樓藏書志》中均不再重複敘述，且未收入《潛園總集》。本叢書之刊印，係以罕見且流傳不多的古籍爲主，有些因書刊錯誤甚多，陸心源特加以考訂，極爲罕見者附校勘於書後，供學者參考，有些則陸心源認爲實用價值高之書重雕，以廣流傳，陸心源對每一書之來源、序跋、校注等均詳加說明，其《十萬卷樓叢書》三篇，分不同期開雕：

1、初編：清光緒己卯（光緒五年，1879）開雕

　（1）《尚書注》　十二卷，（宋）金履祥撰

　（2）《資治通鑑釋文》　三十卷，（宋）史炤

　　　重雕原因：胡身之尚未注《資治通鑑》以前，爲資治通鑑音釋者有三，一爲司馬公休，一爲廣都費氏，一爲史見可。史見可之書在宋時甚行，自胡身之辨誤出糾繆其書，此書遂微，然錢竹汀認爲胡氏長於地理，見可精於小學，二者不

〔註33〕同上，頁12～15。

可偏廢，明以後本書傳本極少，陸心源所藏爲黃氏百宋一廛舊物，完善無缺，因仿雕以廣其傳。〔註34〕

（3）《陸宣公奏議注》　十五卷，（宋）郎曄，照元版刻

重刊時間：光緒四年刊（1878）

重刊原因：《儀顧堂集》載：

> 源自有知覺，即服膺宣公，上不負君，下不負學，兩言乃兩奉，微召三任，方面不能有補於時，屏居退省時疚於懷，每思刊布先世遺書，少承先志，是書流傳尤罕，學子以不得見爲恨，侍養多暇，校正付梓，原本有劉需溪評點皆仍之，至宣公學問經濟彪炳古今，予小子何敢贅之。〔註35〕

（4）《史載之方》　二卷，（宋）史堪

重刻時間：光緒二年（1876）

重刻原因：陸氏曰：

> 史堪里貫無考據，書錄解題知爲蜀人而已，蜀有史崧見《蜀中廣記》，亦以醫名，其即堪之一家，余既刻其書，因渡諸書而爲之傳〔註36〕。

（5）《陰證略例》　一卷，（元）王好古

重刊時間：光緒五年（1879）

（6）《本草衍義》　二十卷，（宋）寇宗奭

重刻時間：光緒三年（1877）

重刻原因：光緒三年歲在彊圉赤奮若仲冬之月陸心源撰〈重刻本草衍義序〉云：本草之著歷代皆有，有《神農本草》、《唐本草》、《開寶重定本草》、《嘉祐補註本草》、《經史證類本草》、《重修經史證類備用本草》等，寇宗奭以前人所考尚有差異，因考諸家，著爲此書，皆能實事求是，疏通證明，洵乎爲本草之功臣，醫林之津筏，宋時與《證類本草》別本單行，自金人張存惠採附證類本草之中，明人因之，而單行本遂微，陸心源所藏爲南宋麻沙本，完善無缺，因而重梓以廣其傳〔註37〕。

〔註34〕陸心源著，《儀顧堂集》（臺北：臺聯國風出版社，民國59年3月初版），卷六，頁231～232。

〔註35〕陸心源著，《儀顧堂集》（臺北：臺聯國風出版社，民國59年3月初版），卷五，頁195。

〔註36〕陸心源輯，《十萬卷樓叢書》（清光緒己卯，清光緒五年〔1897〕開雕，臺灣大學圖書館藏）初編。

〔註37〕陸心源著，《儀顧堂集》（臺北：臺聯國風出版社，民國59年3月初版），卷五，頁202～203。

（7）《師友雜誌》　一卷，（宋）呂本中

重刊時間：本書卷末刊「光緒三年在疆圉赤奮若吳興陸氏十萬卷樓重雕　陸心源校」

（8）《紫微雜誌》　一卷，（宋）呂本中

重刊時間：本書卷末刊「光緒二年在疆圉赤奮若吳興陸氏十萬卷樓重雕　陸心源校」。

重刊原因：呂本中，字居仁，呂希哲之孫，呂好問之子，呂祖謙之父，呂居仁以名門之子弟，師友群公，目染耳濡，向殊凡俗，其所記錄，當與《伊洛淵源錄》、《名臣言行錄》同觀，此書宋以後無刻本，陸心源惟恐久而益微，乃校錄付梓，缺者仍之〔註38〕。

（9）《可書》　一卷，（宋）張知甫

重刊時間：本書卷末刊「光緒三年在疆圉赤奮若吳興陸氏十萬卷樓重雕　陸心源校」。

重刊原因：此書在晁氏《郡齋讀書志》、陳氏《直齋書錄解題》、馬氏《文獻通考》中皆無，《四庫全書》自《永樂大典》中錄出，金山錢氏刊入《守山閣叢書》，陸心源此書係從穴硯齋抄本傳錄，較《大典》本多六十條，宋時原本不著撰人，惟微從《愛日齋叢鈔》引司馬溫公與文路公論僧換道流事稱為張知甫，方知此書為張知甫所作，陸心源將本書付梓重刊，乃欲作為考證宋事之助〔註39〕。

（10）《東原錄》　一卷，（宋）龔鼎臣

重刊時間：本書卷末刊「光緒三年在疆圉赤奮若吳興陸氏十萬卷樓重雕　陸心源校」。

（11）《葬書集註》　九卷，（元）鄭謐

重刊時間：本書卷末刊「光緒五年歲在屠維單閼吳興陸氏十萬卷樓重雕　陸心源校」。

重刻原因：光緒五年陸心源在〈重刻葬書集註序〉云重刻本書係警示俗人勿信地理風水、術士之言，積德風水自然好：

　　余素不信地理之說，同治六年葬先榮祿公于城南三十里之逸村，葬師為之定穴，將下窆矣，啟土一尺，水泉湧出，葬師猶執前說，余相度地形，改卜於高阜之上而藏焉，葬師謂數年之後必喪家長，人皆為余危，于今十

〔註38〕同上，頁198～199。
〔註39〕陸心源著，《儀顧堂集》（臺北：臺聯國風出版社，民國59年3月初版），卷五，頁203～204。

三年矣，老母康強，余亦疢疾不作，由是益歎方術之無憑，余之自信爲不
謬也，然每舉以告人，聞者不謂理之固然，而謂事之偶然，蓋世俗之惑久
矣。《晉書》本傳載，璞從河東郭公受青囊中，書九卷，遂洞天文五行卜
筮之術，門人趙載嘗竊青囊書，爲火所焚，不信有葬書，然其言尚可節取，
鄭氏所註必推本于積德，亦異乎術士所爲，邇來風水之書疊床架屋，其說
愈鄙，信之者愈眾，致有停柩不葬，屢遷其墓而安忍者，此又郭是之罪人
也，俗本作《葬經》，元刻獨題《葬書》，錢遵王敏求記曾著于錄，此外，
罕見流傳，刻而傳之，使世之信風水者，知郭氏復生其言不越乎，是而不
爲術者所愚，亦區區警俗之苦心也〔註40〕。

（12）《醫經正本書》　一卷，（宋）程向
（13）《人倫大統賦》　二卷，（金）張行簡
　　　重刊時間：本書卷末刊「光緒三年在疆圉赤奮若吳興陸氏十萬卷樓重雕　陸
　　　心源校」。
（14）《乙巳占》　十卷，（唐）李淳風
　　　重刊時間：本書卷一末刊「光緒三年在疆圉赤奮若仲秋之月歸安陸心源校」；
　　　卷二至卷十末刊「光緒二年在疆圉赤奮若吳興陸氏十萬卷樓重雕　陸心源
　　　校」。
　　　重刻原因：本書《新唐書‧藝文志》載十二卷，《郡齋讀書志》、《直齋書錄解
　　　題》、《文獻通考》、《玉海》皆作十卷，陸心源以爲本書每卷皆萬言，惟第十
　　　卷約三萬言，可能是經後人合併，故與唐志不符。乾隆時徵遺書，無人進呈，
　　　故阮文達未之見，朱竹垞只見過殘本七卷，惟宋敏求記有全書，可見本書極
　　　爲罕見。陸心源所藏是明人抄本，得自金匱蔡氏，卷三及卷六有題名三行，
　　　全書分一百篇，缺〈辨惑〉一篇，其他皆完整，由於唐人遺籍傳世日稀，乃
　　　校讎付印〔註41〕。
（15）《道德經注》（照元版刻）　二卷，（元）董思靖
　　　重刊時間：本書卷上及卷下末刊「光緒三年孟秋吳興陸氏十萬卷樓依元槧本
　　　重雕　陸心源校」。
　　　重刊原因：陸心源云：
　　　　　本書各書家均未著錄，……吾友魏鹽尹錫曾嘗與諸本互校，其中有絕

〔註40〕〈重刻地理葬書註序〉（陸心源輯，《十萬卷樓叢書》，光緒刊本，臺灣大學圖書館藏）。
〔註41〕陸心源著，《儀顧堂集》（臺北：臺聯國風出版社，民國59年3月初版），卷五，頁
　　　206～207。

異各本者，而與景龍石刻合者，蓋所據猶古本也，思靖雖道士，其言頗不
悖於理，所採司馬溫公、王荊公、葉石林、程文簡諸家之書，今皆不存，
藉此見其崖略，未可以道家者流薄之也〔註42〕。

（16）《夷堅志》　甲集二十卷，乙集二十卷，丙集二十卷，丁集二十卷。計十六種
一百八十八冊，（宋）洪邁

重刊時間：本書甲集至丁集末均刊「光緒五年歲在屠維單閼吳興陸氏十萬卷
樓重雕　陸心源校」。

重刻原因：本書分甲乙丙丁四集，共四百二十卷，明以後流傳甚罕，《四庫》
所收僅五十卷，民間所通行者，有明仿宋刊《分類夷堅志》五十卷，是宋人
摘錄之本，坊刻二十卷本雖從原書出，又出於分類本，故本書若存若亡已數
百年，阮文達所得宋刻甲至丁及八十卷，係得自陸心源鄉人嚴久能，後來歸
於黃蕘圃，蕘圃歸於汪閬原，閬原又歸於胡心耘，陸心源從胡心耘處得之，
內有「玉蘭堂」印，故此書是文徵明舊藏，陸心源之友琴希洪君蒐刻先世遺
書，不遺餘力，聞陸心源得是書，乃慫恿印梓〔註43〕。

2、第二編：光緒八年（1882）開雕

（1）《明本排字九經直音》　元本，二卷，不著傳人

重刊時間：本書卷末刊「光緒七年歲在重光大荒落吳興陸氏十萬卷樓重雕　陸
心源校」。

重刊原因：光緒六年（1880）仲秋之月，陸心源敘其重刊本書云：本書為著撰
人，《宋史・藝文志》、《文獻通考》皆未著錄、《明文淵閣書目》始著錄，《四
庫》所收為至元丁亥梅隱書室刊本，陸心源所藏亦元時麻沙書坊所刊，本書以
直音易反切，取便童蒙，而暗合於許鄭之旨，《四庫全書提要》稱其精核足續，
明人荒經此書，清代流傳益罕，藏書家多從閣本傳鈔，愈久愈偽，欲免伏獵泊
陶之誚，不亦難乎，爰付手民，與學者共之〔註44〕。

（2）《周秦刻石釋音》　一卷，（元）吾邱衍

（3）《切韻指掌圖》　元本，一卷，（宋）司馬光　附檢圖例　元本，（宋）邵光祖

（4）《許國公奏議》　四卷，（宋）吳潛

〔註42〕同上，頁 196～197。

〔註43〕陸心源著，《儀顧堂集》（臺北：臺聯國風出版社，民國 59 年 3 月初版），卷五，頁
210。

〔註44〕同上，卷六，頁 240～241。

（5）《紹陶錄》　二卷，（宋）王質

（6）《諸葛武忠侯傳》　一卷，（宋）張栻

（7）《保越錄》　足本，一卷，（元）徐勉之

重刊原因：本書《新唐書・藝文志》作《北戶雜錄》，自南宋尹氏後刊本罕傳，藏書家輾轉傳鈔，愈久愈僞，陸心源所藏爲汲古毛氏影寫宋本，目錄後有「臨安府太廟前尹家書舖刊行」一行，首尾完整，文字極爛，陸心源以群書旁參互校，改正數千字，辛苦糾繆始付梓〔註45〕。

（8）《北戶錄》　宋本，三卷，（唐）段公路

重刻時間：本書卷末刊「光緒六年歲在上章執徐吳興陸氏十萬卷樓重雕　陸心源校」；後附「北戶錄校勘記」。

重刻原因：光緒六年（1880）陸心源敘其重刻本書云：

《北戶錄》三卷，唐萬年縣尉段公路纂，……《新唐書・藝文志》作《北戶雜錄》，唐以前書與今本題名往往參差無足異也，史記秦紀南盡北戶，顏師古注漢書日南郡，結街稱登仕郎前京兆府參軍，餘無可考，唐人著述傳世不多，可藉以見古書崖略者，書鈔類聚、初學紀，而爲此其一也，惟徐歐雲，元明以來屢有精槧，此書自南宋尹氏而後，僞奪少者所刪亦少，註則一字不錄，又誤以公路爲東牟人，學海類編沿其陋而益甚，原本之傳希如星鳳，藏書家轉輾傳鈔，可通者拾遺糾繆，是能宣于後之君子〔註46〕。

（9）《歲時廣記》　足本，四十二卷，（宋）陳元靚

重刊時間：本書卷五目錄有缺、卷六全缺（台大圖書館有藏本註云「孤本原缺，無法配補，非漏印」）。

重刊原因：陸心源於〈重刊足本歲時廣記序〉謂：

《歲時廣記》四十二卷，題廣寒仙裔陳元靚編，……《讀書敏求記》所著錄祇前四卷，《四庫》著錄本同，此從天一閣藏抄本傳錄，尚是全書，惜缺第六卷耳，……元靚亦理宗時人也，所著尚有《博聞錄》、《事林廣記》、《廣記》余有永樂刊本，《博聞錄》見《絳雲樓書目》，今不傳，惟見於此書所引而已〔註47〕。

（10）《註解傷寒發微論》　元本，二卷，（宋）許叔微

重雕時間：本書卷一至卷五末刊「光緒七年歲在重光大荒落吳興陸氏十萬卷

〔註45〕同上，卷五，頁223。

〔註46〕〈重刊歲時廣記序〉（陸心源輯，《十萬卷樓叢書》，光緒刊本，臺灣大學圖書館藏）。

〔註47〕同上，。

樓重雕　陸心源校」。

重雕原因：光緒七年（1881）陸心源於〈重雕元刻傷寒百證歌發微論〉有敘：

> 新編張仲景《註解傷寒百證歌》三卷，《發微論》二卷，題曰：白沙
> 許叔微著述，《直齋書錄解題》云，許叔微《傷寒歌》三卷凡百篇，皆本
> 仲景法，又有《治法八十一篇仲景脈法》，《三十六圖翼傷寒論》二卷，《辨
> 類》五卷皆未見，《四庫提要》云：叔微字知可，真州人，紹興二年進士，
> 醫家謂之許學士，不知所歷何官。案：傷寒歌即百證歌，三與五蓋字之誤，
> 《翼傷寒論》即《發微論》也，……知可所著《類證普濟本事方》十卷，
> 《宋史‧藝文志》、《書錄解題》、《文獻通考》、《四庫全書》皆著錄，餘僅
> 見於《書錄解題》、《脈法類辨》久佚，八十一法當即張月霄《藏書志》著
> 錄之《傷寒九十論》、《百證發微》元明以來不甚顯，《四庫》未收，阮文
> 達、張月霄亦皆未見，惟錢遵王《讀書敏求記》著于錄，遵王元槧今歸于
> 余，夫醫家之有仲景猶儒家之有孔子也，醫書之有傷寒論猶儒家之有四書
> 也，……明萬曆辛亥有喬山堂坊刻合為四卷，證以元刊，不但面目全非，
> 竄改亦復不少，此明人刊本之通病，醫書尤甚者耳。于慮其誤俗醫而害人
> 命也，重摹元刻，以廣其傳，後之治醫家言者由是以求，仲景之書庶幾免
> 廢人之誚乎〔註48〕。

（11）《註解傷寒百證歌》　　元本，五卷，（宋）許叔微

　　重刻時間：光緒七年（1881）

　　重刻原因：如上所述。

（12）《廣川畫跋》　　足本，六卷，（宋）董逌

　　重刊原因：本書刊於王弇州所輯書畫苑，此本為楊升菴所刊，為王氏刊本所
　　從出，惟偽奪甚多，幾不可讀，陸心源自章紫伯處借元鈔本影鈔，將缺跋補
　　鈔，改正偽字，疑竇尚不少〔註49〕。

（13）《衍極》　　足本，五卷，（元）鄭杓

　　本書在陸心源重刻之前已重刻過，如明萬曆戊午十月既望沈率祖曾在《重刻
　　衍極小敘》中，云其年少時有窮盡古文字之志，從遺冊中得到《衍極》一書，
　　其文絕類秦漢所論。

〔註48〕〈重雕元刻傷寒百證歌發微論敘〉（陸心源輯，《十萬卷樓叢書》，光緒刊本，臺灣大
　　　　學圖書館藏）。

〔註49〕陸心源著，《儀顧堂集》（臺北：臺聯國風出版社，民國59年3月初版），卷十七，頁
　　　　789。

（14）《文房四譜》　　足本，五卷，（宋）蘇易簡

　　　重刊時間：卷一至卷五末均刊「光緒七年歲在重光大荒落吳興陸氏十萬卷樓
　　　重雕　陸心源校」。

（15）《漢官儀》　　三卷，（宋）劉邠

（16）《自號錄》　　一卷，（宋）徐光溥

　　　重刊原因：光緒六年（1880）陸心源於〈刻自號錄敘〉云本書《宋史》、《書
　　　錄解題》、《文獻通考》皆未著錄，《四庫全書》未收。本書收宋時名公、巨卿、
　　　騷人、墨客之號，分為三十六類，附雜類於末，但本書尚遺漏甚多宋名人之
　　　號。清代葛萬里曾輯《別號錄》九卷，著錄在《四庫全書》，陸心源疑其藍本
　　　此書，互為參校後，卒不相謀，故重印本書，以廣流傳〔註 50〕。

（17）《友會談叢》　　三卷，（宋）上官融

　　　重刊原因：光緒六年（1880）陸心源於〈刊友會談叢敘〉中云：

　　　　　《友會談叢》三卷，宋華陽上官融撰，《宋史・藝文志》、鄭夾漈《通
　　　　志・藝文略》、陳直齋《書錄解題》、焦弱侯《國史經籍志》皆著于錄，馬
　　　　貴與《文獻通考》作一卷，乃寫之誤，《四庫全書》未收，阮文達殆進呈，
　　　　亦罕見之秘笈也，融仕歷無考，書中稱天聖三年李防知耀州，邀融遇郡于
　　　　東齋，則天聖時人也。自序云隨侍南北，旅進科場，又云春策不中，掩袂
　　　　東歸，蓋不得至于科名，而思以著述自見者，李防宋之名臣，嘗援晏殊于
　　　　童稚，融為所引重，可以想見其人矣，所記雖多涉怪異，持論頗不軌于正，
　　　　其纂此書嘗自比袁郊之《甘澤謠》、李玫之《纂異記》，然袁李蒐異聞，而
　　　　融近徵實事，絜長比短，其猶青出於藍歟〔註 51〕。

（18）《蔡中郎文集》　　蘭雪堂本，十卷，（漢）蔡邕

　　　重刊時間：本書卷末刊「光緒七年歲在重光大荒落吳興陸氏十萬卷樓重雕　陸
　　　心源校」及「錫山蘭雪堂華堅允剛活字銅版印」。

　　　重刊原因：陸心源云其所擁有之刊本係蘭雪堂活字本，係從歐靜刊本所出，
　　　傳古雖殷，而校讎甚疏，或上下互倒，或形近互譌，或亥豕魯魚，無葉不有，
　　　所可貴者尚存唐以前本之半，非俗本割裂雜參可比，蔡中郎文集存於今者以
　　　此本最古，藏書家珍同宋刻，其訛誤皆有跡可尋，與明人妄改不同，付工摹

〔註 50〕陸心源著，《儀顧堂集》（臺北：臺聯國風出版社，民國 59 年 3 月初版），卷六，頁
　　　　229～230
〔註 51〕〈重雕蘭雪堂本蔡中郎集敘〉（陸心源輯，《十萬卷樓叢書》，光緒刊本，臺灣大學藏）。

刻，與好古者共之，其應改而未改者，附校誤記于後〔註52〕。

（19）《詩苑眾芳》 一卷，（宋）劉瑄

（20）《作義要訣》 一卷，（元）倪士毅

3、第三編：光緒壬辰（光緒18年，1892）仲夏開雕

（1）《靖康要錄》 十六卷，不註撰人

重刻時間：光緒十二年（1886）

重刻原因：本書十六卷，不著撰人，舊本題曰：《孝慈淵聖皇帝要錄》、《四庫全書提要》載本書是實錄節本，今存靖康一朝，宋時當有刻本，近古藏家輾轉傳抄，僞奪幾不可讀，陸心源因取所藏三本，互相校讎互證，又以《北盟會編》、《十朝綱要》、《宋史全文》、《國朝諸臣奏議》等增補該書數百字，改正數千字，將本書付梓，並於書後附校勘記，作爲後世修補宋史之參考〔註53〕。

（2）《原本麟臺故事》 四卷，（宋）程俱

（3）《寶刻叢編》 二十卷，（宋）陳思

重刊時間：本書卷末刊「光緒十四年在著雍困敦吳興陸氏十萬卷樓開雕 陸心源校」。

（4）《至書》 （宋）蔡沉

案：《至書》於明嘉靖丁巳五友軒已復刻，清光緒時陸心源又重刻之。五友軒于〈復刻至書序〉云：至書者乃至理之所載，古昔聖賢以至理蘊于心則爲至德，以至德洩于言則爲至論，已至論措于行則爲至道，以至道載於典籍則爲至書，此至書之由名也。由於本書格制欠宏，而自行未析甚不便於讀者，五友軒乃命儒臣再加校正騰刻復刊。

（5）《宋徽宗聖濟經注》 十卷，（宋）吳禔

重刻時間：光緒十三年（1887）

重刻原因：光緒十三年陸心源于〈刻聖濟經敘〉中云本書《宋史‧藝文志》、《直齋書錄解題》、《文獻通考》、《明文淵閣書目》均有著錄，注只見於《書錄解題》，數百年來流傳絕罕，《四庫全書》未收本書，張金吾《愛日精廬藏書志》始著錄。宋徽宗自衿其書，謂可以躋斯民於仁壽，廣黃帝氏之傳於聖濟，陸心源觀其書，探五行之蹟，明六氣之化，文淺而意深，言近而旨遠，可爲讀《素問》

〔註52〕同上。

〔註53〕陸心源著，《儀顧堂集》（臺北：臺聯國風出版社，民國59年3月初版），卷五，頁215～217。

之階梯，南宋以後，諸家偏辭曲說，相去霄壤，乃重刻本書之因〔註54〕。

(6)《衛生家寶產科備要》　八卷，（宋）朱瑞章

重雕原因：陸心源云產科之有專書始於唐，本書為宋人朱瑞章所輯，《宋史‧藝文志》、《明文淵閣書目》均有著錄，《四庫全書》未收，《讀書敏求記》有記載，但未詳述作者，陸心源考作者朱瑞章，係福建長樂人，淳熙中知江西南康軍，寬以待人，廉以律己，撥設官田於白鹿洞學，以贍四方來學者，著有多種醫書，陸心源曾依此書所載，挽救一孕婦生命，鑒於醫學專書鮮少善本，明人一再重刊妄加刪改，陸心源乃在他人慫恿下雕行本書，以廣其傳〔註55〕。

(7)《續談助》　五卷，（宋）晁載之

重刻時間：光緒十三年（1887）

重刻原因：光緒十三年陸心源於〈刻續談助序〉中云本書明文淵閣始著錄，但未著撰人，《四庫全書》未收，《愛日精廬藏書志》有著錄，然對作者姓氏爵里無考，陸心源考證作者係澶淵晁載之，晁載之歷官陳留尉濠州參軍，年二十所作詩騷已甚奇偉，東坡嘆為異材，著有《封邱集》二十卷、《談助》一卷，《宋史‧藝文志》有載，八百年來若顯若晦，幸而僅存者為此書，江陰徐子寅藏有宋刊，後歸秦汝立，姚舜咨於嘉靖壬戌借而手鈔，嘉道間為張金吾所得，陸心源藏本係從姚舜咨手抄本傳錄，因贊嘆晁載之才華，乃雕本書，以廣其傳〔註56〕。

(8)《續考古圖》　五卷　釋文　一卷，（宋）趙九成

重刻原因：光緒十三年（1887）陸心源於〈刻續考古圖序〉中云本書係南宋紹興間所編，據翟耆年籀史，考作者為趙九成，《宋史‧藝文志》、《文獻通考》、《郡齋讀書志》、《明文淵閣書目》、《經籍志》、《百川學海》皆未著錄，始見於錢遵王《讀書敏求記》，所藏南宋刊本與考古圖並行得之無錫顧詢遠，後歸季滄葦，滄葦沒，歸於徐健庵，錢遵王從健庵借歸，倩工影摹，圖繪之精，自稱過宋本，即今天祿琳琅所藏七閣所據已著錄者也。本書宋時甚行，陸心源求之數十年而未得，甲申之夏，晤潘伯寅尚書於吳門，見插架有之，係從翁覃溪所抄過錄者，覃溪所據即錢遵王影摹之本，後有二跋，其第一跋即《四庫全書提要》之底稿，雖爰借錄而授之梓，因不見宋本無從是正，其有斷爛不敢臆，由於是書宋本已不知所歸，物之顯晦有時，一但宋本復出，對嗜古者及陸心源是

〔註54〕同上，卷六，頁246～247。

〔註55〕陸心源著，《儀顧堂集》（臺北：臺聯國風出版社，民國59年3月初版），卷六，頁254～255。

〔註56〕同上，頁243～244。

一大宿願〔註57〕。

（9）《雲煙過眼錄》　二卷，（宋）周密　續錄　一卷，（元）湯允謨

重刊時間：本書卷末刊「光緒三年歲在柔兆淹茂陸氏十萬卷樓開雕　陸心源校」。

（10）《三曆撮要》　宋人撰

重刻時間：本書卷末刊「光緒十四年在著雍困敦吳興陸氏十萬卷樓開雕　陸心源校」。

（11）《墨藪》　（唐）韋續

重刊時間：本書卷末刊「光緒十四年在著雍困敦吳興陸氏十萬卷樓開雕　陸心源校」。

（12）《玉管照神局》　三卷

（13）《分門古今類事》　二十卷，（宋）不著撰人

（14）《詩式》　五卷，（宋）釋絞然

（二）《湖州叢書》

陸心源編輯之《湖州叢書》計有十三種六十二卷：

1、《周官故書考》　四卷，（清）徐養原撰

2、《論語魯讀考》　一卷，徐養原撰

3、《儀禮古今文異同》　五卷，徐養原撰

4、《爾雅匡名》　二十卷，（清）嚴元照撰，光緒十一年刊

5、《娛親雅言》　六卷，嚴元照撰，光緒十年刊

6、《悔庵學文》　八卷

7、《補遺》　一卷，嚴元照撰

8、《柯家山館詩集》　六卷

9、《詞集》　三卷，嚴元照撰

10、《秋室集》　十卷，（清）楊鳳苞撰

11、《禮耕堂叢說》　一卷，（清）施國祁撰

12、《史論五答》　一卷，施國祁撰

13、《吉貝居暇唱》　一卷，施國祁撰

14、《澤雅堂文集》　八卷，（清）施補華撰

此外，陸心源尚出版一些書未被收錄於《潛園總集》中。例如：《補疑年錄》

〔註57〕同上，頁 257〜258。

收在《存齋雜纂》，凡陸心源為他人所撰之文、所作的校注、奏摺、時文、與朋友往來之書札，以及部分金石拓本和碑碣所作的考證文、《罪言》等，其中亦不乏佳文，是位與眾不同之藏書家。

　　總之，陸心源著述極為豐富，著作性質廣泛、卷帙多、重視史料學，與藏書有密切關係，茲分論之：

（一）性質廣泛卷帙多

　　陸心源興趣廣泛，除讀史、校史、補史、修方志外，亦蒐藏文物，如石磚、金石等物，充分顯示文人雅好，其著述性質包含考訂、校讎、賞鑑、方志、輯存等，且各書卷帙多，如《潛園總集》卷數達九百四十四卷，於清代藏書家中實無出其右者。

（二）深具特色

1、考訂之作

　　如《宋史翼》、《元祐黨人傳》、《宋詩紀事補遺》。陸心源治史以考訂人物專長，所著《宋史翼》、《元祐黨人傳》、《湖州府志人物志》、《吳興詩存》等，都是考訂人物之上乘之作，且陸心源專研宋史，考訂的人物亦以宋代人為主〔註58〕。其《宋史翼》凡四十卷，旨為宋代人物輯補列傳，共計九百四十四人，由每傳後所列舉史料來源觀之，其利用方志資料極多。〔註59〕余嘉錫謂：

> 陸氏最熟於宋人掌故，故此書於有宋一代為尤詳，所引書於史傳地志
> 說部文集，皆所不遺〔註60〕。

2、校讎之作

　　如《儀顧堂題跋》、《群書校補》。余嘉錫有云：

> 陸氏富收藏，精鑑別，所著《皕宋樓藏書志》、《穰梨館過眼錄》皆為
> 世所稱，又長於校讎之學，著有《群書校補》，故是書於版本文字異同，
> 言之極詳，然余以為其精博處，尤在能考作者之行事也〔註61〕。

3、賞鑑之作

　　如《皕宋樓藏書志續志》、是藏書志中之佳本，充分顯示陸心源目錄學之功能，《千甓亭圖錄》則彙輯石塼，圖文並茂，是一部不可多得之金石作品。

〔註58〕嚴佐之撰，《近三百年古籍目錄舉要》（上海：華東師範大學出版社，1993年），頁162。
〔註59〕宋晞，〈論人物傳記資料之蒐集整理保存與利用〉，（《國立中央圖書館館刊》，二十二卷一期），頁134。
〔註60〕余嘉錫，《余嘉錫論學雜著》（臺北：河洛出版社，民國65年），頁626。
〔註61〕同上。

4、方志之作

如《歸安縣志》、《湖州府志》等，充分顯示陸心源對鄉土關懷之情，且體例新穎，是清末方志之佳本。

5、輯存之作

如《金石學錄補》、《吳興金石錄》等，陸心源不但補前人收集之不足，亦以江浙地區為蒐藏範圍，不惜費貲，竭力蒐藏金石彝器等，充分顯示其對文物之嗜好，亦顯示其對鄉土文物輯存之功。

（三）重視史料學

陸心源對文獻之認知，與梁啓超對史料的分類相似，文獻與實物並重，所以其著作包含古籍及金石，以實物印證史料，正是史學研究方法之一。此外，其校讎、考訂之著，凡增補、訂誤之處，多著錄資料出處，以徵信於人，正符合史學研究講求證據之精神。

（四）校勘精細

陸心源雖著作等身，但輯補、考訂之著作均細心勘校後方付印，如有舛誤之處，於重印時必加以訂正，如其所云：

> 平生著述已刻者無論，《宋詩紀事補遺》於太鴻原輯三千家，外增一千七百餘家，未能攷得仕履者，尚有百餘家，急切未能付梓。《金石萃編補正》約可得二百卷，校之原書有贏無絀，甫將就緒，尚待校勘，而改修《宋史》之稿，正如滿屋散錢，體例難定，《群書校補》刻成僅及三十卷，其餘均待覆勘一行。

又云：

> 拙著《三續疑年錄》從前艸艸付雕，疏於校對，今逐條校正，又補數十人，僅以一部奉上，《埤錄》亦有大謬一句，亦改正，一并呈政帷，進而教之〔註62〕。

（五）傳承文化瑰寶

陸心源刊刻之書多為古籍中罕見版本，對文化具傳承之功。臺灣藝文印書館於出版《百部叢書》時曾彙整各類叢書，於《十萬卷樓叢書》總目有著錄，叢書中有多種古籍係其所選百部叢書所無，例如：《人倫大統論》、《乙巳占》、《太上老子道德經集解》、《夷堅志》、《明本排字九經直音》、《周秦刻石釋音》、《許國公奏議》、《邵陶錄》、《漢丞相諸葛武忠侯傳》、《新編張仲景註解傷寒發微論》、《廣川畫跋》、《漢

〔註62〕陸心源著，《儀顧堂集》（臺北：臺聯國風出版社，民國59年3月初版），頁164。

官儀》、《自號錄》、《友會談叢》、《蔡中郎文集》、《詩苑眾芳》、《作義要訣》、《靖康要錄》、《寶刻叢編》、《至書》、《宋徽宗聖濟經注》、《衛生家寶產科備要》、《續考古錄》、《考古圖釋文》、《三曆撮要》、《墨藪》、《玉管照神局》、《新編分門古今類事》或因版本最佳而被作爲百部叢書之刊印底本〔註63〕。

（六）藏書與著作關係密切

　　在著作中充分運用藏書資源，如正史、方志、文集、金石等，增補典籍之闕漏，或校讎典籍之誤繆，充分顯示其藏書是著述重要之依據，兩者亦因之相得益彰。

第二節　陸心源藏書與著述之關係

　　陸心源著述內容與其藏書有極密切關係。其考訂、輯佚之著述，凡有增補、校訂之處，陸心源均著錄資料出處，徵信於人，故依其著錄顯示，其資料來源除正史、長編、文集、筆記、詔令、類書、奏議等重要典籍外，亦擴及書目、方志、金石錄、宋元學案、耆舊傳等，應用資料範圍廣泛，材料豐富，編次井然有序，尤以擅用方志，提供著作極多參考資源，若非陸心源平日勤於蒐藏典籍、博覽群籍，或熟悉典籍內容，對各書資料之採擷，絕無法左右逢源，故陸心源之著作與豐富藏書有絕對關係，亦是超越一般藏書家之處，蓋一般藏書家之著述範圍狹隘，有些僅及於書志之校勘編輯，有些則受限於某些學科領域之撰述，極少藏書家將其藏書充分運用於著述，陸心源則巧妙的結合藏書與思想，爲書林留下不朽之著作，故云陸心源藏書是其著述之基礎。茲將其著述中引用之資料簡列如下，以明藏書與著述間之關係：

〔註63〕陸心源輯，《十萬卷樓叢書》（臺北：藝文印書館，民國58年），頁2～3。

表八：陸心源著作引用資料來源一覽表

書　　名	資　料　來　源
《皕宋樓藏書志‧續志》	本書之撰述以陸心源主要藏書爲內容，包含經、史、子、集，是其藏書精華所在。
《儀顧堂題跋》	以藏書中宋元版本或罕見書爲論述主體。
《儀顧堂續跋》	同上。
《儀顧堂文集》	本書論述之書爲陸心源藏書中罕見之版本，陸心源重新勘刻，以廣流傳。凡考古籍或人物年里、事蹟，均引用資料豐富資料，如《宋史》、《唐書》、《全唐文補錄》、《全唐詩》、《宋文鑑》、《宋文選》、《名臣碑版琬琰錄》、《西清詩話》、《復齋漫錄》、《古今歲時雜詠》、《江西詩話》、《郡齋讀書志》、《書錄解題》、《文淵閣書目》、《文獻通考》、《會稽綴英錄》、《成都文類》、《西湖高僧事略》、《吳都文粹》等。
《宋詩紀事小傳補正》	本書引用資料如：《十國春秋》、《金石萃編》、《玉壺清話》、《萬姓統譜》、《四明圖經》、《八閩通志》、《會稽綴英續集》、《三山志》、《四川通志》、《廣西通志》、《廣東通志》、《福建通志》、《泉州府志》、《浙江通志》、《新安文獻志》、《宋元學案》、《三沈集》、《赤城志》、《劉忠肅集》、《外臺秘要》、《鄞縣志》、《通鑑長編》、《寶慶四明志》、《平陽縣志》、《放翁文集》、《臨安志》、《輿地紀勝》、《夷堅乙志》、《莆田比事》、《湖州府志》、《明一統志》、《建康志》等。
《宋詩紀事補遺》	本書引用資料如：《會稽綴英續集》、《金石萃編》、《江西詩徵》、《山西通志》、《三山志》、《靈岩集》、《廣東通志》、《四明志》、《天台續集》、《嘉禾志》、《泉州府志》、《嘉禾志》、《仙遊縣志》、《羅浮山志》、《輿地紀勝》、《汴京遺蹟志》、《常州府志》、《新安文獻志》、《舊江西通志》、《南平縣志》、《義寧州志》、《龍泉縣志》、《韶州府志》、《毗陵志》、《萍鄉志》、《通山縣志》、《福州府志》、《江西通志》、《虎邱志》、《湖南通志》、《麻姑山志》、《景定建康志》、《成都文類》、《德興縣志》、《江西詩徵》、《廣西通志》、《方與勝覽》、《通鑑長編》、《吳興志》、《溫州府志》、《元詩選》、《毗陵志》等。
《唐文拾遺》	《唐會要》、《冊府元龜》、《續高僧傳》、《文館詞林》、《顏魯公文集》、《吳興藝文補》、《五代會要》、《洛陽伽藍記》、《南唐書》、《唐書》、《兩浙金石志》、《嘉興府志》、《吳越備史》、《紹興府志》、《北戶錄》、《張燕公集》、《淳化閣帖》、《常山貞石記》、《嚴陵集》、《大唐郊祀記》、《福建通志》、《北夢瑣言》、《古刻叢抄》、《安陽縣金石錄》、《海昌備志》、《古法石華》、《唐言》、《西域考》、《西域水道記》、《東國通鑑》等。

《宋史翼》	《宋史》、《新安志》、《會稽志》、《氏族譜》、《宋大詔令》、《通鑑紀事本末》、《福建府志》、《楊仲良紀事本末》、《范忠宣公集》、《范太史集》、《劉邠彭城集》、《晁公武郡齋讀書志》、《八閩通志》、《南澗甲乙稿》、《放翁集》、《競藥錄》、《金華賢達傳》、《建炎以來繫年要錄》、《寶慶四明志》、《延祐四明志》、《劉摯忠肅集》、《京口耆舊傳》、《靖康要錄》、《江西通志》、《容齋隨筆》、《文獻通考》、《困學紀聞》、《輿地紀勝》、《北盟會編》、《宋元學案》、《西湖游覽志》、《徽州府志》、《宋史新編》、《兩浙名賢錄》、《中興館閣錄》、《咸淳臨安志》、《赤城志》、《晦菴集》、《中興編年綱目》、《玉堂類稿》、《吳興志》、《嘉定赤城記》、《宰輔編年錄》、《渭南文集》、《會稽志》、《平陽縣志》、《嘉禾志》、《齊東野語》、《歷代名臣奏議》、《葉水沁集》、《蘇州府志》、《新安志》、《臨川集》、《范忠宣公集》、《中吳紀聞》、《西山集》、《南軒集》、《錢塘府志》、《陵陽集》、《宣和畫譜》、《萬曆金華府志》等。
《校補錢氏疑年錄》	《漢書》、《晉書》、《三國志》、《南齊書》、《南史》、《元詩選》、《寶祐登科錄》、《明儒學案》、《李兆洛養一齋集》等。
《三續疑年錄》	《漢書》、《後漢書》、《三國志》、《晉書》、《梁書》、《陳書》、《北周書》、《北齊書》、《魏書》、《唐書》、《文苑英華》、《昌黎集》、《柳河東集》、《樊川集》、《益州名臣錄》、《歷代名畫記》、《范太史集》、《名臣琬琰集》、《歐陽文忠公集》、《樂全集》、《東都事略》、《司馬溫公集》、《彭城集》、《丹淵集》、《王荊公集》、《浮溪集》、《元憲集》、《胡宿文恭集》、《柯山集》、《忠簡集》、《讜誨集》、《楊龜山集》、《西台集》、《福建通志》、《少陽集》、《北山集》、《毘陵集》、《南軒集》、《寶慶四明志》、《汪文定集》、《慶元黨人》、《元祐黨人》、《玫瑰集》、《象山集》、《葉水沁集》、《渭南文集》、《漫塘集》、《眞西山集》、《後村大人集》、《魯齋集》、《清容集》、《姚牧齋集》、《松鄉集》、《黃文獻集》、《牛軒集》、《宋學士集》、《明文衡》、《東里集》、《楊文敏集》、《古穰集》、《懷麓堂集》、《周益公集》、《東坡集》、《蓄齋集》等。
《穰棃館過眼錄》	本書以蒐藏之書畫著錄爲主，故引徵之書目僅見《宣和畫譜》。
《群書校補》	本書校補處甚多，但未著錄引用資料出處。
《吳興詩存》	《浙江塼錄》、《湖州府志》、《吳興志》、《能改齋漫錄》、《寶刻叢編》、《復齋碑錄》、《括地志》、《金石錄》、《諸道刻石錄》、《輿地紀勝》、《卞山志》、《集古錄目》、《集古錄》、《吳興掌故集》、《張睿卿舊記》、《德清縣志》、《兩浙金石錄》、《湖錄》、《癸辛雜識》、《仙譚文獻》、《祠山事要指掌集》、《金井志》、《長興縣志》、《嚴下放言》等。

《元祐黨人傳》	《長編紀事本末》、《過庭錄》、《邵氏聞見錄》、《揮麈後錄》、《楊仲良紀事本末》、《東萊詩話》、《茅山志》、《宋大詔令》、《西台集、《輿地紀勝》、《江南通志》、《曲洧舊聞》、《長安志》、《九朝編年》、《彭城集》、《西江人物志》、《萬姓統譜》、《諸臣奏議》、《明一統志》、《欒城集》、《書錄解題》、《郡齋讀書志》、《西塘集》、《江西通志》、《福建通志》、《建炎以來繫年要錄》、《浙江通志》、《八閩通志》、《景定建康志》、《南昌府志》、《廬陵縣志》、《寶慶四明志》、《延祐四明志》、《陳忠肅公言行錄》、《續資治通鑑》等。
《千甓亭塼錄》	陸心源自序云其本書之撰述，係按年排次、旁徵訓詁，參稽史乘，彙為一編。本書引用資料為《史記》、《漢書》、《晉書》、《隋書》、《宋書》、《資治通鑑》、《西清古鑑》、《談鑰吳興志》、《元和姓纂》等。
《金石學錄補》	《史記》、《南史》、《周書》、《宋史》、《金史》、《隋書》、《通鑑長編》、《北堂書鈔》、《水經注》、《衍極》、《籀史》、《太平御覽》、《建康實錄》、《華陽集》、《宣和畫譜》、《續考古圖》、《避暑錄語》、《自號錄》、《揮麈錄》、《元遺山集》、《困學齋雜錄》、《雲煙過眼錄》、《全蜀藝文志》、《中州集》、《東里文集》、《宋學士集》、《柳庵集》、《儼山集》、《弇州山人集》、《宋詩紀事》、《玉峰志》、《吳興志》、《滇略》、《浙江通志》、《陝西通志》、《金陵志》、《長安圖志》、《福建通志》、《明名臣碑版錄》、《金石隅錄》、《石雲山人集》、《千頃堂書目》、《渠縣志》、《筠清館金石記》等。
《歸安縣志》	光緒七年，歸安縣事陽湖呂懋榮於序中云：「幸得陸存齋觀察與同志諸君遍覽藏書，網羅散佚，載更寒暑，而志得以成焉。」〔註64〕故本書之撰寫引用陸心源諸多藏書。
《湖州府志》	同治十三年，楊榮緒序中云：「賴周縵雲侍御、陸存齋觀察相與有成，復萃群英訪耆舊，參考得失，陸君存齋乃盡發其藏書，以供探索，閱書至數萬卷而後成書〔註65〕。」《陳書》、《梁書》、《三國吳志》、《十國春秋》、《山海經》、《會稽志》、《周禮職方志》、《方輿紀要》、《浙江通志》、《長興邢志》、《大清一統志》、《德清續志》、《譚縣志》、《吳興備志》、《寰宇記》、《彰州府志》、《劉縣志》、《襄陽府志》、《兩浙防護錄》、《吳興蠶書》、《廣蠶桑說》、《西吳蠶略》、《太湖備考》、《西吳里話》、《寶刻叢編》、《浮溪集》、《吳興詩話》、《宋詩紀事》、《萬姓統譜》、《齊東野語》、《南潯鎮志》、《隨園詩話》、《郡齋讀書志》等。
《十萬卷樓叢書》	本叢書之刊印，係以陸心源藏書中罕見且流傳不多的古籍為主，有些因書刊錯誤甚多，陸心源特加以考訂極為罕見，附校勘於書後，供學者參考，有些則陸心源認為實用價值高之書重雕，以廣流傳，陸心源對每一書之來源、序跋、校注等均詳加說明，

〔註64〕陸心源等修，《歸安縣志》（臺北：成文出版社，影印光緒八年刊本），頁6。

〔註65〕同上，頁4。

　　陸心源著述中引用資料極為豐富，且這些資料均在其收藏範圍，部分引用資料於《儀顧堂續跋》一書中有深入之序跋語，如〈宋槧宋朝文鑑跋〉、〈元槧松鄉集跋〉、〈宋槧劉後村集跋〉、〈宋淳祐建州槧朱文公跋〉、〈宋槧夷堅志跋〉、〈元槧考古圖跋〉、〈續考古圖跋〉、〈兩浙金石志跋〉、〈影宋景定建康志跋〉、〈影宋鈔輿地紀勝跋〉、〈宋本毘陵志跋〉、〈宋槧東都事略跋〉等，又如〈儀顧堂文集〉載〈重刊宋本夷堅志跋〉、〈重刻北戶錄跋〉、〈刻自號錄序〉、〈原本北堂書鈔跋〉、〈宋本太平御覽跋〉、〈宋大詔令跋〉、〈臨川集跋〉、〈浮溪集跋〉、〈汪文定集跋〉、〈丹崖集跋〉、〈北宋本冊府元龜跋〉、〈宋板揮塵錄跋〉、〈宋本呂東萊集跋〉等，這些書不乏宋元佳本，更是陸心源熟悉的古籍，提供其著述之有利依據，更足以證明藏書與著述關係之密切。